THE BOX

How the Shipping Container
Made the World Smaller and the World Economy Bigger

集装箱
改变世界

修订版

[美] 马克·莱文森（Marc Levinson） 著 姜文波 译

机械工业出版社
CHINA MACHINE PRESS

图书在版编目（CIP）数据

集装箱改变世界/（美）莱文森（Levinson, M.）著；姜文波译.—修订版.—北京：机械工业出版社，2013.12（2025.7重印）

书名原文：The Box: How the Shipping Container Made the World Smaller and the World Economy Bigger

ISBN 978-7-111-44996-6

I. 集… II. ① 莱… ② 姜… III. 集装箱运输－影响－世界经济 IV. F11

中国版本图书馆 CIP 数据核字（2013）第 288354 号

版权所有·侵权必究
封底无防伪标均为盗版

北京市版权局著作权合同登记　图字：01-2007-0465号。

Marc Levinson. The Box: How the Shipping Container Made the World Smaller and the World Economy Bigger.

Copyright © 2006 by Princeton University Press.

Simplified Chinese Translation Copyright © 2013 by China Machine Press.

Simplified Chinese translation rights arranged with Princeton University Press through Bardon-Chinese Media Agency. This edition is authorized for sale in the Chinese mainland (excluding Hong Kong SAR, Macao SAR and Taiwan).

No part of this book may be reproduced or transmitted in any form or by any means, electronic or mechanical, including photocopying, recording or any information storage and retrieval system, without permission, in writing, from the publisher.

All rights reserved.

本书中文简体字版由 Princeton University Press 通过 Bardon-Chinese Media Agency 授权机械工业出版社在中国大陆地区（不包括香港、澳门特别行政区及台湾地区）独家出版发行。未经出版者书面许可，不得以任何方式抄袭、复制或节录本书中的任何部分。

机械工业出版社（北京市西城区百万庄大街22号　　邮政编码　100037）
责任编辑：赵艳君
北京建宏印刷有限公司印刷
2025年7月第1版第25次印刷
170mm×242mm · 18.25 印张
书　　号：ISBN 978-7-111-44996-6
定　　价：89.00元

客服电话：（010）88361066　68326294

推荐序

集装箱——人类伟大的创造

机械工业出版社约我为《集装箱改变世界》写序。我是很少为书写序的，但关于集装箱，我愿意把我的一些思想写出来，因为，无论在国际上还是在中国，有无数的业界人士为这个行业的发展付出了心血，而这个行业也的确为人类社会的进步作出了重要的贡献。

我于1982年年初进入中集集团，成为公司当时唯一的集装箱设计工程师，从此亲历了这个行业在中国的发展以及在世界范围内的变化。集装箱制造是中国改革开放最先引进的项目之一，今天这个看似技术门槛较低的行业，在20世纪80年代初期，却是作为先进技术引进的。中集集团的首任董事长袁庚先生曾经回忆道：交通部曾在湖北宜昌关起门来，开发人家早已经发明的东西，结果样箱在起吊实验中，角件却和箱体分离了。20世纪80年代初期，刚刚开启一道门缝的中国先后引进资金和技术，投资建设了4家集装箱制造工厂，如今，中国已经发展成为全世界的集装箱制造中心和航运中心。回首过去，我们当初引进的不仅仅是技术，更重要的是引进了一个先进理念，这个理念的核心就是标准化。

集装箱最大的成功在于其产品的标准化以及由此建立的一整套运输体系。能够让一个载重几十吨的庞然大物实现标准化，并且以此为基础逐步实现全球范围内的船舶、港口、航线、公路、中转站、桥梁、隧道、多式联运相配套的物流系统，这的确堪称人类有史以来创造的伟大奇迹之一，而撬动这个系统的理念就是标准化。随着标准化概念在全球物流系统的逐渐深入，世界在悄然间被彻底改变了。无论货物的体积、形状差异有多大，最终都被装载进集装箱里。由于要实现标准尺寸集装箱的运输，堆场、码头、起吊、船舶、汽车乃至公路、桥梁、隧道等，都必须适应它在全球范围内的应用而逐渐加以标准化，形成影响国际贸易的全球物流系统。由此带来的是系统效率大幅度提升，运输费用大幅度下降，地球上任何一个地方生产的产品都可以快速而低廉地运送到有需求的地方。

一方面，经济全球化的趋势为集装箱化提供了广阔的发展平台；另一方面，集装箱化也加速了经济全球化的进程。《世界是平的》一书谈到全球化及新技术把世界抹平了，而在此之前，集装箱已经用有形的力量把世界连接在了一起。集装箱作为现代物流的最先进工具，至今仍然无以替代，甚至连替代的概念都还没有出现。集装箱加速了货物在全球范围内的周转，也加快了全球范围内的产业结构调整。集装箱与全球经济一体化的相互作用，以速度和规模提升了物流的效率，提升了国际贸易乃至世界经济运行的效率，进而改变了人类的生活，让地球上的每个人都分享到了集装箱带给我们的好处。而集装箱对于中国这个发展速度最快的新兴经济体的改变，是每一个中国人都已经亲身体验到的。集装箱运输方式推动了中国制造产品在全球范围内的流动,成就了中国出口型经济的发展,加快了产业向中国的转移以及集聚速度,因此,可以将集装箱看成中国经济高度发展的推动力。

未来,伴随着全球化趋势以及人们生活品质的提高,集装箱化仍将进一步改变这个世界,这可以体现在以下多个方面。一是更多的货物将采用集装箱方式运输,虽然现在已经有越来越多的货物采用集装箱方式运输,如能源、化工、食品等的罐式集装箱运输等,但空间仍然巨大,工程师每天都在思考如何把更多尚未用集装箱运输的货物改用集装箱方式运输。二是集装箱运输方式已进一步延伸到其他运输领域,如铁路运输、公路运输等,目前,发达国家在公路运输方面的主流运输装备是厢式半挂车,它可以看成集装箱的延伸化应用,其运输效率已经达到很高的水平,而中国在陆路运输的厢式半挂车方面还刚刚起步,未来空间十分广阔。三是集装箱所代表的标准化、集成化、组装化等先进的工业化生产方式正在延伸到其他行业,对非物流领域的行业产生了不同程度的影响,这种延伸趋势正引起人们越来越多的关注和积极实践,最为典型的就是模块化建筑,也就是集装箱技术向建筑领域的延伸应用,比如酒店、学生宿舍、旅游景区、矿山营地、城市临时建筑、救灾医院等,美国《商业周刊》上近日列举了最有可能改变我们未来10年生活方式的20项重要发明,集装箱房屋被列为第19项。

集装箱在成为全球最快捷物流装备的同时,也可能被一些不法人员所利用。美国"9·11"事件之后,出于反恐需要的"智能化"集装箱被提上日程。智能集装箱因反恐而启动,但其对于世界的影响还远不止于反恐,基于RFID技术、信息技术等应用的智能集装箱,将会带来现代物流的一场革命,集装箱运行效率将大幅提升,资源的消耗将极大降低。集装箱是西方人发明的,现在,中国人正在为这一行业作出日益重要的贡献。我们有理由相信,在集装箱向智能化方向发展的过程中,中国企业有能力成为推动者之一,因为中国已经是集装箱的全球制造中心和航运中心,在领导这一产品更新换代的过程中,中国企业应该承担更大的使命。目前,智能集装箱的技术方案已经解决,考验人类智慧的则是,一个具有生命力的技术在全球范围内的运用如何成为现实,这需要更多的全球合作,包括政府间、企业间和非政府组织间广泛而深入的合作。

如果说《世界是平的》着重在于揭示全球化和新技术对世界的影响及其未来趋势,《集装箱改变世界》则是一个姗姗来迟的追溯,从全球化的视角把被忽视的伟大贡献重新揭示出来,让我们重新认识集装箱这个看似简单的发明对人类的深远影响;同时,这也是对在全球范围内从事这一行业的人,表达迟到的敬意。

麦伯良

中国集装箱行业协会会长、中集集团董事、总裁

致谢

集装箱运输的历史并不久远,但大量早期的原始资料已经非常难以查找了,很多相关的企业记录已经遗失。纽约港务局,也就是现在的纽约和新泽西港务局,对集装箱运输的早期发展作出过巨大的贡献,但该机构的很多记录毁于2001年9月11日发生在世界贸易中心的恐怖袭击。本书的面世要感谢很多热诚的档案管理员和图书管理员,是他们帮助我在研究者很少问津的那些馆藏中找到了现存的材料;还要感谢很多原本没有义务帮助我的个人,是他们彻底地翻查了自己的文件,为我找到了一些重要的记录。

20世纪90年代早期,当我最初想到要写写马尔科姆·麦克莱恩时,北卡罗来纳州档案馆的乔治·史蒂文森(George Stevenson)就给我送来了一些很难找到的关于麦克莱恩家族的资料。当我决定回顾更早期的集装箱运输时,纽约市档案馆的肯尼斯·科布(Kenneth Cobb)、纽约拉瓜迪亚社区大学拉瓜迪亚和瓦格纳档案馆的道格·迪卡罗(Doug DiCarlo)以及位于特伦顿的新泽西州档案馆的贝特·爱普斯坦(Bette M. Epstein)向我伸出了援手,使我能够在书中完整地描述集装箱摧毁纽约港的来龙去脉。

有关国际码头工人协会的历史资料的缺乏，对研究码头劳资关系的历史来说是一个严重的障碍。在纽约大学罗伯特·瓦格纳劳工档案馆工作的盖尔·马尔姆格林（Gail Malmgreen），帮助我在他们的珍贵馆藏中找到了相关的档案和口述历史资料。帕特里夏·希欧内（Patrizia Sione）和梅利莎·霍兰（Melissa Holland）在康奈尔大学劳资关系学院的卡瑟伍德图书馆工作，他们帮助我在该馆的基尔中心翻阅了弗农·詹森（Vernon Jensen）的论文，其中包含了关于国际码头工人协会的大量细节。

军事史不是我的专业领域，但我希望了解集装箱运输在越战中的作用；我的努力得到了很多专家的指导。吉娜·埃克斯（Gina Akers）和韦德·威科夫（Wade Wyckoff）在华盛顿海军历史中心的军事行动档案分馆任职，他们为我提供了军事海运局的记录以及美国海军的大量口述历史资料。让妮娜·斯威夫特（Jeannine Swift）和里奇·博伊兰（Rich Boylan）在马里兰大学校区的国家档案馆现代军事档案部工作，他们竭尽全力地帮我找到了很少有人查阅的有关越战时期后勤运输的资料。威廉·莫伊（William Moye）在弗吉尼亚州贝尔沃堡市的美国陆军物资司令部历史办公室任职，他为我提供了小弗兰克·贝森（Frank S. Besson Jr.）将军的重要信息，正是贝森将军说服美国的武装部队接受了集装箱运输。

罗杰·霍罗威茨（Roger Horowitz）和克里斯托弗·拜尔（Christopher T. Baer）在特拉华州威尔明顿市的哈格利博物馆和图书馆工作，根据他们的提醒，我在宾夕法尼亚中央铁路公司的档案中查到了一些我自己根本不会想到的文件。纽约城市大学研究中心的贝丝·波斯纳（Beth Posner）帮我找到了大量不引人注意的资料。我还利用了很多其他的资料，比如加利福尼亚大学伯克利分校的班克罗夫特图书馆、国会图书馆、康奈尔大学的图书馆系统、纽约公共图书馆和西雅图公共图书馆，等等，在此我衷心地向这些单位的协助表示感谢!

对任何研究这一主题的研究者来说，美国商船学院的名誉教授阿瑟·多诺万（Arthur Donovan）以及已故的安德鲁·吉布森（Andrew Gibson）为史密森学会准备的口述历史资料都是一个重要的信息来源；多诺万教授还为我寻找关于集装箱标准的记录给予了指点。奥克兰港的玛里琳·桑迪弗（Marilyn Sandifur）、米多里·塔巴塔（Midori Tabata）、杰罗姆·巴特尔（Jerome Battle）和迈克·贝里茨霍夫（Mike Beritzhoff）实在太热心了，他们带着我转遍了整个港口，让我得到了站场管理的最新知识。我要特别感谢吉姆·多伊格（Jim Doig）和莱斯·哈兰德尔（Les Harlander），吉姆提供给我的材料（现存于新泽西州档案馆）是他为自己的一本论述纽约港务局的权威书籍准备的，而莱斯关于集装箱标准谈判的文件是本书第 7 章的主要资料来源。

有很多人审读了本书的部分手稿，挑出了一些令人尴尬的错误，给我指出了其他的资料来源，提供了非常有价值的评论。我要特别感谢吉姆·多伊格、乔舒亚·弗里曼（Joshua Freeman）、文森特·格雷（Vincent Grey）、莱斯·哈兰德尔、托马斯·凯斯纳（Thomas Kessner）、纳尔逊·利希滕斯坦（Nelson Lichtenstein）、凯思琳·麦卡锡（Kathleen McCarthy）、布鲁斯·纳尔逊（Bruce Nelson）和朱迪思·斯坦（Judith Stein）。第 5 章的材料要献给商业史学会，他们的几个成员为本书提供了深刻的见解和建议。第 5 章的部分内容曾经出现在《商业史评论》（*Business History Review*）上，其匿名评审人提出了非常有帮助的建议。另外，替普林斯顿大学出版社审阅本书手稿的评审人也为改善本书做了很多工作。我还要感谢我在普林斯顿出版社的编辑们：劳伦·勒普（Lauren Lepow）做了非常出色的编辑加工，而蒂姆·沙利文（Tim Sullivan）彻底接受了我对本书的构想以及我认为集装箱确实改变了这个世界的信念。

马克·莱文森

目录

推荐序

致谢

第1章　集装箱造就的世界 // 1

第2章　码头上的拥堵 // 15

第3章　卡车司机 // 34

第4章　系统 // 53

第5章　纽约的港口保卫战 // 75

第6章　工会的分裂 // 98

第7章　制定标准 // 122

第8章　起飞 // 144

第9章　越南 // 164

第10章　暴风雨中的港口 // 181

第11章　繁荣与萧条 // 203

第12章　"大规模"情结 // 222

第13章　发货人的反击 // 236

第14章　及时生产 // 254

附录A　国际集装箱行业发展方兴未艾 // 268

附录B　机构公司名称中英文对照 // 274

译者后记 // 279

注释㊀

参考文献㊀

㊀ 本书的注释及参考文献放于www.cmpreading.com，请读者注册后搜索书名，在相应的网页上下载注释及参考文献资料，请参阅。

第 1 章

集装箱造就的世界

新泽西州的纽华克港，1956年4月26日，一架起重机把58个铝制卡车车厢装到了一艘停泊在港内的老油轮上。5天之后，这艘"理想X号"（Ideal-X）驶入了休斯敦，在那里有58辆卡车正等着装上这些金属货柜，把它们运往目的地。一次革命就这样开始了。

数十年过后，当巨大的拖车统治了高速公路时，当装满了一排排集装箱的火车隆隆地穿行于夜色之中时，我们很难真正地理解集装箱给这个世界带来了多大的变化。1956年，中国还不是世界工厂，购物者在美国堪萨斯州中部的商店里还不常看到巴西的鞋子和墨西哥的吸尘器，日本的家庭还吃不上产自美国怀俄明州的牛肉，法国的服装设计师也还没有把他们的高档服装放在土耳其或越南裁剪和缝制。在集装箱出现之前，货物的运输非常昂贵，以至于有很多东西跨越半个国家运输都不划算，更不用说跨越半个地球了。

集装箱为什么如此重要呢？当然不是因为集装箱本身。一个冷冰冰的铝制或钢制大箱子，上面有很多的焊缝和铆钉，底部铺着木板，其中的一端有两扇巨大的门，标准的集装箱非常像一只马口铁罐头盒。这件实用的东西，它的价值不在于它是什么，而在于它被怎样使用。对一个高度自动化、低成本和低复杂性的货物运输系统来说，集装箱就是核心。

集装箱降低了货物运输的成本，从而改变了世界经济的形态。薪水低、待遇差、靠在各个港口装船和卸船为生的劳工大军已不复存在，他们在码头旁边形成的拥挤社区如今已成回忆。因为不适合集装箱贸易或者就是因为不被需要了，一些几个世纪以来一直是海上贸易中心的城市，比如纽约和利物浦等，只能眼睁睁地看着它们的码头区以惊人的速度衰落。过去，一些制造商为了靠近供应商和客户，不得不在市区内忍受高昂的成本和陈旧的工厂，而如今它们早就已经搬走了。一些有着近百年历史的值得尊敬的轮船公司，因为无力承担适应集装箱运输所需的巨大成本而跨掉了。过去，满世界跑的商船水手可以在异国的港口上岸玩儿好几天，而如今，他们只能在存放集装箱的偏僻堆场上逗留几个小时，一旦高速的起重机完成了那些金属箱子的装卸，他们的船就会立刻拔锚启航。

集装箱不仅帮我们摧毁了旧经济，同样也帮我们建立了新经济。像釜山和西雅图等一些过去昏昏欲睡的港口，现在已经进入了世界大港的前列。另外，在一些从前没有港口的地方，比如英国的费利克斯托和马来西亚的丹戎帕拉帕斯，现在已经建起了大量的新港口。如今，远离主要人口中心的小城镇，可以利用其廉价的土地和较低的工资，来吸引那些不再需要靠近港口以实现廉价运输的工厂。过去摊子铺得很大、从头到尾有数千种制造产品的大工业中心，如今已经让路给那些规模更小、更加专业化、在不断延伸的供应链上给彼此运送零件和半成品的工厂。尽管穷国还在艰难地攀爬经济发展的阶梯，但对它们来说，成为遥远富国的供应者已不再是不切实际的梦想。庞大的工业中心如雨后春笋般地在洛杉矶和香港等地兴起，而这仅仅是因为运进原材料和运出产品的成本直线下降了。[1]

这种新的经济布局，让制造商可以像在周边销售产品一样轻易地把产品出口到国外，因此那些原本只想在国内经营的公司就有机会成为国际企业。然而，如果它们这样做了，它们很快就会发现，更廉价的运输也同样会让泰国或意大利的制造商受益。那些只想服务于本地客户而并不想走向国际的企业会意识到，它们没有选择：不管喜欢还是不喜欢，它们都要面对全球竞争，因为全球市场已经离它们越来越近了。对那些将其与客户在地理上的邻近作为重要优势的高成本制造商来说，运输成本已经不能再为它们提供避难所了；尽管有关税和时间延迟，尽管纽约服装街上的衬衫制造商离先驱广场上的梅西百货近得多，但相比起来，位于马来西亚的服装厂还是能够以更便宜的价格向梅西百货供应衬衫。通过把从前孤立的各个工厂整合成网络，那些在不同国家设厂的跨国制造商就变成了国际制造商，从而可以为特定的产品选择制造成本最低的厂址，尽管由于成本或汇率变化的原因，它们仍旧有可能要把生产从一个地方转移到另一个地方。1956年，世界上到处都是本地销售的小制造商；到了20世纪末，不管是对哪种产品，纯粹本地的市场几乎已经绝迹。

当然，这对工人们来说是一件好坏参半的事。作为消费者，由于集装箱促进了全球贸易，他们也就可以享受到无限多的商品选择。根据一项谨慎的研究，美国在2002年进口的商品种类是1972年的4倍，由此产生的消费者利益几乎等同于整个经济的3%（没有计入官方的统计数据）。与增长的贸易一起到来的竞争以不同寻常的速度推广了新的产品，并把价格压低到普通家庭也能享用的水平。物美价廉而又容易得到的进口消费品已经大大地提升了全球的生活水平。[2]

然而作为靠工资为生的人，工人们又完全有理由对此怀着矛盾的心情。在第二次世界大战后的几十年里，战时的破坏造成了巨大的需求，同时低水平的国际贸易抑制了竞争因素。在这种异常的环境中，北美、欧洲以及日本的工人和工会有能力通过谈判争取到几乎是不断提高的工资和福利，同时政府的多项计划也提供了更强有力的保障。工作周变得越来越短了，残疾补偿变得更加慷慨了，在60或者62岁退休也变成了标准。然而集装箱促进了这种空前上涨的终结。较低的运输成本进一步增强了资本的流动性，而这就使雇主在与流动性要差得多的工人们谈判时更有底气。在这种高度一体化的世界经济中，深圳工人的工资可以限制南加利福尼亚工人的工资，而当法国政府下令在不削减工资的情况下实施更短的工作周时，他们会发现，几乎是毫无阻碍的低成本运输使得制造商可以很轻易地迁往国外，从而避开更高的人力成本。[3]

一个现代的集装箱港口就是一座工厂，其规模之大简直超乎想象。在每一个泊位上（世界最大的港口有许多泊位），都可以停泊一艘长达1 100英尺[⊖]、宽达140英尺的远洋巨轮，船上除了金属的集装箱外别无他物。甲板上堆满了一排接一排的集装箱，有红色的、绿色的、蓝色的和银色的，每排有15~20垛，每垛有6~7个叠在一起。在甲板下面还有更多的集装箱，它们6~8个一垛地堆放在货舱里。用来容纳船员舱的结构位于驾驶桥楼的下方，朝着船尾的方向，越过堆得高高的集装箱刚刚能够看到。船员的住所很小，人数也很少。一

⊖ 1英尺＝12英寸＝0.3048米。

艘从中国香港出发的巨轮，可以运载3 000个40英尺的集装箱，其中装有重达10万吨的鞋子、衣服和电子产品，经过三周的航行，绕过好望角后到达德国，而整个行程中船上可能只有20个人。[4]

在码头上，等货轮刚一停稳，一排巨大的起重机立刻开动起来。这些起重机是巨大的钢结构，离地面有200英尺高，重量超过200万磅[○]。它们的支架间隔有50英尺，完全够几条卡车车道甚至是火车轨道从下面通过。这些起重机停在并排伸向货轮一端的铁轨上，以便它们能够根据需要前后移动。每架起重机都伸出一支吊臂，离地面有115英尺高，其长度足以横跨一艘比巴拿马运河还宽的轮船。

在每架起重机的上面都有一个操作员，他可以控制一台吊运车沿着吊臂滑行。从吊运车上垂下一个集装箱吊具，它是一个钢制的框架，用来抓牢集装箱顶部的四个角。当卸货开始时，每个操作员控制自己的吊运车沿着吊臂滑动到船上方的一个精确位置，放下吊具来咬合并抓牢集装箱，然后收回吊索，提起集装箱，并让吊运车带着集装箱快速地朝着码头的方向滑动。在起重机的支架间会有一辆胶轮的运输车等在那里；操作员把吊运车停在运输车的正上方，降低集装箱并把它放到车上，然后松开并收回吊具。运输车会立刻把集装箱运到邻近的货场上，而与此同时，操作员又让吊运车回到船的上方去吊运另一个集装箱了。这个过程每两分钟甚至每90秒就重复一次，每架起重机一小时可以从船上卸下30～40个集装箱。当船上的部分区域已经清空了到港的集装箱时，再次装载就开始了，而码头这边的活动也就变得更加忙碌了。每次起重机把一个到港的集装箱卸载到一辆运输车上之后，它会跟着从另一辆运输车上抓起一个离港的集装箱吊运到船上，让卸船和装船同时进行。

在沥青铺成的一英里[○]长的货场上，到港的集装箱被运到一架堆垛起重机的下方。堆垛起重机的橡胶车轮间距有50英尺，这个宽度足以横跨一条卡车车道和紧挨着的四垛集装箱。连接车轮的金属结构离

○ 1磅＝0.4536千克。
○ 1英里＝5280英尺＝1.6093公里。

地面有70英尺高，因此整个机器可以跨着几排6个一垛的集装箱前后移动。堆垛起重机抓住集装箱，把它从运输车上吊起，然后跨过其他一垛垛的集装箱，把它吊运到它的堆放位置。几个小时以后，这个过程会颠倒过来，堆垛起重机要把集装箱吊装到由卡车牵引的钢制底盘上。卡车可能要把货物运到几百英里外的目的地，也可能是运到一个附近的铁路货场，在那里有专门为运送集装箱而设计的列车正等着装载。

在一个较大的集装箱码头上，旧时码头的混乱以及肩上扛着一袋袋咖啡豆的强壮装卸工再也看不到了。对马龙·白兰度（Marlon Brando）在电影《码头风云》（*On the Waterfront*）中饰演的肌肉发达的男主人公特里·马洛伊来说，如今的这一切都会显得非常陌生。为了装卸一艘船，几乎每一步复杂的动作都要由计算机在船到来之前就预先设计好。计算机以及使用它们的配载计划员可以确定，按照怎样的顺序卸下集装箱才能同时保证卸载的速度和轮船的稳定。集装箱起重机以及货场上的设备都是预先编程的。在操控各台机器车辆的装卸工人面前，都有一个屏幕告诉他接下来要搬运哪个集装箱以及要把它移动到何处——除非这个码头不用装卸工人，而是使用无人驾驶的运输车来装运船区的集装箱，并用中央控制的堆垛起重机来处理集装箱的存放。计算机已经确定了，来装运到港集装箱ABLQ 998435的卡车应该在上午10点45分到达指定位置，而要运往纽华克的40英尺离港集装箱JKFC 119395，里面装有76 800磅重的机械设备，当前堆放在货场的A-52-G-6位置上，将被装载到轮船前舱第二排第四个槽位的下数第三层上。计算机已经保证了，冷冻的集装箱装在了带有电气设备的隔间里，内有危险品的集装箱已经与可能发生爆炸的集装箱分开存放。整个操作要非常精确，容不得半点差错或任何失误。在24小时之内，轮船要卸下运来的几千个集装箱，再装上要运走的几千个，然后再次驶上自己的航线。

在各个主要港口，每天有成千上万的集装箱运达，再由卡车和火车运走。装载着集装箱的卡车一辆接一辆地通过港口的大门；在门口，扫描装置会读出每个集装箱上的唯一号码,并把它与轮船的载货清单加以比较,然后告诉卡车司机该在什么地方卸货。牵引车可以挂上底盘,并把那些刚刚离船的集装箱拖走。只装载着摞了两层集装箱的火车会驶入一个靠近码头的联运站,在那里,巨大的起重机可以跨骑在整列火车的上方,一边移动一边把集装箱一个接一个地卸下。要把集装箱运出港口的火车,其目的地可能是2 000英里之外的一个铁路货场,而且途中可能只有最短暂的几次停留。这些火车也要在同样的铁轨上集合,并由同样的起重机来装载。

所有这些紧张忙碌的活动结合在一起,就形成了一个近乎无缝的全球货运系统。由咖啡制造商发出的一只35吨的集装箱,可以在马来西亚离开工厂,装上一艘货轮,经过16天的航行到达9 000英里之外的洛杉矶。一天之后,这个集装箱被一列火车运到了芝加哥,并被随即转移到了一辆开往辛辛那提的卡车上。从离开马来西亚的工厂到抵达俄亥俄州的仓库,这次11 000英里的行程可能只需要花费22天的时间,其速度是每天500英里,而费用要比一张单程的头等舱机票还低。另外,在这一路之上,很可能没有人碰过集装箱里的东西,甚至根本没有人打开过它。

对出口商和进口商来说,这种高效的运输设备是福音,但是对海关检查员和安全人员来说,它已经变成了诅咒。每个集装箱都附带一张货物清单,上面列出了集装箱里都装了些什么。但是,无论是轮船公司还是港口,都不能保证货物清单上所写的与集装箱里的实际内容完全一致。而且,目前我们还没有简便的检查方法:通常情况下,当你打开集装箱一端的门时,你看到的只是一面由纸板箱堆起来的墙。一艘货轮能在几小时里吞吐3 000个40英尺长的集装箱,一个像长滩或者东京这样的港口一天能处理10 000个装有货物的集装箱,而每个集装箱自身又能容纳一排排摞到顶的小箱子,因此,即使是最细心的检查员也不可能彻底地检查所有的集装箱。集装箱既能够有效地运送合法的货物,也能够同样有效地走私未向海关申报的商品、非法的毒品、没有证明文件的移民以及恐怖分子的炸弹。[5]

从当年的"理想 X 号",到如今这个每年运送成千上万只集装箱的系统,这段发展历程并不平坦。集装箱的推动者和反对者都从一开始就意识到,这项发明将会改变整个世界的运转方式。在一个对轮船一无所知的企业家的不懈推动下,集装箱航运的理想在 1956 年变成了现实;也正是当年的这次集装箱首航,在全球发动了一场历时超过 10 年的争斗。有很多运输业巨头都曾试图扼杀集装箱,一些非常有影响力的劳工领袖也竭力地想阻止集装箱的发展。有些港口为了推动集装箱而耗费了大量的资金,而有些则幻想着集装箱将会昙花一现,于是固守传统的码头和仓库让它们付出了沉重的代价。政府的反应很慌乱,他们试图弄清楚怎样才能既收获集装箱带来的好处,又不打乱依赖现状的利润、就业和社会安排。即使是看起来简单的问题,比如怎样设计普遍适用于几乎所有港口、起重机和集装箱的钢结构,也是在经过了多年的激烈争论之后才解决的。最后,通过美国对越南发动的一场漫长而又痛苦的战争,这种革命性运输方法的优点和价值才得到了验证。

集装箱对世界经济的影响和意义是无法量化的。在理想情况下,我们希望知道在 1955 年把 1 000 件男士衬衫从曼谷运到日内瓦要花多少钱,我们希望追踪随着集装箱运输的日渐普及,这笔成本发生了怎样的变化。这样的数据并不存在,但看起来很明显的是,集装箱大幅度地降低了货物运输的成本。从当初那艘只装载了几十个专用货柜的小型油轮开始,时至今日,集装箱运输已经日趋成熟,发展成了一个全球规模的、高度自动化和标准化的行业。要装载一艘巨大的集装箱船,所需要的劳动力非常少,所需要的时间也仅仅相当于半个世纪以前装载一艘小型的传统轮船所用的时间。有了集装箱,少数的船员就能够操控和管理一艘比三个足球场还大的远洋轮船。一个牵引车司机可以在一个客户的装货码头上放下一辆拖车,然后挂上另一辆并立刻开走,而不用等在那里看着别人从集装箱中卸货,自己那价格不菲的牵引车却只能闲着。所有这些都是集装箱革命的结果。运输已经变得如此高效,以至于货运成本基本上不会再对经济决策产生太大的影响了。正如经济学家爱德华·格莱泽和珍妮特·科尔哈泽所说:"与其认为运输商品是生产过程的一个要素,不如假定运输商品基本上没什么成本。"在集装箱出现之前,这种说法是难以想象的。[6]

在集装箱还没有进入国际运输的1961年,单单海运成本就占到了美国出口总值的12%和进口总值的10%。在注意到美国的平均进口关税只有7%时,国会联合经济委员会的成员们忠告说:"在很多情况下,这些成本要比政府的贸易壁垒更有影响。"而且尽管海运成本很高,但也仅占跨国商品运输总成本的一小部分。1960年,如果一家制药企业想把一卡车的药品从美国的中西部运到欧洲的一个内陆城市,那么它们需要支出将近2 400美元(见表1-1)。这笔钱可能支付给了很多不同的服务提供商:一个芝加哥本地的卡车司机、用平板货车把卡车的拖车运到纽约或巴尔的摩的铁路公司、一个在该港口城市的本地卡车司机、港口上一间仓库的所有者、一家轮船公司、在欧洲一间仓库的所有者和一家卡车运输公司、一家保险公司、一家欧洲的报关服务机构、全程监控这一复杂过程的运输代理人。这笔支出有一半是使用港口的费用。[7]

表1-1 把一卡车药品从芝加哥运到法国南锡的成本(估算,1960年)

	现金支出(美元)	占成本的百分比(%)
到美国港口城市的运费	341	14.3
在港口附近的本地运费	95	4.0
使用港口的总支出	1 163	48.7
远洋运输的运费	581	24.4
欧洲内陆的运费	206	8.6
总成本	2 386	

资料来源:American Association of Port Authority data reported by John L. Eyre. See n.7.

这个过程的开支太大了,以至于在很多情况下,跨国销售非常划不来。"对有些商品而言,运费可能占产品成本的25%。"在认真地研究了1959年的数据后,有两位工程师得出了这样的结论。1962年,从纽约向巴西运输钢管的平均费用是每吨57美元,占出口钢管平均成本的13%,这当中还没有包含把钢管从钢铁厂运到码头上所需的费用。如果按容量来计算的话,把电冰箱从伦敦运到开普敦所需的费用是每立方英尺68美分,这样算来,容量中等的电冰箱的批发价就要提高20美元。不足为怪的是,相对于经济规模而言,美国在1960年的国际贸易额还不如1950年,甚至比不上陷入大萧条的1930年。达成贸易所需的成本太高了,以至于在很多情况下进行贸易毫无意义。[8]

到目前为止,这一过程中最大的支出还是把货物从陆上运输工具转移到离港的轮船上,以及到达目的港时再把货物搬回到卡车或火车上。正如一位专家解释说:"对于一次船运而言,4 000英里的海上运输所需的费用,可能只占把货物运抵出发港以及从到达港运走货物这两段10英里的陆上运输所需费用的50%。"这些成本最先受到了集装箱的影响,因为货物的整箱处理取代逐件处理之后,装卸费用、保险费用、码头租金等都减少了。集装箱很快就被陆上运输所采用,装载时间的减少和转运成本的降低使得陆上运输的费用大幅下降。在轮船公司建造了专为处理集装箱而设计的轮船之后,海运费用也直线下降。而当集装箱运输变成了联合运输时,集装箱在轮船、卡车和火车之间的无缝转移就能够让商品在一个不间断的运输流中,从亚洲的工厂直接流进北美或欧洲零售商的库房;这就使得商品运输的总体成本变得微乎其微,甚至不如一家企业加在成本分析中的脚注重要。[9]

不过,几乎从一开始,集装箱的运输效率就没有掩盖它的经济影响。集装箱不仅降低了运输费用,而且还节省了时间。更快的处理速度和更少的存储时间意味着产品能够更迅速地从制造商转移到客户那里,意味着制造商不用再为铁路岔道上的车皮里,或者码头上的仓库里等待运走的库存掏大笔的存放费用了。结合了计算机管理的集装箱,使得丰田和本田等企业发展"及时生产"的想法变得切实可行了。在这种生产模式中,一家供应商只在其客户需要的时候才生产指定的产品,并使用集装箱把这些产品在指定的时间送达。这种在集装箱出现之前难以想象的精确性,已经大大地降低了制造商的库存,也相应地带来了巨大的成本节约。零售商也已经吸取了这些经验,开始利用精细的物流管理来实现数十亿美元的成本节约。

这些在运输成本、库存成本以及上市时间方面的节约促进了更长的供应链，使得采购方可以放心地向半个地球之外的供应方下订单，几乎不用担心自己所需要的垫圈零件无法及时到达或者所订购的洋娃娃不能在圣诞节前摆上货架。这些供应链变得越可靠，零售商、批发商和制造商就会越积极地追求更低的生产成本，当然，在雇主找到了遥远的劳动力来源时，本地被雇用的工人们多半会越发地感到如坐针毡。

有些学者认为，运输成本的降低最多也就是边际改进，其对贸易流的影响微不足道。本书将驳斥这种观点。集装箱在1966年进入国际运输，在这之后的10年里，制成品国际贸易量的增长速度是全球制造产量增速的两倍，是全球经济产出增速的2.5倍。一定有什么东西加速了贸易的增长，尽管通常可以刺激贸易的经济扩张在当时非常微弱；也一定有什么东西推动了制成品国际贸易的巨大增长，尽管石油危机让当时的世界经济变得非常疲软。尽管把世界经济所发生的巨大变化归结于单一的原因会显得鲁莽，但是，我们也不应该立刻就排除运输成本的直线下降在促进全球经济一体化的进程中扮演了重要角色的这种可能性。[10]

本书的主题由几个主要的研究分支汇合而成。其中的一个分支是研究运输技术的变革所产生的影响，无论对历史学家还是经济学家来说，这都是一个古老的主题。发明于18世纪70年代并在1807年开始普遍使用的汽轮，巩固了纽约作为一个港口的突出地位，而作为一项规模空前的工程，伊利运河产生了甚至更为巨大的影响。19世纪，由于科技的变革以及航海技术的改进，海运费用的大幅下降推动了世界贸易的巨大增长，也促使欧洲更加急切地想要建立新的殖民地。铁路的发展与美国的经济增长之间的联系一直都是非常有争议的，但没有太大争议的是，较低的铁路运输费用提高了农业的生产力，加强了美国南北战争前北部各地区的联系，并最终让芝加哥成了一个向西部延伸了上千英里的地区中心。19世纪80年代，冷冻火车车厢这项运输工具的创新，使得肉类加工企业可以在全美范围内运输屠宰后的牲畜，从而让普通的家庭也能吃得起肉了。卡车和客车的出现改造了

20世纪20年代开始的城市发展，而更晚些时候出现的商业航空拉近了原先孤立的社区与主要城市之间的距离，从而描绘出了新的经济地图。本书将证明，集装箱运输对促进贸易和经济发展产生了同样巨大的作用，而且就像汽轮、铁路和飞机的情况一样，政府的干预对集装箱的发展也是既有促进又有阻碍。[11]

第二个迅速兴起的主要研究分支的核心是创新的重要性。对那些期望理解经济为什么会增长和繁荣的人来说，资本、劳动力和土地等基本的生产要素已经没有那么大的吸引力了。如今人们要问的关键问题已不再是一个经济体能够积聚多少资本和劳动力，而是创新怎样才能帮助我们更加高效地利用那些资源，以创造出更多的商品和服务。这个研究分支会清楚地证明，新技术本身的经济效益微乎其微。正如经济学家内森·罗森伯格评论说："在早期阶段，创新往往不太适应很多更加专门的用途，尽管它们最终在这些领域得到了推行。"对新方法的抵制可能阻碍它们的采用。在未来变得更加确定之前，潜在的使用者可能会避免全心投入；正如早先Betamax录像机的购买者能够证明的那样，把赌注压在一项前途未卜的技术上是有风险的。即使一项新技术已经得到了验证，其推广往往也必须要等到先前的投资收回之后；尽管托马斯·爱迪生在1879年就发明了白炽灯泡，但是直到20年后，美国也只有3%的家庭使用了电力照明。经济效益并非产生自创新本身，而是产生自最终设法把创新推向实用的企业家——更严格地说，就像经济学家埃里克·布林约尔松和洛林·希特所指出的，是产生自企业为了利用新技术而对自身实施的组织变革。[12]

本书认为，就像从19世纪70年代电被驯服，到电力被普遍应用，其间相隔了数十年一样，人们对集装箱运输的接受也用去了很长时间。码头上货物处理成本的巨大节约，并没有立刻转化为总运输成本的巨大节约。运输企业普遍缺乏适当的设备，无法充分利用集装箱的优势，而它们的客户也是围绕着各种不同的成本假定来设计它们的操作。只有随着时间的推移，当集装箱运输发展成了一个全新的海陆货运系统之后，它才开始对贸易模式以及企业选址产生影响。在企业学会利用集装箱所创造的这些机会之前，集装箱并没有改变世界。一旦世界开始改变，它就改变得非常迅速：采用集装箱的组织越多，成本下降得就越大，集装箱运输也就变得越便宜、越普遍。[13]

本书的第三个研究分支是运输成本与经济地理之间的联系，也就是"谁在什么地方制造什么东西"的问题。这种联系可能看似不言而喻，其实不然。当大卫·李嘉图在1817年证明葡萄牙和英格兰都能通过专门生产各自具有比较优势的产品而获益时，他假定了只有生产成本才需要考虑；他的分析没有计算把葡萄牙的酒运到英格兰以及把英格兰的布运到葡萄牙所需的成本。从那之后，李嘉图视运输成本为零的假定就一直被经济学家的模型所采纳，尽管有充分的现实证据表明运输成本关系重大。[14]

只是从20世纪90年代早期开始，经济学家才认真地研究了运输成本的地理影响。这个新的研究分支正式地说明了常识给我们的暗示是什么。当运输成本很高时，制造商主要关心的是把厂址选在离客户近的地方，即使这意味着狭小的厂房或较高的运营成本。当运输成本相对于其他的成本下降时，制造商可以重新选址（首先考虑国内），以降低显得更加突出的其他成本。从逻辑上来说，不考虑国界的经济活动的扩散，也就是全球化，将是这个过程的终点。当运输成本下降到极低的水平时，制造商会从高工资的国家迁移到低工资的国家，而这最终会促使各国的工资水平趋于一致。这些地理分布上的转变可能会迅速而突然地发生，致使一些长期的工业基础设施得不到充分的利用或者被废弃。[15]

那么，运输成本的下降真的已经引起如此重大的经济转变了吗？有些学者怀疑，自20世纪中期以来，海运成本并没有下降太多。还有些学者指出了一个不可否认的事实，那就是各个国家同邻国的贸易都远远多于同遥远他国的贸易，他们据此认为，运输成本仍旧影响很大。当前国际上的研究在处理这些问题时都采取非定量的方法。从20世纪50年代中期一直到20世纪70年代的运输成本数据严重不足，因此它们根本不能提供结论性的证据，但一个无可争辩的事实是，全速奔向集装箱化的运输业可以非常充分地证明，这种新的运输技术显著地降低了成本。本书也不想利用经济模型来证明集装箱的影响。世界经济已经发生了巨大的变化，期间我们看到了汇率制度的崩溃、一再发生的石油危机、殖民主义的终结、喷气式飞机旅行的诞生、计算机的普及、几十万英里高速公路的通车以及很多其他的发展；考虑到这些，任何一个模型都不大有可能把集装箱运输的影响同很多其他因素的影响区分开来。尽管如此，过去半个世纪里，贸易模式以及经济活动场所的显著转变还是暗示我们，集装箱运输与经济地理的变化之间存在着非常紧密的联系。[16]

不可思议的是，集装箱竟然一直游离在这三个非常活跃的研究领域之外。它没有引擎，没有轮子，也没有帆，不能吸引那些着迷于轮船、火车、飞机或者水手和飞行员的研究者。它没有光环，无法吸引那些研究科技创新的人的视线。而且自20世纪中期以来，有那么多的因素结合在一起才改变了经济的布局，所以集装箱很容易被忽视。从集装箱诞生至今，已经有半个世纪了，我们却还没有看到一部集装箱简史。[17]

在讲述集装箱运输不同寻常的故事的同时，本书也试图填补这段历史空白。本书不是把集装箱运输当作一条运输新闻，而是把它当作一项对全球的劳动者和消费者有着深刻影响和重大意义的进步。要是没有它，我们的世界会大不相同。

第 2 章

码头上的拥堵

20世纪50年代早期，集装箱运输的概念还没有形成，世界上的大多数贸易中心都非常重视码头。货物运输是一个市内的行业，雇用着数百万人。这些人带着各种货物，或拖或推、或车载或肩扛地往返穿行于城市各处与码头之间。在码头区，一群群的工人背着货物爬上跳板，在轮船的底舱里艰难行进，最后把箱子和桶堆放到各个角落。很多码头的前面一般是仓库；如果不是仓库，那就一定是工厂。就像几个世纪以来一样，为了更快地运进原材料和运出制成品，制造商仍旧聚集在码头附近。不管是在旧金山还是在蒙特利尔，在汉堡还是在伦敦，在里约热内卢还是在布宜诺斯艾利斯，港口周围的地区都挤满了在码头上谋生的家庭，而把他们联系在一起的是码头工作的特性以及由此形成的独特文化。

尽管海上行船已经有几千年的历史了，但在20世纪50年代，利用船只来运送货物仍然还是一项非常复杂的工程。在发货人的工厂或仓库那里，货物会被一件件地装到卡车或者火车上。卡车或者火车会把数百或数千件这样的货物运到码头区。然后，这些货物要一件件地卸下，一件件地登记到理货单上，再一件件地存放到一个码头旁边的中转货棚里去。当一艘船已经做好了装船准备时，这一件件的货物又要从中转货棚里搬出来，再点一遍数，然后或推或拽地运到船边。码头上会弄得一片狼藉，到处都是纸板箱、木板箱和木桶。你可能还会看到装着洗涤剂或牛油的金属罐，散落在一包包重达440磅的棉布或兽皮旁边。还有装在袋子里要两个人才能抬动的硼砂、散放着的木料、一筐筐刚摘下来的柑橘、一桶桶橄榄、一卷卷钢丝，所有这些东西可能都是一船"混杂货"的一部分，都在乱成一锅粥的码头上等候着，看着自动装卸车和手推车来回地飞奔。

把所有这些东西装上船是码头装卸工的活儿。在码头上或者码头旁的仓库里，一群码头工人会把各种箱子和桶搬到木头的货盘或吊货板上，凑成一"吊"货物。有些凑成"吊"的货物是用绳子捆起来或者用网罩住的，但货盘往往是装载摞起来的纸板箱或袋子。当一吊货物准备好以后，码头上的装卸工人会解开吊货板下面的绳索，并把它们的末端系在一起。在船的甲板上，起货机驾驶员或者说"吊运水手"在等着发给自己的信号。当信号出现时，他就把船上起货机的吊钩移动到吊货板的上方。码头这边的工人们把绳索挂到吊钩上，起货机把货物吊起，移动到打开的舱口上方，慢慢降低并把货物放进货舱。舱里的人很快就会放开吊钩，让它升起来去吊运码头上的下一批货物，以免工头朝他们叫喊："都给我快点儿！吊钩要升上去了！"与此同时，在昏暗的货舱里，另一群装卸工会把货物从吊货板上卸下，然后借助四轮推车或叉车，或者全凭一身蛮力把它们弄到适当的位置上去。装卸工都随身带着一个装有木柄的铁钩子，遇到不太"听话"的货物，就用钩子搭住，靠一把力气把货物拖走。

卸货也同样很困难。一艘到港的轮船可能运载了100公斤一袋的白糖或者20磅一块的奶酪，而它们就堆放在2吨一卷的带钢旁边。要搬走一样货物而不损坏另一样，这就已经够难的了。起货机能把成卷带钢吊出货舱，但白糖和奶酪就需要由工人搬运出舱。卸下香蕉需要装卸工扛着80磅重的一串串硬果走下跳板。搬运咖啡豆意味着把15个60公斤重的袋子搬到舱内的货盘上，让起货机把货盘吊运至码头，然后再把一个个袋子从货盘上卸下并堆到一大堆袋子的顶上。这种工作可能繁重得有些残酷。在爱丁堡，卸载满满一舱的袋装水泥，意味着挖透30层楼高、布满灰尘且紧紧摞在一起的一大堆袋子，并把它们一袋袋地抬到吊货板上去。从秘鲁运到纽约的铜锭太大、太重了，一个人根本搬不动。装卸工必须要越过码头，把这些巨大的金属块从到港轮船搬运到一艘驳船上，而驳船会把它们运送到新泽西的一家工厂去。"因为他们不得不弯下腰来干活，所以当他们结束了一天的辛苦劳动回家时，你会看到他们的样子有点儿像猩猩，"一个从前的码头主管回忆说，"我的意思是，他们都躬着腰；当然，他们最后还得挺直腰板，第二天还要干活呐。"[1]

自动化在第二次世界大战期间到来了，但影响非常有限。叉车从20世纪20年代起开始使用，到了20世纪50年代时才被普遍用来把货盘从仓库搬运到船旁；有些港口还安装了传送带，用来卸载成袋的咖啡豆和马铃薯。尽管有了机械作为辅助，肌肉却往往还是最终的解决办法。码头装卸工必须做好准备，今天要处理的可能是装着娇弱热带水果的小纸箱，而明天的就可能是大量脏兮兮的炭黑。他们的劳作是全天候的，有时候在白天，有时候在夜晚。闷热的货舱、结冰的甲板、雨中湿滑的跳板，这些都是他们工作的一部分。被管子绊倒、被吊钩上的一吊货撞倒，这样的危险始终存在。在马赛，1947～1957年，有47名码头工人在工作中丧生；在曼彻斯特，负责装卸从爱尔兰海进入航道的远洋轮船的码头工人，在1950年每两个中就有一个受过伤，每六个中就有一个进过医院。在工伤率较低的纽约，1950年所报告的严重事故达2 208起。政府的安全条例和安全检查几乎不存在。局外人可能在码头劳动中看到了浪漫和工人阶级的团结，但是对这些在码头上谋生的工人来说，这种工作令人厌恶而且往往非常危险，其工伤率是建筑业的3倍，是制造业的8倍。[2]

那个时代的货轮都是散件货轮，在甲板下面有多层开放空间，可以装运几乎任何种类的散货。㊀到了1946年，世界上的很多商业船队都毁于战争，但是有将近3 000艘美国商船幸存了下来，可以用于海上运输和贸易。在这些船只当中，有2 400多艘是美国的造船厂在1941～1945年出产的"自由级"（Liberty Ships）。"自由级"是作为运输船来设计的，航速很慢，造价非常低，而且从预制构件到组装成船所需的时间不到70天。"自由级"只有441英尺长，这些船只被故意造得很小，这样当一艘船被德军的潜艇击沉时，货物损失也不大。1944年，美国的造船厂开始建造"胜利级"（Victory Ships）轮船，其航速要比11节㊁的"自由级"快得多，但船身的长和宽只增加了几英尺。第二次世界大战后，美国海军把450艘"自由级"轮船卖给了

㊀ "散货"（bulk cargo）通常是指煤炭或谷物这样的货物，它们可以不经打包或分选就连续地装上船。对比而言，"散件货"（breakbulk cargo）则由必须一件件单独处理的货物组成。

㊁ 节（knot），速度单位，每小时1海里。1海里大约等于6 080英尺、1.15法定英里、1.85公里。11节或者说11海里每小时的速度，等于12.7法定英里每小时，或者20.7公里每小时。

国内的商业运输公司，还有大约450艘卖到了欧洲和中国用于商业运输。有540多艘"胜利级"轮船从战争中幸存下来，同样也是在1945年后期被海军廉价出售。[3]

这两种型号的船都不是面向商业用途设计的。它们的内部空间非常局促，船侧的弯曲意味着每艘船上的5个小货舱顶部较宽而底部较窄，船身中部要比前部或尾部更宽敞。码头装卸工必须要知道怎样装填这些古怪的空间：对于船主来说，浪费船上的空间就意味着损失金钱。每个货舱都有各自的舱口，被一个固定在甲板上不透水的金属舱盖封住。要在沿途停靠的第一个港口卸下的货物必须最后装，以便它们靠近舱口容易卸载；要在整个行程中的最后一个港口卸下的货物，会被推挤到远离舱口的角落里。与此同时，每一件货物都要堆得牢固而紧密，以免当船在海中颠簸时它们会移动；一个松动的箱子或木桶散掉了，里面的东西以及周围的其他货物就可能因此遭殃。有经验的装卸工知道该把什么样的货物推到靠外侧舱壁的不规则空间里，而把哪些东西堆到内侧舱壁的旁边。他们还会把纸箱、麻袋和木料混搭成临时的墙壁，让货物挤在各自的位置上，同时又能保证船到港时货物容易卸下。装载时的错误可能是致命的。如果在海上的大浪中负载移动了，那么船就有可能翻掉。[4]

在航程的终点，直到所有的到港货物都被搬下船之后，为下一次航行作准备的装载才能开始。船舱里的货物塞得太紧了，当时根本来不及分开，所以装卸工们往往把货物都堆在码头上，然后再挑选分拣，检查标签，确定哪些货物应该运到中转货棚去、哪些当场就能用车拉走。如果船是从国外来的，海关的检查员会在码头上巡视，撬开箱子检查以确定关税。买方的代表会出现在码头上，以确定他们的订货已经完好无损地到达了；肉类和农产品经销商也会派代理人过来抽样检查新到的货物。码头附近的劳动大军还包括一小群木匠和箍桶匠，他们的工作是等这些各路的检查人员完事儿之后，修好破损了的木箱和木桶。之后，吵闹的柴油机卡车会来到码头上运走各自的货物，而叉车会把其他的货物运到中转货棚去。把一船到港的混杂货物

转移到中转货棚,然后再把离港的货物装上船,这个过程可能会让一艘船在码头上停泊一个星期甚至更长的时间。[5]

这些码头区的现实意味着在战后时期,航运是一个高度劳动密集型的行业。自20世纪20年代以来,大萧条和战争导致私人建造的商业船只数量锐减,所以船舶经营者投入的资金少得可怜。在美国,1930～1951年,用于轮船和驳船的私人支出总和仅为25亿美元,还不如以前船主们在20年代的10年里投入的资金多。轮船公司可以购买剩余的"自由级"、"胜利级"以及油轮,每艘的价格才30万美元,所以停在港口中不运营的那些轮船的维持成本并不是一笔很大的支出。用于岸上设施的支出可以忽略不计。最大的成本项目是大量码头工人的工资,可能要占到一次远洋航行的总支出的一半。再加上支付给码头所有者的吨税,因此"货物航运成本的60%～75%是发生在轮船停泊于码头上的时候,而不是发生在轮船航行的时候",有两位分析师在1959年就得出了这样的结论。必须手工处理货物,这种限制使得周转时间难以缩短,码头和轮船的有效利用难以实现;在这种情况下,投资建造更大更好的码头或轮船显然没什么道理。[6]

传统上,一个首要的事实决定了码头区的生活,那就是就业非常不稳定。今天可能有一船容易腐烂的货物需要赶紧卸船,于是所有到码头来的工人就都有活儿干了;到了明天,码头上可能又什么活儿都没有。在装卸货物的高峰期,一个港口会需要大量的劳动力,但是在平常的日子里,港口所需要的劳动力要少得多。码头工人、卡车司机和仓库工人被吸引到了一个需要临时劳动力的世界中,而这决定了码头周围的社区形态。[7]

几乎是在任何地方,码头工人每天早晨都得在一个古老的仪式上为工作而竞争。在美国这叫"shape-up"(挑选临时工);澳大利亚人把这叫做"pick-up"(挑人);英国人给这起了个更形象的名字——"scramble"(抢工)。在大多数地方,这个过程包含了乞求、奉承和回扣,而这一切就为了得到一天的工作。在20世纪30年代的爱丁堡,

"将近早上8点钟的时候，工头爬上一个平台，底下等着的人们立刻拥向前去争夺一项糟透了的工作。"苏格兰的码头工人乔治·巴克斯特回忆说。同样的场面也曾出现在俄勒冈州的波特兰："他们会雇用一群工人，而你可能在星期二早上7点就到了那个码头上。也许那艘船要在星期二晚上9点才到，但你不敢离开；你被雇来了，但你还没有拿到钱。"在1947年的马赛，码头工人早上6点半就来到了朱丽叶广场。冬天的清晨又冷又暗，他们在那里的人行道上转来转去，直到有工头过来对他想要的人打个手势，被选中的工人就可以钻到附近的一家咖啡馆里等着开工，而剩下的人只能再去寻找别的工头。在旧金山，码头工人聚集在海港大楼旁边的人行道上；在利物浦，他们聚集在叫做"码头工人之伞"（更正式的名字是"利物浦高架铁道"）的混凝土建筑下面，等着有工头过来拍他们的肩膀。[8]

挑选临时工不仅仅是一个仪式，还是一个贿赂和腐败的诱因。《码头风云》是经过了艺术加工的电影，但是现实生活中，给工头塞钱往往就是得到一份工作需要付出的代价。纽华克的码头工人莫里斯·马尔曼证实，在1953年，因为有一次他拒绝给一个工会官员的"度假基金"出点儿钱，那之后他就再也没被雇用过。在新奥尔良，每周两三美元的贿赂是确保下一周有活儿干的标准。强迫工人下赌注是工头从他们那里榨取钱财的另一种手段；没有参加赌钱的工人可能会发现，他们很难被工头选中。在很多港口，工头通常都还有一项放债的副业。在利物浦的码头上，专门强迫工人借债的工头被称为"gombeen man"（放高利贷者），这个词语来自爱尔兰语中表示高利贷的"gaimbin"一词。通过借一笔每先令要付3便士利息（对短期的借贷来说就是25%的利息）的债，一个码头工人可能就得到了被雇用的保证，因为他知道，放贷者会从他的工资里抽走还款。[9]

来自工会和政府的压力渐渐地消除了临时工挑选过程中某些最丑陋的恶行。在美国的太平洋沿岸，雇主在1934年的一次激烈罢工后失去了对雇用过程的控制；从那以后，雇工的顺序就由在工会控制的职业介绍所举行公开抽签来决定了。在第二次世界大战后，澳大利亚搬运工协会接管了码头工作的分派,而英国码头工人协会在1947年的成立也根除了抢工现象。在鹿特丹,发生于1945年和1946年要求改善工作条件的大罢工让雇主相信,雇用专职的员工要好过雇用临时工;到了1952年,有一半以上的港口工人都成了某一家企业的正式员工。新西兰和法国建立了政府机构来管制码头雇工。1953年,为了打击码头上的腐败,纽约州和新泽西州共同创立了纽约港码头区委员会,来负责纽约港的工人雇用。[10]

这些改革促使码头区的就业性质发生了重大变化。尽管在第二次世界大战后码头劳动大军为数巨大,比如在1951年的纽约,码头工人超过了5.1万人,而在伦敦,仅注册的码头工人就有5万人,但是在这些人当中,没有多少人拥有固定的全职工作。随着临时工挑选仪式的终结,政府和工会试图通过限制劳动力的供应来提高码头工人的收入,尤其是限制那些仅在远离码头的工作落空时才来这里找活儿干的"临时劳动力"。新的规定限制或阻止了过多的人进入码头工人这一行。得到认可的码头工人需要拿到登记簿,而轮船公司和装卸公司只能雇用职业介绍所选定的注册码头工人,禁止雇用其他的任何劳工。已注册的码头工人由职业介绍所根据他们各自的资历来指定雇用级别。雇用首先轮到级别最高的工人(在纽约是"A级"码头工人,在马赛是"职业码头工人"),而在同一级别内是随机挑选;在一天之中,除非所有想工作的高级别码头工人都得到了工作机会,否则低级别的工人就只能等着。政府和工会的期望是,那些不经常在码头上工作的人会找到其他职业,而留下来的会是一支码头工人的骨干队伍,他们薪资较好且收入还算稳定。[11]

由于有了新的职业介绍所,码头工人就不必再忍受每天简直是为了工作而战的羞辱。但是,他们的收入仍然是最不稳定的,因为码头对他们的劳务需求变动非常大。在情况最为极端的利物浦,装卸公司在生意繁忙时需要的人手是清淡时的两倍。在伦敦,码头工人直到1960年才争取到了退休金计划,而在这之前,年龄超过70岁的工人普遍希望能得到一份轻松的活儿。即使是政府的保障计划可以为找不到工作的码头工人提供补偿,其数额也远远低于正常的工资,更何况很多的码头工人都没有资格享受补偿。在各地的主要港口中,只有鹿特丹和汉堡的大多数码头工人可以指望挣到稳定的收入,因为在这两个地方,政府在1948年就保证半临时性的工人可以得到相当于每周轮换5个班次的工资。[12]

码头工人生活的特性早就已经促成了独特的码头区文化。长期以来,码头工人很少固定地为一个雇主工作;他们的忠诚是对同事的,而不是对"公司"的。很多人认为,没有人知道或关心他们干得好不好。他们的劳动充满了局外人意识不到的艰辛和危险,这促成了一种不同寻常的集体精神。正常轮班的工人可以安排自己喜欢的工余活动,而由于无法控制自己的时间,码头工人就往往不能实现这样的安排。"一个码头工人的妻子很少知道自己的丈夫将在什么时候去工作,而且由于工作班次的时间长短也不确定,所以她也很少能说准丈夫会在什么时候回家吃晚饭。"俄勒冈的码头工人威廉·皮尔彻写道。自然,他们的收入也非常不稳定。在他们有工作的时候,大多数码头工人拿到的小时工资都高于当地体力劳动的平均工资。如果赶上不能全天工作或者是失业,他们就有可能一连几天甚至几个星期没什么收入。但是在另一方面,也有很多码头工人怀念他们的工作天生就有临时性的事实。如果一个码头工人在任何特定的一天选择不去工作,如果他决定去钓鱼而不是去等活儿,那么他完全有这个权利。[13]

就因为有这些特性,一位社会学家评述说:"与同一个大城市里的任何其他行业相比,码头区的工作似乎更多地属于特殊的工人阶级群体。"码头工人往往在码头区附近度过自己的整个人生。在英国的曼彻斯特,第二次世界大战后受雇的码头工人有54%就住在距码头一英里的范围内;尽管他们的住房矮小破落,而且街区也几乎没什么便民设施,但社会学家却发现,"生活在那里的码头工人很少有人想搬家"。在澳大利亚西部的弗里曼特尔,20世纪50年代有一半的码头工人都住在码头附近两英里的范围内。在布鲁克林码头旁边居住着大量意大利人的南布鲁克林街区,1960年有1/5的工人不是卡车司机,就是码头工人。[14]

码头工人的父亲、儿子、兄弟、叔叔、舅舅或者堂表兄弟，十有八九也在码头上干活儿，而且他们彼此常常住得很近。陌生人，包括不同族群的人，是不受欢迎的。在伦敦和利物浦，爱尔兰人控制着码头，来自非洲或西印度群岛的非白种移民根本不可能找到活儿干。在美国南部，有3/4的码头工人是黑人，白种和黑种码头工人分属不同的分支工会，而且往往为不同的轮船工作；一个最大的例外是在新奥尔良：人数大致相等的白种和黑种码头工人结成了一个不同寻常的联盟，他们共同装卸每一艘轮船的每一个货舱，但是在1923年，这个联盟迫于雇主的巨大压力而瓦解了。在波士顿，爱尔兰人控制的工会根本不愿意雇用黑人，即使后来有很多在1929年破坏罢工的非黑种工人都得到了雇用。纽约的国际码头工人协会实际上明显地分为爱尔兰人、意大利人和黑人的分会，而巴尔的摩则有分别面向黑种和白种码头工人的分会。尽管国际码头工人和仓库工人协会（ILWU）禁止种族歧视，但进入20世纪60年代早期，他们在波特兰和洛杉矶的分会几乎都是纯白种人的；当波特兰分会发现一群谷物装卸工当中有黑人时，他们甚至放弃了给这群人当代表的努力。[15]

在有些地方，即使种族和族群并不是严重的问题，但为了有能力向成员的亲属提供工作机会，码头工会也还是会歧视外来者。他们的工作艰辛而又缺乏保障，但是对高中都没有念完的蓝领工人来说，这在他们能干的工作中已经是薪水最丰厚的了。在码头工人的家庭中，能让一个年满16岁的男孩子去接受挑选，托人拉关系地让他得到雇用，那这简直就是他一生中最大的喜事了。在波特兰的码头工人当中，大多数人的父亲也是搬运工。在安特卫普，有58%的码头工人是码头工人的儿子。在曼彻斯特这个比例是75%，而且在剩下的人当中，还有很多是靠与码头工人的女儿结婚才得以进入码头的。码头工人埃迪·特罗特回忆说："在20世纪50年代中期的爱丁堡，除非你是一个码头工人的儿子、孙子、侄子或者兄弟什么的，否则你根本别想当上码头工人。"1962年，当英国首相哈罗德·麦克米兰又一次面临罢工威胁时，他发表评论说："这些码头工人非常难对付；他们都是亲戚，不是父亲和儿子，就是叔叔和侄子。他们就像上议院一样，是世袭的，不需要任何才智。"[16]

残酷的工作条件、经济上的不确定性以及码头工人生活的闭塞性，这些导致了独特的道德观念和习惯。码头工人把自身看作坚韧、独立的人，从事着非常艰苦的工作。威廉·皮尔彻自己就是码头工人，但他也研究码头工人；他发现，自己的同行非常珍视并努力维护他们好喝酒、好打架的名声。"他们喜欢把自己看作粗人；那正是他们在彼此以及外行人眼中的形象。"皮尔彻评论说。他们的这种自我形象也是公众眼中的形象。英国在1950年发表的一项调查表明，在30项职业当中，码头工人的社会地位排在第29位，只比扫大街的高，尽管当时码头工人的工资要高于全国的平均工资。这种看法普遍存在于当时的各个社会阶层之中。身为一个码头工人，这意味着你属于一个全球性的同业群体，你们有着共同的人生观，并且都有被主流社会排斥的感觉。[17]

劳工的战斗性是码头工人的工作和生活境遇的自然产物。全世界的码头工人已经充分地认识到，他们的福利依赖于集体行动，因为如果不这样，大量走投无路而只能从事体力劳动的人就会迫使工资下降到几乎不足温饱的水平。在大多数情况下，他们的雇主并不是有资产和声誉需要维护的轮船公司和装卸公司，而是受雇于特定码头或船只的承包商。这种体系让船主可以声称是承包商在负责码头劳动，从而逃避改善工作条件的责任。资方主要负责人的缺乏常常反映在工会方面。由于没有解决劳资纠纷的例行方法，对抗的工会试图证明自身的好斗但往往又没有能力把和解协议强加给其成员，所以罢工时常发生。一件不平之事就可能导致整个港口陷入瘫痪。一项涉及11个国家的研究发现，同任何其他的职业相比，码头工人以及矿工和海员因劳资纠纷而损失的工作日最多。仅仅是在英国，码头罢工在1948~1951年所造成的劳动损失就将近100万人一天的工作量，而在1954年更是达到了130万人一天的工作量。码头工人骄傲地代表了劳动激进主义的先锋。[18]

历史的教训让他们变得更加团结。自19世纪中期以来，码头工会在工业化国家里的力量有时增强有时削弱；在工会的力量削弱时，更繁重的工作量和更低的工资必定降临到工人头上。在挫败了1928年的一次大罢工之后，澳大利亚的码头经营者大幅削减了周末薪水，并且开始雇用半天的轮班工人，取消了被工会视为重大成功的单班。在集体谈判的权利还不受法律保护的美国，船运和装卸公司开始在第一次世界大战后削弱工会，并且大获成功。在新奥尔良，当雇主在1923年打败了工会之后，码头工人的工资从每小时80美分减少到了每小时40美分。1919～1924年，美国西海岸的雇主把工会撵出了从西雅图到圣迭戈的各个港口，随后把更低的工资和更繁重的工作量强加到了工人头上。要求双班轮换的情况非常普遍，而且有些港口试图通过实行按件计酬来加快装卸的速度。在1950年的马赛，当雇主制服了工会之后，"码头工人的工作就没有了规则。"法国的码头工人阿尔弗雷德·帕奇尼回忆说。在爱丁堡的码头工人的记忆里，1947年全国码头工人委员会的成立所带来的工作条件的巨大改善，最能生动地证明码头工人的传统地位：在新建的生活设施大楼里配备了单人的储物柜和淋浴间，而私人雇主一向认为这些设施不该由他们提供。[19]

这种对抗性的劳资关系导致了两个问题，它们一直困扰着全球的航运业。一个问题是偷窃。偷窃向来是码头区的一个难题，在第二次世界大战后，高价值产品贸易的增长使偷窃达到了泛滥的程度。有些码头工人认为偷窃是正当的，是被日益恶化的家庭经济状况所迫；但即使是在工会的合同或政府的干预已经改善了工资水平的地方，偷窃仍然是个棘手的难题。有一个从20世纪60年代流传下来的英国笑话，说是有一个码头工人偷了一根金条被逮住了，而他受到的惩罚就是从他下一次的薪水里扣掉金条的钱。"让我心烦的是小偷小摸，"一个20世纪50年代的苏格兰码头工人回忆说，"那非常、非常令人厌恶。"码头工人很得意于他们的一些鲜为人知的本事，比如从一个被认为堆在货舱里很安全的密封酒桶中弄出威士忌来。在波特兰，像半导体收音机和瓶装酒这样的小物件，往往是被人偷回去送给家人和朋友,而不是拿去卖掉。在犯罪猖獗的纽约就没有这样的限度。格雷斯轮船公司发现,即使是60公斤一麻袋的咖啡豆也有可能被偷走。为了防止帮助盗窃团伙的检查员做手脚,这家公司购买了一台暗秤,以确定离开码头的卡车上装载的麻袋数量是否有出入。[20]

第二个问题是码头工人会抵制任何可能让他们失去工作的东西,因为他们强烈怀疑雇主的用心。只要码头工会在一个地方站稳了脚跟,他们就会坚决要求在合同中列出针对性的条款,以防止雇主欺骗工人的漫长历史重演。负责一个舱口的工人数量、货舱中或码头上那些工人的布置、一吊货的最大重量、他们会用到的设备以及有关人员配置的其他无数细节,都会一页接一页地填写在劳资合同中。利物浦的航运业者曾一再地想废除这样一个惯例:每一群码头工人只留下一半在码头上干活儿,另一半会到附近的酒馆里去闲着;一两个小时之后,这两部分工人再相互轮换。在全世界的港口上都发生过反对雇主改变工作惯例的罢工。1928～1954年,当工会与资方为了机械化而相互斗争时,洛杉矶港的劳动生产率下降了75%;1954年,美国西海岸各港口每工时处理的货物量比1952年减少了9%。1950年,纽约港处理一吨的货物需要1.9个工时,但到了1956年却增至2.5个。在英国,每个工人每年处理的货物吨数在1948～1952年几乎没有什么变化,在1953年由于货物的猛增而骤然提高了1/3,之后迫于严格工作惯例的压力而再次下滑。[21]

要降低货物处理的高成本,解决办法很明显:为什么非要装载、卸载、转移和再装载那么多的散件货物?为什么不把货物装进大箱子里,然后就只装卸和搬运这些箱子?

把货物装在大箱子里运送的概念早在几十年前就已经出现了。19世纪晚期,英国和法国的铁路公司曾经尝试把家具装在木制的集装箱里运输,然后用起重机把箱子从铁路平板货车转移到马车上。在第一次世界大战结束后,几乎是机动卡车刚一广泛进入民用,辛辛那提机动车站场公司就想到了用起重机从底盘上吊起和放回的可互换卡车车厢。有远见的思想家甚至已经提出"一种标准化的集装箱，其形式是一种可卸下的封闭货车车厢，可以很容易地用起重机在铁路平板货车、汽车底盘、仓库地面和船只之间转移"。最早采用这一概念的美国铁路公司是纽约中央铁路公司，它们在1920年前后引入了钢制的集装箱，6个一排地紧挨着放置在侧板可以放下来的浅底火车车厢中。[22]

财大气粗的宾夕法尼亚铁路公司是美国最大的运输公司，也是这一新概念的强大倡导者。该公司碰到的难题在于，它们的很多客户都不是向一个目的地发送大量的货物。例如，一家小工厂可能会让一节火车车厢在铁路公司的支线轨道上停留一周，这期间它们会把发给很多不同买家的货物装上去。铁路公司必须要把这节车厢挂到一列货车上，并把它拖运到最近的联运交接点去，在那里，车厢中的货物会被卸下，分拣到手推车里，然后再重新装到去往不同目的地的其他火车车厢里。该公司的替代方案是一种钢制集装箱，其宽度只有9英尺多一点儿，大概是普通火车车厢的1/6。发货人可以把发往底特律的货物装一个这样的集装箱，发往芝加哥的装另一个，发往圣路易斯的再另外装一个。这些集装箱可以用叉车放到一节车厢上，而在联运交接点，一辆叉车会很容易地把这些集装箱分别搬运到合适的火车上。根据该铁路公司的计算，在转运站分拣散件货物的成本是每吨85美分；转移一个5吨集装箱的成本仅为每吨4美分，而且这还减少了损毁索赔以及对火车车厢的需求。[23]

有些铁路公司不仅通过降低运价来推行集装箱，而且还试图通过改变向发货人收费的方式来推行它。自联邦法规在19世纪80年代实施以来，州际商务委员会（ICC）一直坚守这样一个原则：每种商品都要有它自己的运输价格，当然这个运价必须要得到州际商务委员会的批准。然而用了集装箱，铁路公司就不再处理商品了；集装箱的尺寸和装载重量远比里面的东西更要紧。这是他们第一次提出纯粹基于重量的费用：在芝加哥和密尔沃基之间的北海岸铁路线，不管集装箱里装的是什么，使用一个3吨的集装箱收费是每100磅40美分，而使用一个10吨的集装箱收费仅为每100磅20美分。1931年，当历时 4 个月的听证会结束之后，州际商务委员会裁定基于重量的运价不合法。尽管州际商务委员会也发现集装箱是"一种值得推荐的设备"，但是他们又认为，铁路公司运送一个集装箱的收费，不能少于运送集装箱中同等重量最昂贵商品的收费。由于这项裁定，集装箱在铁路上就不再具有经济合理性了。[24]

20 世纪 20 年代期间，为了应对新的竞争威胁卡车，其他国家里的铁路公司也采用了一些不同的集装箱系统。尽管在荒凉而且往往未经铺筑的道路上，采用卡车长途运输还不切实际，但在短途运输方面，卡车却有着明显的优势；另外，铁路公司还试图削弱卡车运输公司的成本优势。在澳大利亚，阳光饼干公司曾经利用装在敞篷的火车车厢上并且张贴有公司广告的集装箱运送它们的食品。伦敦-英格兰中部-苏格兰铁路公司曾经在 1927 年运送了 3 000 个集装箱，而法国国营铁路公司也曾把集装箱作为一种有效的运输方式，推荐给向城市发送肉类和奶酪的农牧场主。1933 年，它们联合其他的铁路公司成立了国际集装箱局，致力于推动国际集装箱货运在欧洲的落实。20 世纪 30 年代早期，美国和加拿大的几家近海轮船公司就曾经尝试运送集装箱和卡车的拖车，而为了减少纽约至委内瑞拉之间的货运中发生的偷窃，格雷斯轮船公司建造了用金属加固的木制厢式货车。佐治亚中央铁路公司创建了海洋运输公司，负责在萨凡纳与纽约之间运送装有货物的火车车厢，这个主意让佐治亚中央铁路公司可以控制所承运的货物，不必再把它们移交给另一家铁路公司。[25]

实验在第二次世界大战后重新开始。在改进了最初用来运载部队和坦克实施滩头登陆的技术之后，从海军退役的两栖登陆舰被废物利用，作为"滚装"船来沿着海岸运送卡车。国际集装箱局在 1948 年重新成立，而美国军方也开始使用名叫"康乃克斯"（Conex）的小型钢制集装箱来装运士兵的个人物品。1951 年，当丹麦的联合航运公司开展了在国内的各港口间运送啤酒和食品的集装箱业务之后，第一批专为集装箱设计的轮船诞生了。匹兹堡的德拉沃公司设计出了"Transportainer"，即一种长 7 英尺 9 英寸的钢制集装箱；到了 1954

年，全球有超过3 000个这样的集装箱在使用中。密苏里太平洋铁路公司在1951年开始推广带轮铝制集装箱"Speedbox"，而阿拉斯加轮船公司在1953年开始从西雅图向阿拉斯加的港口运送木制和钢制的集装箱。火车轮渡公司利用集装箱运输的方式与众不同：它们把整个火车车厢吊起来装到轮船上，然后再把它们从美国的港口运送到古巴。所有这些尝试的范围都不大，但它们的目的都只有一个：降低通过缓慢而又低效率的港口运输货物的成本。[26]

然而，这些努力还远远没有成功。一位很有影响力的欧洲航运专家承认："与人们最初设想的相反，集装箱化几乎没有带来任何的成本节约。"1955年的一次普查发现，当时在欧洲国家里有154 907个使用中的船运集装箱。这个数量很大，但这些集装箱却不大：其中至少有52%的集装箱小于106立方英尺。几乎所有欧洲的集装箱都是木制的，而且很多都没有顶盖；使用者要把货物堆在里面，并用帆布盖住——这完全不是一个高效率的货物搬运系统。要想把卡车车身装进比利时国营铁路公司所推广的集装箱中，使用者必须先把集装箱推到一个斜坡上去，而这就又多了一个处理步骤。美国的集装箱大多是钢制的，可以提供更好的防护，但也需要巨大的成本；一个装满了货物的集装箱，其总重量有1/4以上是集装箱的自重。[27]

在战后时期，全球处理集装箱的各种主要方法并没怎么让集装箱体现出相对于散货的优势。"货物集装箱更多的是一种障碍，而不是一种帮助。"一家大轮船公司的高级主管在1955年抱怨说。很多集装箱在顶部的四个角上装有金属环；在要吊起集装箱时，码头工人需要先爬到上面去用吊钩勾住这些金属环。由于没有重量限制，所以吊起集装箱可能很危险。然而，用叉车代替起货机来搬运往往会对集装箱造成损坏。为了绕过船舱中固定的柱子和梯子，要把集装箱堆放到散货旁边，仍然得有大量的码头工人来搬运它们。"比起把货物装在集装箱里，散件堆放的货物所占的空间肯定要小多了，"法国搬运工协会的负责人在1954年承认说，"这些浪费的空间相当可观，可能会超过10%。"轮船在航行途中有10%的空间闲着，这相当于是对用集装箱装运货物的严厉惩罚。

对国际航运来说，海关当局往往既对货物也对集装箱征收关税。之后，把空的集装箱运回原地也要花钱，"这一直是集装箱运输的一个严重障碍。"法国国营铁路公司的主管让·利维在1948年承认说。1956年的一项研究发现，把食品从宾夕法尼亚的仓库装船运到拉布拉多的空军基地，使用集装箱运输的成本要比传统方法高出10%，这还得是把集装箱留在拉布拉多。如果把集装箱运回宾夕法尼亚的成本也计算在内，那么集装箱运输的成本要比散货运输高出75%。[28]

到了20世纪50年代早期，关于货运站场是运输瓶颈的问题已经没什么争论了。1954年，一项由政府资助的研究清楚地揭示了货物处理到底有多滞后。作为研究对象的"勇士号"是一艘有代表性的C-2型货轮，其所有者是沃特曼轮船公司。这艘船被美国军方包租，但当它在1954年3月从布鲁克林驶向不来梅时，它所运送的货物具有典型的商船特征，而且其装卸也都是由普通的码头工人来完成的。在征得了政府的批准后，研究者获得了有关这批货物以及此次航行的非常详细的信息。

在这次航行中，"勇士号"装载了5 015英吨⊖的货物，主要是食品、军人服务社销售的商品、日用品、邮件以及机器和车辆的零部件。它还装载了53辆车。这批货物的数量达到了惊人的194 582件，而且大小和种类各不相同（见表2-1）。

表2-1 "勇士号"运载的货物

货　物	件　数	重量百分比（%）
盒子	74 903	27.9
纸箱	71 726	27.6
袋子	24 036	12.9
箱子	10 671	12.8
线盘	2 880	1.0
包裹	2 877	1.9
散片	2 634	1.8
鼓形圆桶	1 538	3.5

⊖　一英吨合1.016公吨。

(续)

货物	件数	重量百分比（%）
罐子	888	0.3
木桶	815	0.3
有轮机动车	53	6.7
柳条筐	21	0.3
运输车	10	0.5
卷线车	5	0.1
未定物品	1 525	0.8
合计	194 582	98.4

资料来源：*The SS Warrior*, p. 8.

这些货物是通过1 156次单独的运送从美国151个不同的城市运抵布鲁克林的，首批货物运抵码头的时间是轮船起航的一个多月前。在被存放到中转货棚里去之前，每件货物都要先放到货盘上去。在装船的时候，码头工人要把货盘降到船舱里去，等在那里的工人要把货盘上的货物一件件地搬下来堆好；为了让每一件货物都在适当的位置上堆稳，工人们总共用掉了价值5 031.69美元的木料和绳索。码头工人每天一班，只干8小时，而且还要休星期日。这样，他们装完这艘船总共用了6天时间，其中还有一天是因为罢工而浪费掉了。横跨大西洋的航行用了10天半的时间；在不来梅港，码头工人是昼夜不停地干活儿，他们卸船用了4天时间。总而言之，这次航运有一半的时间是花在了码头上。这船货物中的最后一批到达其最终目的地的时间，是"勇士号"停靠不来梅港之后的第33天，是它从纽约港起航后的第44天，是其中最早起运欧洲的货物从美国的来源地上路后的第95天。

运送这批货物的总成本达到了237 577美元，这还没有算上"勇士号"返回纽约的成本以及运输过程中暂时存放货物的支出。在这个总额当中，海上航行本身的支出仅占11.5%，而在航行起点和终点的两个码头上，货物处理的费用占到了总支出的36.8%。这比轮船公司的主管常常说的50%要低，但是，这仅仅是因为德国的"经济奇迹"还没有把码头工人的工资推上去。研究者注意到，如果不是因为德国码头工人的工资比美国的码头工人低 1/5，港口成本肯定还会高出很多。研究者最后得出的结论是，要降低总的运输成本，最好的办法就是降低在美国各港口接收、储存、装载离港货物的成本。他们还进一步提出忠告说，政府和企业应该提高码头工人的劳动生产率，消除低效率的工作惯例，尽早彻底地反思整个流程。他们在研究报告中写道："或许，补救的办法就在于找到可以避免散件处理的包装、搬运和装载货物的方法。"[29]

对这样一种补救办法的关注非常普遍。发货人希望看到更便宜的运输、更少的偷窃和损毁以及更低的保险费用。船主希望购置更大的轮船，只要能够让它们有更多的时间花在海上赚来收入，而不是停在港口里消耗维护费用。卡车司机希望能够缩短在码头上等待装卸货物的时间。港口城市中的各种商业利益集团都希望看到任何可以提高港口运输量的东西。然而，尽管存在这么广泛的变革需求，尽管人们已经进行了大量的尝试，但是，大多数企业提高劳动生产率的努力都还集中在一些老套的想法上，比如让每一吊的货物更多、更重些，这样码头工人就会被迫干得更努力些。这些关注的各方都没有找到一个更好的办法来缓解码头上的拥堵。最终，一个对轮船毫无经验的外行提出了解决办法。[30]

第 3 章

卡车司机

在第二次世界大战刚刚结束后的那段时期，美国的经济迅速发展。然而，航运业的发展却很缓慢。在美国参战期间，整个商业船队都被政府所征用，有很多船只直到1947年7月才回归私人控制。卡车在抢走国内运输的市场份额，但是由于每次轮船进港后都需要花上好几天的时间来辛苦地处理货物，所以这使得航运业无法把成本降低到可以与卡车运输竞争的水平。"除非能够降低货物处理成本，否则航运业复兴的希望将非常渺茫。"一个加利福尼亚州的参议院委员会在1951年警告说。

然而，尽管美国的大型轮船公司不是特别赚钱，但它们相对来说是受庇护的。外国的轮船公司被禁止进入美国的沿海服务和通往岛屿地区的航线；而且，如果不能向州际商务委员会证明其进入不会损害其他的轮船公司，那么即使是一家美国人所有的新竞争者也不能进入国内航线。竞争在国际航线上也受到限制，在这些航线上，几乎所有的轮船公司都属于几个大的卡特尔，也就是航运公会，它们为每一种商品都制定了各轮船公司统一的运价。悬挂美国国旗的国际轮船公司可以领到政府补贴，用以弥补美国船员的较高工资；国内和国际的轮船公司都有机会购买战争中剩余的船只，出于管制的原因，国际服务由各自独立的企业来经营。因此，尽管效率低下，美国的航运业却并没有感受到多少直接的变革压力。于是，改造航运业的使命就留给了对航运一窍不通的外行、白手起家的卡车运输大亨马尔科姆·珀塞尔·麦克莱恩（Malcom Purcell McLean）。[1]

麦克莱恩在1931年出生于北卡罗来纳东南部的小镇麦克斯顿。麦克斯顿坐落在沼泽地带的深处，曾经被称为"鞋后跟"，18世纪晚期成了苏格兰高地人的聚居区。当地的报纸是《苏格兰首领报》（*Scottish Chief*）。当地人传说，"鞋后跟"之所以改名为麦克斯顿，是因为有一天当一个坐在火车里的乘客冲窗外大喊"嗨，麦克！"时，车外面居然有10个人答应。在麦克莱恩出生时，麦克斯顿的镇区大约有3 500名居民，非常落后也非常贫穷。罗伯逊县直到1901年才有了电力照明。这时，麦克斯顿的镇上大约有1 300名居民已经通了电

话，但周边地区还没通；直到1907年，该县最大的镇兰伯顿的居民还得坐火车到麦克斯顿来打长途电话。²

在后来的岁月里，麦克莱恩喜欢把自己的人生描绘成霍拉肖·阿尔杰（Horatio Alger）笔下的故事：他的母亲怎样让他拎着柳条筐到路边去卖鸡蛋，怎样给他提成，怎样教会了他做生意。实际情况并不完全那么残酷。尽管他们家绝对算不上富有，但也没到一贫如洗的地步。根据一条发布于1942年的讣告，麦克莱恩的父亲名叫Malcolm Purcell McLean⊖，"是一个社会关系广泛的杰出家族的一员"。一张1884年的县区地图表明，麦克莱恩家族有6个人在"鞋后跟"附近经营农场，还有几个在兰伯顿经营农场或从事法律工作。安格斯·威尔顿·麦克莱恩（可能是马尔科姆的一个堂兄，他与马尔科姆的母亲都来自珀塞尔家族）在兰伯顿开了一家银行和一家铁路公司，在1920～1921年担任过美国财政部的助理部长，在1925～1929年做过北卡罗来纳州的州长。1904年，可能是在家族关系的帮助下，老麦克莱恩得到了一份乡邮递员的工作，以补充来自经营农场的收入。当年轻的马尔科姆在1931年高中毕业时，正赶上大萧条最严重的时期，靠着家族的关系他在当地的一家食杂店干上了整理货架的工作。当一家石油公司在附近的红泉镇上需要一名加油站经理时，这些当地的社会关系再次帮了他，家族的一个朋友借给了他一笔钱，让他买回了第一车汽油。³

正如麦克莱恩在1950年的《美国人杂志》（*American Magazine*）上叙述的那样，当他得知一个卡车司机把油从28英里外的费耶特维尔运到加油站能赚5美元时，他就看到了自己发迹的机会。麦克莱恩提出由自己来做这项工作。加油站的所有者让他使用一辆停在院子里生锈的旧拖车，于是麦克莱恩卡车运输公司在1934年3月开业了，麦克莱恩是唯一的司机，当时他还在管理加油站。不久之后，家族的

⊖ 小麦克莱恩在出生时的名字是Malcolm，在1950年之前他的名字一直是这么拼的，后来他才把名字的拼写改为了Malcom。为了避免混淆，本书中的叙述在提到他时都用"Malcom"。

关系再次帮助了他，当地的一个人同意把一辆二手的自卸卡车卖给麦克莱恩，而且买车的钱可以按照每周 3 美元分期付款。靠着这辆自卸卡车，麦克莱恩赢得了为公共工程发展总署拉土的合同。这项联邦公共工程发展计划，一度在罗伯逊县雇用了 1 100 多人。在雇用了一位司机之后，麦克莱恩用赚到的钱买了一辆新卡车，从当地的农场向外运蔬菜。有一个再三被人们提起的故事说，麦克莱恩实在太穷了，在一次运输途中居然交不起过桥费，没有办法他只好将一把扳手押给了收费员，等他在纽约卖掉了车上拉的货物之后，才又到那里把扳手赎了回来。[4]

这个从赤贫到暴富的传说显然不能公正地评价麦克莱恩的雄心壮志。到了 1935 年，尽管麦克莱恩只有 22 岁并且只开了一年车，但他已经拥有了两辆卡车和一辆牵引拖车，雇用了 9 名自备运输工具的司机，并且已经开始从北卡罗来纳州向新泽西州运送钢鼓、向新英格兰的纺织厂运送棉纱了。到了 1940 年，由于美国的参战准备带动了经济的复苏，创立 6 年的麦克莱恩卡车运输公司已经拥有了 30 辆卡车，赚得的总收入达到了 23 万美元。在第二次世界大战期间，麦克莱恩扩大了自己的业务，开辟了更多的运输路线。在他的所有竞争对手中，有 7 家与他竞争最激烈。他曾经一路把这 7 家公司告上了联邦最高法院，但未能胜诉。不过，这些竞争对手之间的大规模合并也几乎没对他产生什么影响。在 1945 年战争结束时，他的公司已经拥有了 162 辆卡车，主要是从北卡罗来纳向费城、纽约和新英格兰南部运送纺织原料和香烟。1946 年，公司的总收入是 220 万美元，几乎是 1940 年时的 10 倍。在 34 岁就已经富有起来的麦克莱恩仅仅把这看成一个开始。正如他在几年后所写的："我认识到，我唯一的机会就是要不断地壮大、壮大、再壮大，要把一个相对较小的卡车运输公司变成一个非常庞大的企业。"[5]

20 世纪 40 年代后期的美国经济为小卡车运输公司的发展提供了足够多的机会。随着铁路货运量的萎缩，长途的卡车货运量在 1946～1950 年增长了一倍多。然而，要想有更大的作为，卡车运输需要得到州际商务委员会的支持。1935 年通过的《机动车运输企业法案》（Motor Carrier Act）已经把州际卡车运输置于州际商务委员会的管理之下；自 1887 年以来，该机构就一直在管理铁路公司。州际商务委员会几乎控制了公用运输业务的各个方面。一个公用运输业者只能运送州际商务委员会准许运送的商品，只能以州际商务委员会批准的运价在批准的路线上运送。如果一家新的公司想要开始运营，或者是一家现有的公司想要跑新的路线或运送新的商品，他们就必须聘请律师就他们的案子向州际商务委员会申辩。任何重大的改变都需要举行听证会，让其他的卡车运输公司和铁路公司有机会提出反对意见。管制使得卡车运输的效率非常低；一个被批准在纳什维尔和费城之间运送纸张的卡车司机，完全不可以为了填满空着一半的车厢而多运几只轮胎或几桶化学品；如果回程时没有准运的货物可以装载，那他可能就只好空车返回了。州际商务委员会关心的不是效率而是秩序。管制，通过限制竞争而保护了既有卡车运输公司的利益，通过强制卡车运输公司收取更高的运价而保护了铁路公司。对州际商务委员会来说，保持运输业的稳定高于一切。[6]

　　管制抑制了卡车运输行业中的竞争意识。麦克莱恩在其职业生涯中表现出来的聪明和机敏，让他找到了绕过管制机构所设置的障碍的方法。如果说要拿到一条新路线的运营权太困难，那为什么不收购一家已经拥有了多条有吸引力的运输路线的运输公司呢？如果收购另一家卡车运输公司花费太高，那为什么不租借一家呢？战后的劳工运动让很多卡车运输公司陷入了困境，而麦克莱恩却一次次地抓住了机会。1946 ~ 1954 年，麦克莱恩卡车运输公司至少完成了 10 桩收购或租借运输路线的交易，将其运输网络从亚特兰大扩展到了波士顿。1947 ~ 1949 年，它们又增加了 600 多辆卡车，而美国政府在这个过程中变成了被蒙在鼓里的资金提供者：退伍军人有资格得到政府的低息贷款，买车成为独立的卡车司机，于是麦克莱恩就鼓动退伍军人成为所有者兼经营者，把他们集合起来去团购设备，然后再签约雇用他们为自己的公司运送货物。[7]

对削减成本的迫切关注是麦克莱恩卡车运输公司成功的关键。一家卡车运输公司要想拉来更多的新业务，唯一的办法就是提供比竞争对手更低的运价。一家卡车运输公司的推销员会去拜访潜在的客户，了解客户要发往各个目的地的货物有多少，然后再调查当前的承运人在州际商务委员会备案的运价。接下来，这家公司可以提出更低的运价来抢下这笔生意，但前提是它们能够向州际商务委员会证明，按照这个运价它们也能够盈利。实际上，这就意味着除非一家卡车运输公司有更低的成本，否则它们就不能拿更低的价格去与对手竞争。马尔科姆·麦克莱恩的精明和敏锐至关重要。例如在1946年，麦克莱恩达成了一笔交易，租借了因罢工而停业的大西洋州际运输公司的运输路线。大西洋州际运输公司有很多吸引同业的地方，其中的一点就是它们有权使用高速公路，而这可以让麦克莱恩的公司在北卡罗来纳与美国东北部之间的运输里程减少70英里。更短的行程意味着更少的驾车时间，也就意味着更低的运价。1948年，通过从加福特卡车运输公司购买路线经营权，麦克莱恩的公司涉足了从新英格兰往南的货物运输，这样向北运输香烟的卡车就不必空车返回了，这意味着公司可以对向北的运输收取更低的费用。[8]

一桩非常有争议的运价官司可以说明麦克莱恩对成本的理解。1947年3月，麦克莱恩卡车运输公司提出要把某些路线上的香烟运价削减近一半，比如从北卡罗来纳的达勒姆运到亚特兰大，满载的收费是每100磅0.68美元，不满载的收费是每100磅1.10美元。当时，其他卡车运输公司的运价是满载时每100磅1.34美元，不满载时1.70美元。麦克莱恩甚至想把运价定得比铁路公司还低很多，所以铁路公司抗议说，他提出的运价是"不公平且具有破坏性的"。在非常详细地列出了自家的各项成本之后，麦克莱恩的公司辩解说，香烟的运价之所以比其他的商品更低，是因为同运送所有货物的平均成本相比，他们运送香烟的管理成本要低1.02美分每车每英里，营销成本要低50%～60%，站场成本也要低3美分每车每英里。在权衡了香烟的比重以及麦克莱恩卡车运输公司在香烟运输方面的保险索赔经历等因素之后，州际商务委员会驳回了不满载情况下的建议运价，但却认为满载情况下的建议运价是"公平且合理的"，由此为麦克莱恩卡车运输公司大大地扩展与烟草行业的生意打开了道路。[9]

随着公司的发展，成本节约的革新在不断地实现。在北卡罗来纳的温斯顿—塞勒姆，麦克莱恩卡车运输公司开设了业内最早的一座自动化货运站，可以用传送带把货物从一辆卡车转移到另一辆上，从而节约劳动力。当大多数的卡车都在使用汽油发动机时，麦克莱恩卡车运输公司是第一家给牵引车安装柴油发动机的大企业。当司机普遍都是靠自己买汽油时，马尔科姆·麦克莱恩却在公司运输路线沿途的一些加油站安排好了公司折扣，并吩咐公司的司机只在这些指定的加油站加油。他们公司的卡车拖车，车厢的壁板不是光滑的，而是垛口状的；马尔科姆·麦克莱恩声称，北卡罗来纳大学的专家告诉他，垛口形状能减少风的阻力，进而可以降低燃料成本。到了20世纪50年代早期，麦克莱恩卡车运输公司开始雇用年轻的大学毕业生，并让他们完成了一项美国商业史上最早的正式管理培训计划。这些刚出校门的年轻人要前往温斯顿—塞勒姆，在那里他们的第一项任务是学会开卡车。在运了6个月的货物之后，这些接受培训的年轻人被送到了一个货运站，并在那里卸上几个月的卡车。之后，他们还要在办公室里完成一项任务，学习麦克莱恩卡车运输公司向潜在客户投标的方法，这需要精细的成本分析。在这之后，他们才会被分派到各自的第一个工作岗位上去，通常是在罗利、波士顿或费城推销货运。[10]

作为一家充满活力的企业，麦克莱恩卡车运输公司很快就在这个非常沉闷的行业里出了名。到了1954年，该公司已经成了美国最大的卡车运输企业之一，其营业收入排在第八位，税后利润排在第三位。随着麦克莱恩车队发展到了617辆自有卡车，公司的资产也从1946年的728 197美元增长到了1954年的1 140万美元。要想如此迅速地增长，唯一的办法就是借钱。麦克莱恩卡车运输公司的长期债务，在1946年是20万美元，而随着他们订购的卡车越来越多，到了1951年他们的长期债务已经达到了620万美元，增长了30倍。"他是一个非常善于举债经营的家伙；他懂现金流。如果你到一家铁路公司去，跟他们谈现金流，他们根本听不懂你在说什么。"从 1954 年开始代表国家城市银行（National City Bank）向麦克莱恩放贷的沃尔特·里斯顿（Walter Wriston）回忆说。[11] 后来，当国家城市银行变成了全球最大的花旗银行时，沃尔特·里斯顿成了该银行的总裁。

当然，高负债是非常冒险的。收入增长的减速可能会让他们难以支付债务的利息。一家高负债的企业必然要专注于效率，而这恰恰是马尔科姆·麦克莱恩和他负责日常运营的兄弟吉姆所热衷的。他们对公司的业务了如指掌，因此也知道该怎样压缩成本。一位公司的前员工回忆说："当你报到上班的时候，你开着卡车通过大门，接受称重，然后卡车会被封起来。他们启动测速仪，而你会得到具体的指示：'你将沿着 3A 公路到达塞孔蒂的加油站，然后你将继续前往……'你根本没有任何行动自由。"但是在经过了多年的亲自控制之后，麦克莱恩家族认识到，要控制成本，最简单的方法就是让员工参与进来。例如，要缩减保险费和维修费，就意味着要雇用有安全意识的司机。新手要接受训练，在他们从温斯顿－塞勒姆开车前往亚特兰大的途中，会有老司机随行指导。如果新司机在第一年的运输工作中没有出任何事故，那么辅导他的老司机会得到一笔奖金，数额是一个月的工资。这些奖励是非常有效的：老司机想拿到丰厚的奖金，更有动力把新手培训好；新司机心里清楚，如果他想留下来，他最好非常小心地驾驶。[12]

马尔科姆·麦克莱恩不是一个坐下来享受成功的人。对成功的商业人士来说，参与社会和慈善活动是少不了的，但他却不感兴趣。他是一个不安分的人，喜欢竞争和盘算，时刻想着经营。"你想让他安静地待上五分钟都不可能，"一位老同事在麦克莱恩去世前回忆说，"你要么陪他玩儿金拉米⊖，要么就得跟他讨论经营。如果你想和他一起去打鹌鹑，你就得同他打赌，看谁第一个打到，或者看谁打到的最多或最大。"他那有创造力的大脑会一个接一个地想出赚钱的点子。[13]

⊖ 金拉米，gin rummy，一种纸牌游戏。

一次这样的突发灵感是在1953年。当时，麦克莱恩既为高速公路上日益严重的交通堵塞而烦恼，同时又担心国内的轮船公司可能会抢走他的生意，因为这些轮船公司能以非常便宜的价格从政府购买战后剩余的货船。既然沿海的高速公路如此拥挤，为什么不直接把卡车的拖车装到能够在沿海地区运载它们的轮船上去呢？到了1953年年底，麦克莱恩提出要建造码头区货运站场，让卡车能够沿着斜道开上专门设计的轮船并卸下拖车。这些轮船会在北卡罗来纳、纽约市以及罗德岛之间运送拖车，从而避开当时日益恶化的交通堵塞。在达到港，其他的卡车会去接走拖车，并把它们拉到目的地。[14]

在20世纪50年代的背景下，麦克莱恩的计划是革命性的。法律和管制确保卡车和轮船互不相干：卡车运输公司使用卡车，而轮船运输公司使用轮船。在麦克莱恩有了这个计划的时候，的确也有一些轮船公司和驳船公司在船上运载卡车，但他们只是简单地向任何付钱的卡车司机提供水上运输。一家卡车运输公司用自家的卡车把自家的拖车拉到自家的船上，沿着海岸运送拖车，然后在达到港仍然使用自家的卡车把拖车拉到目的地，这种打算违反了州际商务委员会的基本规则。卡车和轮船联运的计划之所以令人吃惊，还因为当时近海航运被普遍看成一个垂死的行业。20世纪50年代早期，纽约港的码头所处理的国内货物量仅为经济萧条的20世纪30年代的一半。在其间的大约30年里，没有人对近海航运做过重大的投资。麦克莱恩的兴趣完全在于成本的问题。州际商务委员会拥有国内航运的管理权；他们允许轮船的运价大大地低于火车和卡车，以补偿更加不景气的航运服务。通过水路运送自家的卡车，这能让麦克莱恩以更低的运价同北卡罗来纳与东北部地区之间的其他卡车运输公司竞争。

1953年年底，一家为麦克莱恩卡车运输公司服务的地产公司开始给货运站场选址。他们所选的时机实在是好得不能再好了，当时，由纽约州和新泽西州共同成立的纽约港务局正渴望扩展其立足未稳的港口业务。该机构在1947年接管了新泽西州纽华克港的亏损码头，他们渴望给这个死气沉沉的木材港口拉来新的业务。果然，坐落在纽约城对面的纽华克港成了唯一一个被麦克莱恩卡车运输公司相中的地方。这里有充足的空间可供卡车集结，而且前往 1951 年通车的新泽西收费高速公路也很方便。从麦克莱恩的角度来说，甚至更为有利的是，港务局有权发行收益债券；他们可以建造这个货运站场，然后再把它租借给麦克莱恩卡车运输公司，这样一来，麦克莱恩的公司就不用再去筹集那么多的资金了。纽约港务局非常喜欢麦克莱恩的设想，他们的常务董事奥斯汀·托宾和航运站场主管莱尔·金，都变成了用火车和轮船来运载拖车这一想法的重要倡导者。[15]

在纽约港务局为麦克莱恩卡车运输公司准备新货运站场的同时，马尔科姆·麦克莱恩又有了新点子。他在 1953 年提出的计划包括收购一家小的驳船经营者 SC 洛夫兰公司，借此获得沿海的经营权。现在，他有了更大的设想。1954 年，尽管仍旧在寻求收购洛夫兰公司，但他又在一本《穆迪财务指南》上偶然发现了沃特曼轮船公司。沃特曼公司设在亚拉巴马州的墨比尔，是一家根基稳固的大型航运经营者，经营着开往欧洲和亚洲的航线。它们有一家很小的子公司——泛大西洋轮船公司，在波士顿与休斯敦之间的海岸沿线经营着 4 艘轮船。麦克莱恩立刻就发现了这两家公司的诱人之处。1954 年发生在纽约的码头工人大罢工给泛大西洋轮船公司造成了沉重的打击，以至于它们全年只完成了 64 次航行；不过，它们仍旧拥有服务于 16 个港口的宝贵经营权。它们的母公司沃特曼轮船公司没有债务，其资产包括 37 艘轮船和 2 000 万美元的现金。麦克莱恩预先做了些调查和试探，然后得知了沃特曼公司可以用 4 200 万美元买下。[16]

接下来发生的就是一次史无前例的财务和法律运作。首先，为了避开"一家卡车公司拥有一家轮船公司需要获得州际商务委员会批准"的规定，1955 年 1 月，麦克莱恩创建了一家全新的公司——麦克莱恩工业公司。尽管麦克莱恩工业公司有公开上市交易的股票，但它显然是一个家族控制的企业：马尔科姆·麦克莱恩是总裁，他的弟弟詹姆斯·麦克莱恩是副总裁，他的妹妹克拉拉·麦克莱恩是秘书兼财务助理。然后，马尔科姆、詹姆斯和克拉拉把卡车运输公司的控制权交给了一家信托机构，而他们都是这笔信托的受益人。马尔科姆·麦克莱恩保留了价值500万美元的股份，而信托机构得到授权，可以出售其余的股份。这些信托文件刚刚签署完，麦克莱恩三兄妹就立刻辞去了卡车运输公司董事的职务，然后在一个小时之内，麦克莱恩工业公司就接管了泛大西洋轮船公司。就这样，这个全国最著名的卡车运输巨头离开了他所营建的企业，为的就是重新建立一个，尽管后者的基础只是一些未经检验的航运设想。[17]

有几家铁路公司对这笔交易提出了抗议，他们声称，麦克莱恩家族事实上正在控制着麦克莱恩卡车运输公司和泛大西洋轮船公司，已经违反了法律。州际商务委员会最终同意了这种说法，但他们又强调说："麦克莱恩所遵循的程序是根据法律顾问的建议，并不是故意违反法令。"不管怎么说，信托机构在1955年9月卖掉了麦克莱恩卡车运输公司的股份，这让那些法律上的争论变得没什么实际意义了。对马尔科姆·麦克莱恩而言，整个过程进行得还算顺利，卡车运输公司的出售让他净得1 400万美元。1955年，他的个人资产净值是2 500万美元，这相当于2004年的1.8亿美元。后来每当有人问他是否考虑过怎样让自己的部分个人财富避开进入航运业的风险时，他总是毫不含糊地回答说："没有。"麦克莱恩解释说："你必须完全彻底地投入进去。"[18]

泛大西洋轮船公司仅仅是道开胃菜。1955年5月，麦克莱恩工业公司开始出价购买沃特曼轮船公司。麦克莱恩和他的银行家策划了一桩非常复杂的财务交易。麦克莱恩工业公司会支付7.5万美元，让沃特曼公司停止所有国内业务并交还州际商务委员会发放的营业执照；他们这样做的意图是消除州际商务委员会对这桩收购的管辖权。然后，麦克莱恩工业公司会向国家城市银行贷款4 200万美元，这个数额已经接近了该银行单笔贷款的法定上限。麦克莱恩工业公司还通过发行价值700万美元的优先股来筹集另外的资金。当这桩交易敲定时，沃特曼公司的2 000万美元现金以及其他各项资产会被用来偿还一半的贷款。然而，一想到银行还有2 200万美元的贷款会有收不回来的风险，沃尔特·里斯顿在国家城市银行的上司就大为光火。谁知道会不会有人使用麦克莱恩的卡车轮船联运服务呢？谁会出钱给他购置那些设备呢？船上装载的拖车会不会被风暴刮到海里去呢？在最后一刻，这些银行家下令取消了交易。当时，麦克莱恩正在他在纽约开的艾塞克斯旅馆中，里斯顿赶紧给他打电话，告诉他说："你最好亲自来一趟，这事儿要够呛。"当麦克莱恩赶到国家城市银行设在华尔街的总部时，里斯顿建议他必须亲自去说服银行的最高借贷主管批准这笔贷款。银行的两个主管对麦克莱恩说，这笔贷款风险太大了，里斯顿太缺乏经验了。"他还是一个新手。"他们当中的一个说。"他可能的确还是个新手，但他肯定很快就会成为你们两个的上司。"麦克莱恩反击说。正如麦克莱恩后来所回忆的，"他们说：'或许，我们应该再考虑考虑。'"最后，这笔贷款被批准了。[19]

但是这笔交易还没完：另一个同样由国家城市银行提供资金的买家对沃特曼公司的兴趣越来越大。为了避免任何失手的可能性，律师决定要让整桩交易同时完成。1955年5月6日，沃特曼的董事会以及麦克莱恩的银行家和律师在墨比尔的一间会议室里聚到了一起。到这时他们才意识到，沃特曼的董事会竟然不够法定人数。一个华尔街的律师迅速地坐电梯下楼，叫住一个路人，问他想不想赚一笔50美元的外快。那个人立刻就被选为了沃特曼公司的董事，于是董事会就达到了法定人数。然后，沃特曼的董事会成员一个接一个地辞职，而每次接替他们的都是麦克莱恩提名的人。新成立的董事会立刻投票表决，向麦克莱恩工业公司支付2 500万美元的补偿金，然后一个电话，这笔钱就被划给了国家城市银行。就在他们要散会的时候，代表竞标对手的律师赶来向董事会出示了法律文件，想要阻止补偿金的过户，但是国家城市银行已经拿到了那笔钱，麦克莱恩也已经拥有了沃特曼轮船公司。通过后来被人们称为"融资收购"的方式，麦克莱恩自己只掏了1万美元就取得了一家全国最大的轮船公司的控制权；这充分地体现了他敏锐的财务触觉。"从某种意义上来说，沃特曼公司是第一例融资收购。"里斯顿回忆说。[20]

麦克莱恩的战利品是一家从前没有债务的公司，但是在1955年年底，他们的银行贷款以及船只抵押已经猛增到了2 260万美元，几乎是税后收入（230万美元）的10倍。在一次为后来的融资收购树立了典范的行动中，麦克莱恩处理掉了沃特曼公司多余的资产用来偿还一部分债务。接着，他卖掉了一家旅馆、一座干船坞以及其他生意，在接管后的两个月内就筹集到了大约400万美元。现在，身负重债的麦克莱恩开始设法获得政府的救济。联邦政府已经开始对可以运载拖车的轮船感兴趣了，于是泛大西洋轮船公司获得了6 300万美元的政府贷款担保，用于购买7艘专为装载拖车而设计的新型滚装船。这些新的船只每艘可以运载288辆拖车，能让货物装卸成本降低75%以上。[21]

这笔钱根本就没花，因为麦克莱恩又重新考虑了他的计划。他意识到，在船上运载拖车是低效率的：每辆拖车下面的轮子会浪费大量宝贵的船上空间。在仔细思考了这个问题之后，麦克莱恩有了一个更加激进的想法。政府的一项航运促进计划让轮船公司可以非常便宜地买到战后剩余的油轮。泛大西洋轮船公司将买进两艘旧油轮并加以改造，用来运载卡车拖车的车身——也就是同钢制底盘、车轴和车轮分离的拖车。去掉车架和车轮会让每辆拖车占用的空间减少1/3。更为有利的是，拖车的车身可以摞在一起，而带轮子的拖车就不行。正如麦克莱恩所预想的，一辆卡车会把拖车拉到船旁，然后装有20吨货物的拖车车身会从钢制底盘上脱离，并被吊起来装到船上。在到达港的码头上，拖车车身会被从船上吊起，放到一架空着的底盘上，固定后用卡车拉往其目的地。[22]

之后，以麦克莱恩卡车运输公司从纽华克运往迈阿密的巴伦坦啤酒为对象，他们对这个设想的成本进行了评估。纽约港务局请来的分析师估算后认为，要把啤酒搬运到一艘传统的近海运输船上，包括用卡车运输到港口、卸车、堆放到中转货棚、从中转货棚里搬出、包裹到吊货网中、吊运到船上并堆放到货舱里，其成本将是每吨4美元，而且在迈阿密卸船还要再花费同样多的成本。如果使用集装箱的方案，在酿酒厂把啤酒装进集装箱，到了码头上直接把集装箱吊装到专门设计的船上,那么其成本估计只有每吨25美分。因此,即使是把集装箱的成本也计算在内,对于同样的产品,集装箱航运也要比散装航运便宜94%。[23]

当然,油轮并不是承担这种任务的理想船只,但它们降低了财务风险。如果没有人想在休斯敦到纽华克的回程中使用集装箱航运,这些油轮还可以运送石油来赚钱。麦克莱恩把这些"吊上吊下"的船只,描述为他原打算利用政府的担保建造的滚装船的"先驱",但是制造拖车运载船的计划被搁置并最终被放弃了。[24]

集装箱航运的最初设想是马尔科姆·麦克莱恩提出的,但是在1955年早期,当麦克莱恩放弃把整个拖车装上船的计划并决定只运载拖车的车身时,他还根本买不到现成的设备。小型的钢制集装箱已经很容易买到了,但是很显然,要像其他的轮船公司偶尔做的那样,把它们吊进货舱并堆放到混杂的袋子和大包货物当中,这将只能带来非常小的成本节约。拖车的车身也能够买到,但是要把重达数万磅的拖车从底盘和车轮上分离,这绝不是一项常规的操作。急于建立新事业的麦克莱恩要求下属要尽快找到办法把他的设想变成现实。1955年3月,泛大西洋轮船公司一位名叫乔治·肯普顿的主管给基思·坦特林格打了个电话。

坦特林格当时35岁,是华盛顿州斯波坎市布朗工业公司的总工程师,已经成了一个颇有名气的集装箱专家。自1932年以来,布朗工业公司就一直在制造卡车的拖车,除了为卡车运输公司设计拖车,坦特林格的工作还包括在行业会议上推销布朗公司的产品。1949年,他设计出了30英尺的铝制集装箱,这可能是第一只现代的航运集装箱。它可以两个一摞地叠放在驳船上,或者是放置到底盘上用卡车拖走。但是,他们只接到了200只集装箱的订单,尽管好奇的人很多,后续的订单却没了。"人人都感兴趣,但没有人肯掏钱。"坦特林格回忆说。[25]

在经营卡车运输时,麦克莱恩从来没和布朗工业公司打过交道。

不过，既然他已经从事航运业了，他就需要坦特林格的专业知识——迫切需要。第二天早上，坦特林格飞到了泛大西洋轮船公司所在的墨比尔。"我听说你对我们关心的集装箱了如指掌。"麦克莱恩一见面就直奔主题。麦克莱恩解释了自己的计划，他建议使用一种长 33 英尺的集装箱，之所以选择这个长度，是因为 T-2 型油轮上可用的甲板空间刚好可以按 33 英尺来划分。这些集装箱的尺寸，至少要比当时普遍使用的集装箱大 6 倍。麦克莱恩提出，不再雇用码头工人来堆放这些集装箱，而是在船舱中乱七八糟的管道上方安装叫做顶甲板或轻甲板的金属构架，它们可以覆盖公司两艘油轮的甲板。轻甲板可以容纳 8 个一排的集装箱。他的想法是，在集装箱的外壁上留出 6 个 1 英尺长的钢板，钢板的末端开一个小孔。当集装箱被装到船上时，钢板会顺着轻甲板钢架上的卡槽垂直下滑，而轻甲板下方的一根铁杆会穿过这些钢板末端的小孔，从而锁定集装箱的位置。最重要的是，这些为泛大西洋轮船公司设计的集装箱，会便于在轮船、卡车和火车之间转移。[26]

麦克莱恩的卡车运输主管塞西尔·埃格已经开始在两辆旧的"弗吕霍夫"牌拖车上做实验了，他们给拖车的各个侧壁焊上了 A 字形的钢托架用于加固。坦特林格很快就发现，这个系统不可行：这些集装箱肯定要通过下面突出的带孔钢板来固定，而这样一来它们就无法摞在一起了，而且 A 字形的钢托架会让拖车过宽、过高，不便于在高速公路上通行。坦特林格告诉麦克莱恩，布朗公司的铝制标准集装箱可以承受更大的载荷，能够满足他的要求。麦克莱恩订购了两只 33 英尺的集装箱，它们将在两周后发送到正对油轮进行改造的伯利恒钢铁公司造船厂。在约定的那天，坦特林格本该与泛大西洋公司的高管在巴尔的摩富豪酒店共进早餐，但他们一直都没来。他给造船厂打了电话，得知那些高管已经在那里了。坦特林格急忙赶到了造船厂，看到马尔科姆、吉姆、肯普顿还有埃格正在一个集装箱的顶盖上使劲儿地蹦着。坦特林格曾经跟马尔科姆·麦克莱恩说过，铝制顶盖虽然很薄但非常牢固，可以保证集装箱不会变形，麦克莱恩他们正在努力地想要证明他的说法是错误的，但显然没有成功。在相信了这种集装箱的优点之后，麦克莱恩从布朗公司定购了 200 只，并要求不太情愿的坦特林格到墨比尔去给他当总工程师。

坦特林格的一个任务是要让给航运承保人制定标准的美国船级社相信，装载了集装箱的"理想 X 号"是适合海上航行的，然而，美国海岸巡逻队却要求他们保证这些集装箱不会危及船员的安全。经过谈判，海岸巡逻队同意进行一次安全测试。泛大西洋公司要求卡车运输公司的工人把装满块状焦炭的纸板箱装进集装箱。块状焦炭是一种密度中等的货物，而且非常便宜。这些集装箱被固定在一艘改装过的 T-2 型油轮的轻甲板上。然后，这艘船在纽华克与休斯敦之间往返航行，而海岸巡逻队会在每次航行后检查装载的货物，直到有一次穿过了汹涌波涛的大海，才让航运管理机构相信运载集装箱是安全的。在每次航行后拍摄的照片中，集装箱里的纸板箱都是干的，而且都稳稳地留在原地，这帮助泛大西洋公司赢得了船级社的批准。

接下来就是装卸的问题。20 世纪 50 年代，大多数的货船上都有起货机，可以在任何港口上装卸货物，但是，在不破坏船身稳定性的前提下，一台标准的船上起货机无法转移一只重达 20 吨的集装箱。解决方案是两台巨大的回转起重机，它们停放在宾夕法尼亚州切斯特市一个废弃的造船厂中。这两台起重机离地面有 72 英尺高，可以顺着码头上与船身平行的轨道移动。泛大西洋轮船公司把两台起重机拆散了，把它们的构架高度切掉了 20 英尺，然后分别运到了纽华克和休斯敦；与此同时，在纽华克和休斯敦的港口工人加固了码头，并安装了两台起重机所需要的铁轨和强大的动力供应。起重机上还悬挂着另一件坦特林格新近发明的省钱设备扩张爪，它可以伸展开来罩住整个集装箱。有了扩张爪，就不用再让码头工人搬着梯子，爬到集装箱的顶盖上去挂起重机上垂下的吊钩了。在离地面有 60 英尺高的驾驶室里，起重机操作员可以在集装箱的上方降下扩张爪，然后轻轻地按下开关让吊钩钩住集装箱的各个角。一旦集装箱被吊运到位，操作员再按一下开关就可以让吊钩脱离，根本不用地面上的工人去碰集装箱。[27]

麦克莱恩想在 1955 年就开始泛大西洋公司的新业务，但政府的

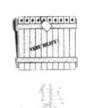

动作可没有这么快。直到1955年晚期，在听证会结束了好几个月之后，州际商务委员会才驳回了铁路公司的抗议，批准泛大西洋公司可以在纽华克与休斯敦之间运送集装箱。为了等待海岸巡逻队的批准，业务的启动日期被再次推后。1956年4月26日，100多位要人在纽华克港一边共进午餐，一边观看着起重机每隔7分钟就把一个集装箱吊装到了"理想X号"上，不到8个小时船就装完了，并于当天起航。麦克莱恩和手下的高管飞到了休斯敦去迎接"理想X号"的抵达。"他们都在二号码头上等着那艘船的到达；当船沿着深水航道驶进来时，所有的码头工人以及其他的人都跑过来观看，"一位目击者回忆说，"他们吃惊地看到一艘油轮的甲板上装着那么多的集装箱。在休斯敦，我们已经见过了成千上万的油轮，但从来没见过这样的。因此，人人都注视着这个庞大的怪物，人人都不敢相信自己的眼睛。"然而对麦克莱恩来说，只有当成本算过之后，胜利的喜悦才会真正到来。1956年，把散货装到一艘中型货轮上的成本是5.83美元每吨。麦克莱恩的专家认定"理想X号"的装船成本是15.8美分每吨。照这样的数字看来，集装箱的前途似乎是光明的。[28]

泛大西洋轮船公司的海陆联运开始运营了，可以满足在纽华克与休斯敦之间每周双向各开航一艘轮船。泛大西洋公司自身被禁止拥有卡车，但它们与很多的卡车运输公司签订了合同，雇用他们的卡车来把客户的集装箱运到码头或者把到港的集装箱运到最终的目的地。1956年4~12月，泛大西洋公司完成了44次沿着东海岸和墨西哥湾海岸的集装箱航运。公司的工程师想到，通过把甲板略微向外延伸，油轮的容量可以从原来的58只集装箱增加到60~62只；这明显带有麦克莱恩的风格。只要还有办法从这些老油轮上再多榨出一点儿油水，麦克莱恩就一定不会放过。[29]

铁路和卡车运输行业的巨头再一次竭尽全力地想要终结麦克莱恩的新业务。他们强烈地抗议说，麦克莱恩没有得到州际商务委员会的批准就接管了沃特曼公司，这是对《州际商务法》（Interstate Commerce Act）公然而又无耻的违背。尽管沃特曼公司为了避开州际商务委员会的管辖而放弃了国内经营权，但它们的放弃声明还没有被州际商务委员会所认可，另外，泛大西洋公司要求"暂时"接管沃特曼公司的各项权利，声称是为了把这些权利保留在企业家族之内，这也使得整桩交易显得非常可疑。1956年11月，州际商务委员会的一位审查员同意了他们的说法。这位审查员说，尽管马尔科姆·麦克莱恩是一个"有远见、有决断、经营管理才能出众的人"，但他没有得到委员会的批准就收购了沃特曼公司，这种行为违犯了法律。作为处罚，这位审查员建议委员会强制麦克莱恩工业公司剥离沃特曼公司。1957年，州际商务委员会驳回了该审查员的建议，允许麦克莱恩继续控制泛大西洋公司和沃特曼公司，更重要的是，麦克莱恩得以继续控制沃特曼公司的庞大船队。[30]

马尔科姆·麦克莱恩绝不是航运集装箱的"发明者"。人们使用各种形状和尺寸的金属货柜已经有几十年了，而且有许多的报告和研究都支持在"理想X号"首航前就已存在的集装箱货物的想法。早在1929年，美国的火车轮渡公司就已经在使用特制的轮船运载火车车厢了，它们的做法是利用码头上的巨型起重机把火车车厢整个地吊入或吊出船上的金属格槽。这些丰富的先例让历史学家轻视了马尔科姆·麦克莱恩的成就的性质。法国的历史学家勒内·博鲁伊就声称，麦克莱恩的集装箱只不过是"对一种诞生于20世纪早期并被长期使用的运输方案的改造"。美国的历史学家唐纳德·菲茨杰拉德也持同样的观点："20世纪50年代的集装箱运输并非一次革命，而仅仅是海上货运发展史中很平常的一章。"[31]

当然，从狭义上说，这些评论家是正确。20世纪50年代早期，货物处理的高成本被普遍认为是一个严重的问题，集装箱作为一个潜在的解决方案引起了广泛的关注和探讨。马尔科姆·麦克莱恩的确不是首创者。然而，历史学家关于谁先谁后的争论忽视了麦克莱恩的成就的改造性。尽管很多公司都尝试过把货物装进集装箱，但那些早期的集装箱并没有从根本上改变航运业的经济规律，更没有产生更广泛的影响和意义。

　　马尔科姆·麦克莱恩的根本性认识在于，航运业的业务是运货而不是通航。这种认识让他形成了与以往完全不同的集装箱运输的新概念。麦克莱恩认识到，降低货运成本所要求的不仅仅是一只金属箱子，而是一整套货物处理的新方法。这个系统的每一个组成部分，港口、轮船、起重机、储存设施、卡车、火车以及发货人自身的操作等等，都必须作出改变。他的这种认识几乎要比当时运输业中的每一个人都超前很多年。这些见识所引发的变革如此富有戏剧性，以至于连几十年来一直在推动集装箱运输的国际集装箱局的专家都为之震惊。该组织的一位领导者后来承认说："我们并没有意识到，当时的美国正在发生一场革命。"[32]

第 4 章

系　　统

1956年秋天，码头罢工的阴云笼罩着美国东海岸的各个港口，泛大西洋和沃特曼两家公司的船队面临着将要停航的黯淡前景，马尔科姆·麦克莱恩决定充分利用这段时间。沃特曼公司的6艘C-2型货轮转由泛大西洋公司支配，被送到了沃特曼公司在墨比尔的造船厂。这家造船厂在第二次世界大战后一直关闭，现在为了把这些货轮改造成纯集装箱船而重新启用。麦克莱恩等人的设想是，在船舱中建造很多蜂巢一样的金属格槽，以便35英尺长的集装箱（比"理想X号"运载的集装箱长2英尺）能够放下去并五六个堆成一垛。这些货轮将被改造，并在1957年重新回到海上。当然，麦克莱恩他们没有纯集装箱船的模型，金属格槽也不存在，而且也从来没有谁试过把五六个集装箱摞在一起。集装箱应该在格槽中塞得有多紧呢？当轮船在波涛汹涌的海面上颠簸时，6个摞在一起的集装箱会怎样？在没有陆基起重机的港口上，怎样把集装箱从这些船上卸下来呢？同以往一样，麦克莱恩没有先去操心这样的细节，他只是吩咐手下的人要把这项任务完成。[1]

与泛大西洋公司的T-2型油轮不同，C-2型的设计有5个货舱，可以运载大量的混杂货物；改造它们并没有太大的问题。船的甲板从63英尺加宽到了72英尺，舱口也扩大了，以便整只集装箱可以通过。舱内用来容纳集装箱的格槽是一个较大的难题。在墨比尔的亚拉巴马州造船厂，基思·坦特林格建造了一个20英尺高的实体模型。格槽导引装置由一些弯成90度的长条钢板构成，用来抓住一只集装箱的各个角。这些钢板被安装在液压千斤顶上，可以升降，用来模拟倾斜的轮船。当格槽处于不同的角度时，一台起重机试着把一只集装箱吊入吊出，而测量仪器会测出集装箱和格槽在不同的倾斜状态下所承受的应力和应变。在经过了数百次的实验之后，坦特林格认定，每个格槽应该比它要容纳的集装箱长出1 1/4英寸、宽出3/4英寸。格槽的尺寸再小的话，起重机的操作员就很难轻松地把集装箱吊进格槽导引装置了；但如果尺寸再大的话，集装箱可以移动的余地就太大了。当这些格槽造好并安装到舱内之后，C-2型轮船就具备了运载226只集装箱的能力，装载量几乎是"理想X号"的4倍。[2]

更大的轮船加上更大的装载量极大地增加了装船和卸船的复杂性。原来较小的 T-2 型油轮所使用的那些方法现在已经不够用了：如果装载速度还是每 7 分钟 1 只集装箱，装完 226 只集装箱所需要的时间就超过 24 小时了。为了实现更快的装卸，操作的各个方面都需要重新设计。坦特林格发明了一种新的拖车底盘，其边缘是向内倾斜的，这样当一只集装箱被起重机吊到底盘上时，它会自动地下滑并就位。另外，一种新的锁定系统只需一个码头工人抬起或放下底盘各个角上的一个把手，就可以锁紧或放开集装箱，无需再让很多的工人用铁链来防止集装箱从卡车上滑落。这些革新意味着一辆卡车在送达或接到集装箱后就能迅速地驶离，不会占用宝贵的码头空间。集装箱本身也被重新设计，使用了厚重结实的钢制角柱，以支撑摞在上面的其他集装箱的重量。还有一种新型的冷冻集装箱，其制冷单元安装在集装箱的轮廓之内，因此也可以与非冷冻的集装箱摞放在一起。新设计的集装箱门，其门轴合页安装在后部角柱上的凹陷处，而不是从内侧壁上突出来。

所有这些新的集装箱都有一个特殊的钢铸件，安装在各个角上。这个铸件包含了一个椭圆形的孔，用来容纳所有革新中最关键的一项——扭锁。扭锁有两个圆锥形的部件，一个尖朝下，一个尖朝上；当集装箱摞放在一起时，扭锁可以插入箱角铸件的小孔中。当一个集装箱被放到另一个上面时，码头工人可以很快地搬动把手将两个集装箱紧紧地锁在一起。卸船时，只要朝着相反的方向搬动把手，一个工人就可以在几秒钟内让两个集装箱分开。[3]

直到格槽和新的集装箱设计出来之后，泛大西洋公司才能把它们的注意力集中到新操作方法的另一个关键要素起重机上。纽约和休斯敦的大型码头起重机已经不能满足新的要求了，而且，麦克莱恩想要开通航运的其他港口压根儿就没有大型起重机。造船厂的起重机似乎是一个显然的解决方案，但现有的造船厂起重机都不够大，无法吊起重达 40 000 磅的 35 英尺集装箱。心急的麦克莱恩预订在 90 天内要看到新型起重机的测试模型，但当时的航运起重机制造厂都无法在这么短的时间内完成。无奈之下，曾经在华盛顿州的采伐业干过很多年的坦特林格建议，求助于制造柴油机驱动的采伐起重机的厂商。外号"酒鬼"、曾经帮他们重新设计了轮船和码头的罗伯特·坎贝尔想到了华盛顿州塞德罗－伍利市的斯卡吉特钢铁厂。

斯卡吉特钢铁厂的所有者是西德尼·麦金泰尔，他从来没有接触过轮船的制造，也不熟悉电动起重机，但他同意给麦克莱恩他们造一台。照坎贝尔的说法，西德尼·麦金泰尔是一个"机械天才"。在90天内，斯卡吉特钢铁厂制造出了一台巨大的起重机，它可以在一个横跨整艘船的巨大龙门架上移动。C-2型轮船的驾驶舱在船的中部，所以每艘船就需要两台起重机，船头和船尾各一台。起重机可以在顺着船舷铺设的铁轨上前后移动，并且能够覆盖整个船的宽度。它们可以立刻就停在任何一只集装箱的上方，把它垂直地吊起。起重机还有可以折叠伸缩的长臂，能够伸展到码头上方去吊起或放下集装箱。[4]

格槽与龙门起重机的结合使得集装箱的装卸速度达到了空前的水平。一旦第一行格槽已经被清空，装船和卸船就可以照着流水线的方式同时进行了：每次起重机到码头上把一个到港的集装箱放到一架空的底盘上之后，它会接着吊起一个离港的集装箱并将其放入空的格槽里。一台起重机的装卸速度是每小时15个集装箱，在两台起重机同时工作的情况下，第一艘改造后的C-2型轮船"门户之城号"，只用8个小时就能被卸空并重新装满。国会议员兼商船委员会的主席赫伯特·邦纳说，这些新型的轮船是"美国的商船队在我们这个时代取得的最大进步"。坦特林格可不敢这么肯定。1957年10月4日，在"门户之城号"首航之前，坦特林格顺路去了纽华克的伍尔沃斯商店，买光了店里所有的模型黏土。他用小刀把这些黏土切成小块，然后拿了几块塞进最上层的集装箱的角与格槽的金属框架的角之间的狭窄缝隙里。当"门户之城号"在3天后抵达迈阿密时，他取下了塞在缝隙里的那些黏土，好看看那些集装箱的位移有多大。黏土上的凹痕表明，那些集装箱仅仅移动了5/16英寸，这证明，当一艘集装箱船在海上颠簸时，船舱中摞得很高的集装箱不会发生危险的摇动。[5]

到了1957年年底，泛大西洋公司的6艘纯集装箱船已经有4艘在使用，其中一艘每隔4天半从纽约向南或者从休斯敦向东航行。最后两艘经过改造的C-2型轮船在1958年加入船队。"理想X号"以及同型号的其他油轮都被卖掉了，同时被卖掉的还有490只最初的33英尺集装箱以及300架配套的底盘。泛大西洋公司的海陆联运能力比一年前提高了5倍，它们的这项业务似乎将迎来爆炸性的增长。[6]

然而正相反，这项业务陷入了困境。麦克莱恩计划在1958年3月用两艘纯集装箱船开通到波多黎各的航运业务。波多黎各是一个能够带来利润的潜在市场，作为一个岛国，波多黎各依赖海运来提供几乎所有的消费品。作为美国的一个联邦，波多黎各要遵守《琼斯法案》（*Jones Act*），该法案规定，在美国的各个港口之间运送货物，要使用由美国建造且由美国船员操控的船只。有限的竞争使得少数几家服务于波多黎各的运输公司可以收取非常高的运费。麦克莱恩认为，泛大西洋公司的集装箱可以很容易地在这里夺取市场份额。他没有考虑到码头工人。当第一艘集装箱船从纽华克抵达圣胡安时，那里的码头工人拒绝给他们卸船。接下来的谈判持续了4个月，其间有2艘船只能一直停在港口里；泛大西洋公司因此损失惨重。最终，他们不得不屈服于工会的要求，使用24个人一组的码头工人来装卸集装箱。到了8月，正常的航运业务总算开通了。这之前的延期，再加上甩掉旧油轮的成本，让麦克莱恩工业公司陷入了危险的赤字。1958年，公司净亏损420万美元，几乎掏空了前三年里积累下来的全部留存收益。[7]

麦克莱恩没有被吓倒。他认定，泛大西洋公司的这些问题，根源在于航运业消极、被动、迟缓的文化。美国国内的轮船公司，比如泛大西洋公司，都是在一个高度受管制的、没有给企业家精神留下多少空间的环境中运营。而由美国人拥有但在国际运营的轮船公司，比如沃特曼公司，被允许加入可以制定运价的国际卡特尔。使用美国船员且挂美国旗的轮船拥有专营权，可以运送包括军用物资在内的大量政府物资；很多轮船公司还可以得到政府的运营补贴。这种受保护的文化导致了没有节制的浪费，比如沃特曼公司在墨比尔的总部大楼就很

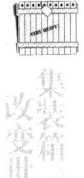

豪华：大厅中央摆着一个可以旋转的巨大地球仪，而在大楼的第 16 层是奢华的高管套房。这里显然不能培养出马尔科姆·麦克莱恩所要求的那种有创造力的、积极进取的、渴望成功的员工。麦克莱恩认定，现在是该发动文化变革的时候了。1958 年 6 月，已经只运营集装箱船的泛大西洋公司迁到了新的总部——纽华克港旁边一座经过改造的菠萝仓库；而沃特曼，传统的散货轮船公司，被麦克莱恩故意扔在了墨比尔。

泛大西洋公司的新办事处有着完全不同的气氛。马尔科姆·麦克莱恩的办公室只配备了很简单的家具，前面安了一块大玻璃。透过玻璃望出去，外面是宽敞的开放空间，办公桌一张挨一张地排列整齐。每天上午，麦克莱恩都会在这些办公桌中间绕来绕去，检查最新的现金流量表或者是造船计划的进展情况；为了得到想要的信息，他根本不去理会什么层级。然而，公司的这种氛围是由他的妹妹克拉拉营造的。克拉拉的办公桌就在办公区域的正中间，这让她可以注意到屋里的每一件事和每一个人。如果有谁来晚了，她都会知道。整个办事处都是她设计装修的；那些得到提升后搬进独立办公室的经理会发现，她已经为他们选好了办公家具和陈设，简直细致到家了。"如果你在墙上挂了一张画或者是一个日历，第二天上午你就会收到一张克拉拉写的字条。"一位当年的经理回忆说。她立下了这样一些规矩：喝咖啡只能在咖啡室，不准接打私人电话，办公桌每天晚上都要收拾干净。她亲自检查每一张计时卡，亲自批准每一次人员聘用。[8]

马尔科姆·麦克莱恩并不是唯一一个对集装箱运输感兴趣的航运巨头。1954 年，当麦克莱恩为自己提出的东海岸滚装业务租借码头时，麦特森航运公司已经在资助关于货物处理的学术研究了。总部设在旧金山的麦特森航运公司也在考虑使用集装箱，但他们的做法与麦克莱恩恰恰相反。

麦特森航运公司创立于 1882 年，是一家管理宽松、家族控制的企业，当初在夏威夷只有一艘船，但后来却发展成了一个大型的运输集团。该公司拥有加利福尼亚的油井，还有很多的油轮以及在夏威夷岛用来储油的油罐。它们也拥有客轮，还在怀基基海滩建了酒店来吸引乘客。在第二次世界大战结束后的那几年里，它们甚至还拥有一家航空公司。但这些都没有赚到什么大钱；该公司的根本问题在于，它的很多大股东都不指望靠它赚大钱。公司的董事中包括了夏威夷经营食糖和菠萝的大种植园主，他们的主要兴趣是开辟一条把自己的产品推向市场的廉价途径。至于航运业务是否盈利，这几乎是无关紧要的。[9]

1947年，当麦特森家族说服经验丰富的轮船主管约翰·库欣暂时不要退休，再为公司担任3年总裁时，情况开始发生了变化。库欣走马上任之后，该公司第一次开始严肃地对待成本节约以及低得可怕的生产率。1948年，麦特森航运公司安装了革命性的机械化系统，开始以散装而不是每百磅一袋的形式向美国本土运送食糖。散装食糖要求大量的投资：在夏威夷这边储存粗糖需要巨大的筒仓；从糖厂把食糖运到码头需要专用的卡车车队；把食糖从卡车输送到筒仓顶部需要传送带；为了防止黏性的食糖在筒仓内固结需要更多的传送带循环运转。这些投资极大地降低了运输成本。食糖让麦特森公司对自动化的效果有了感觉。在库欣离任后不久，公司决定探索在西海岸与夏威夷之间运送普通货物的机械化处理。[10]

麦特森公司的行动很谨慎。在麦克莱恩控制下的泛大西洋公司是一个斗志旺盛的暴发户，在建立全新业务的过程中，他们靠迅速行动来降低风险。麦特森公司没有这样的行动速度，他们还有庞大的现存业务需要保护，而且公司的董事都把钱袋口系得紧紧的。在委托外部机构做了两年的调查研究之后，麦特森公司在1956年成立了一个内部的研究部门。而同样也是在这两年的时间里，马尔科姆·麦克莱恩已经把一个概念变成了运营中的业务。麦特森公司聘用了福斯特·韦尔登来负责新成立的研究部门，他是一个地球物理学家，不久前参与了"北极星"导弹核潜艇的研制。

麦特森公司与泛大西洋公司形成了最为鲜明的对比。麦克莱恩手下的工程师，比如基思·坦特林格和罗伯特·坎贝尔这样一些人，他们在学术上也不差,但他们都是在行业中而不是学术界里工作,都很明智地决定不在公众面前炫耀自己的学术出身。韦尔登是巴尔的摩著名的约翰霍普金斯大学的教授,在运筹学这一研究复杂系统的有效管理方法的新领域里颇有名气。在泛大西洋公司,其初始技术的设计是匆忙的,使用了过时的油轮、造船用的起重机以及长度受油轮尺寸制约的集装箱;麦克莱恩他们的想法是,一旦业务启动并运营起来,这一切都可以改进。韦尔登认为这种抓到什么算什么的随意策略会令人困惑。"对于构建一个'最佳的'集装箱系统有哪些详细的设备要求,所有的运输公司都有自己偏好的理论,但是,我们看不到有定量的数据可以把哪怕是集装箱尺寸这样的粗略特征与整个运输作业的经济状况联系起来。"他一针见血地指出。正如他所描述的那样,他的目标是要收集可靠的数据并利用它们,为麦特森公司进军集装箱航运找到最佳途径。[11]

韦尔登很快就遇到了一些将会对麦特森公司的方法产生影响的问题。在公司承运的普通货物中,有大约一半都适合于用集装箱运输,但来去两个方向上的货物量却不平衡,即公司从夏威夷运到美国本土的货物量,仅为从本土运回夏威夷的1/3。因此,从本土到夏威夷的西向运输所带来的收入,需要用来补偿把大量的空集装箱运回本土的成本。更为糟糕的是,麦特森公司有大量的业务是来自加利福尼亚的食品加工商,他们要把运载量很小的货物发送给岛上的很多小零售店。麦特森公司将需要在加利福尼亚把这些零散的货物集合起来装满整只集装箱,等到了火奴鲁鲁⊖,他们还得打开集装箱并把这些去往不同目的地的货物分开。这将使集装箱航运变得昂贵。 不过,韦尔登也发现,通过避免在卡车与轮船之间搬运散件货物,集装箱将可以为麦特森公司的现有业务消除大约一半的成本。"这些成本在过去一直稳定地增加,而且,只要还采用手工操作,这些成本就会无限期地继续增加。"他断定说,"码头工人的工资一直在螺旋上涨,而劳动生产率却没有相应地提高,目前看来,没有任何迹象表明这种趋势会发

⊖ 火奴鲁鲁,Honolulu,即"檀香山",夏威夷的首府。——译者注

生转变。"考虑到对自动化操作的迫切需要,韦尔登想出了一个可以让集装箱发挥作用的方案:如果麦特森公司能够按照在路线的顺序把散件货物装进集装箱,那么去送货的卡车就能够在火奴鲁鲁拉上集装箱,然后径直上路依次抵达各个目的地;只有当卡车到达了路线上的一家小商店时,发送给他们的货物才会被卸下。这样,夏威夷岛上的集装箱运输就具有了经济上的可行性。[12]

既然使用集装箱是合理的,这些集装箱的尺寸应该有多大呢?韦尔登的分析表明,集装箱的尺寸越小,无须重新装箱就可以直接从发货人运到收货人的货物数量就会越多。但是从另一方面来说,装卸2个10英尺集装箱所花费的时间将是装卸1个20英尺集装箱的2倍,这就使公司在起重机和轮船上的投资得不到充分的利用。在用计算机分析了麦特森公司的数千次航运之后(在1956年,这项任务需要用掉数千张打孔卡),韦尔登手下的研究者断定,在夏威夷岛的贸易中,20~25英尺长的集装箱将是效率最高的:集装箱长于25英尺会使得运送过程中出现太大的闲置空间,而集装箱短于20英尺则将花费太多的装船时间。他们建议麦特森公司像泛大西洋公司一样,先在甲板上运载集装箱,在船舱中运载传统的散件货物。通过改造其15艘C-3型货轮中的6艘,使之可以在甲板上运载集装箱,麦特森公司将能够在火奴鲁鲁与洛杉矶以及火奴鲁鲁与旧金山之间提供每周一次的集装箱航运服务。韦尔登认为,即使集装箱业务的规模很小,这种安排也将是有利可图的。如果集装箱业务增长了,公司可以改造另外的C-3型货轮,使它们只运载集装箱。他断定:"集装箱运输看起来是命中注定的。在这个有前途的发展方向上,我们可以想走多远就走多远,也可以按照谨慎的计划随时停下。"[13]

1957年年初,麦特森公司的管理层采纳了韦尔登的建议。莱斯利·哈兰德是一位善于创新的船舶设计师,他被聘请来负责轮船改造的设计。哈兰德聘用了一班人马,然后就开始详细地规划集装箱操作的各个方面。公司管理层明确地告诉他要注意资金的问题。判断每一个选择是否合理,都要根据它是否可以带来比其他方案更高的投资回报率。[14]

哈兰德的兄弟唐纳德是一个专门研究起重机的工程师，他们俩在1957年7月开始分析对起重机的要求。在10月，他们去休斯敦观看了泛大西洋公司刚刚改造好的"门户之城号"的首次到港。"门户之城号"是一艘C-2型货轮，要比第二次世界大战期间出产的C-3型略小一些，航速也略慢。另外，"门户之城号"还装备了两台船上起重机。在两台起重机同时工作的情况下，"门户之城号"的周转时间并不比小很多的"理想X号"更长。然而正如哈兰德亲眼看到的，两台船上起重机有一些缺点。泛大西洋公司的两个起重机操作员都坐在离甲板很高的驾驶室中，面朝着两盏彩色的指示灯。当绿灯亮时，一个操作员可以控制吊运车越过船舷，移动到码头上方并放下一个集装箱；当红灯亮时，另一个操作员要等待。如果两台起重机意外地让两只重达4万磅的集装箱同时在船舷外摇荡，不平衡的重量就有可能使船翻掉。因为麦特森公司只打算服务于少数的大港口而不是很多的小港口，所以他们没有必要冒这样的风险。他们的第一个重大决定很简单：陆基起重机是他们努力的方向。[15]

麦特森公司不想使用原本用于其他用途的旧起重机，比如泛大西洋公司在1956年加以改造并暂时使用的造船起重机。泛大西洋公司最初使用的起重机是回转式的，在海运贸易中被称为"旋臂吊车"。这些起重机可以很好地把集装箱从甲板上吊起，然后回转吊臂把集装箱吊到码头上方，但是，它们的设计使得它们很难准确地把集装箱放到一架拖车底盘上，而这就拖慢了整个操作。麦特森公司的起重机是从头开始设计的，其中的一个设计要求就是它们要能够在5分钟之内卸下一只到港集装箱再装上一只离港集装箱，这个周期要比泛大西洋公司最早使用的两台起重机短2分钟。麦特森公司的起重机将具备可以从码头上伸出95英尺的吊臂，足以横跨公司船队中那些船的整个宽度。操作员可以控制吊运车把起吊梁移动到船的上方，放下起吊梁来抓住一只集装箱，提起集装箱，然后以高达每分钟410英尺的速度向码头移动。在高速度的情况下，这些动作会使高高悬挂在吊索上的集装箱发生摇摆。莱斯利·哈兰德设计了一种特殊的吊具来解决摇摆的问题,并在1957年的圣诞节期间利用儿子的机械拼装玩具造了个模型来测试这种吊具的可行性。[16]

在向公司推荐了20～25英尺长的集装箱之后,韦尔登的工作就结束了。哈兰德的任务是拿出设计并完成开发。1957年年末,麦特森公司请卡车拖车制造商特雷墨比尔公司制造了两只原型集装箱和两架底盘。另一家承包商为他们制造了两套吊具,还有一套用来模拟船上集装箱格槽的钢制构架。随后他们进行了几个月的测试。用来测量应变的仪器被连接到了设备上,当具有不同重量和密度的集装箱被吊入、吊出格槽以及放到底盘上时,集装箱及其承载结构所受到的应力就可以被测定出来。测试格槽被设定成了不同的角度,以确定集装箱与构成格槽角的垂直角钢之间究竟需要留出多大的间隙。装有货物的集装箱被摞在了一起,以测量底部的集装箱所承受的压力。升降卡车开进了集装箱内,以测量集装箱底板上的应变。

当测试结果出来时,哈兰德的团队认定对麦特森公司来说,最经济的集装箱尺寸是高 $8\frac{1}{2}$ 英尺、长 24 英尺,比泛大西洋公司的集装箱短 11 英尺。这个规格也考虑了韦尔登的一个发现:所节约的每一磅重量都值 20 美分,集装箱内额外增加的每一立方英尺都值 20 美元。为了改善结构的完整性,集装箱的顶盖将是一整块用铆钉固定的金属板,而不是用薄金属板螺钉连接起来的几块金属板条,后者是特雷墨比尔公司给高速公路拖车用的设计。钢制角柱将必须能够承受 12 万磅,几个集装箱摞在一起的重量,大大超过了泛大西洋公司的首批集装箱能够承受的。集装箱的门是双层铝制的,中间有增强板夹层。箱门用楔形榫接合到箱体上,以经受轮船在海上颠簸时所导致的扭曲应力。箱底将铺上用榫槽接合的花旗松。出于成本的考虑,新的设计没有使用确保集装箱可以兼容特殊起重机和叉车的特殊附件。"提高一只集装箱的成本,比如说提高 200 美元,这几乎不能带来什么像样的额外性能,"哈兰德评论说,"然而,如果设备的成本高出了符合要求地完成任务所必需的成本,比如说高出了 10%,那么总体的利润前景就将发生显著的变化。"[17]

早在1958年，当麦克莱恩正准备开通泛大西洋公司去往波多黎各的新航线时，作为11家竞标者中要价最低的一家，太平洋海岸机械设备公司赢得了为麦特森公司制造第一台起重机的合同。太平洋海岸机械设备公司不怎么喜欢麦特森公司非常规的设计；他们事先声明，他们不会对集装箱的摇摆、吊运车的设计以及麦特森公司指定的作业速度等难题负责。哈兰德同意了他们的要求，告诉他们麦特森公司会对设计负责。于是，他们开始建造一个离地面有113英尺高的"A"字形的庞大怪物，它的支架间距达到了34英尺，这样两辆卡车或者两节火车车厢就能并排从起重机下方通过。特雷墨比尔公司也按照麦特森公司指定的规格制造了600只集装箱和400架底盘。麦特森公司开发出了一种捆索装置，使得甲板上的集装箱即使5个摞在一起（取决于集装箱的重量）也不会有在海上遭到损毁的危险。[18]

与此同时，韦尔登的研究部门在继续他们对最优化的追求，为麦特森公司寻找着效率最高的船队利用方法。通过租用每分钟收费高达数百美元的IBM 704计算机，研究人员建立了一个非常完善的业务模拟模型，其中所整合的货物量和成本数据涉及了麦特森公司一年中各个时刻在各个港口承运的300多种商品。后来，他们又给这个模型加入了港口的劳动力成本、码头和起重机当前的利用率以及每艘船上的装载量等数据，以求为一些实际的问题提供实时的解决方案：一艘开往夏威夷的大型轮船应该在希罗和拉奈停靠，还是应该在火奴鲁鲁把货物转移到一艘支线船上？一艘轮船应该在一天中的什么时刻从火奴鲁鲁起航，才能最大限度地降低把一船菠萝运到奥克兰去的总成本？20世纪50年代，这样的模拟还是很新鲜的，而且从来没有在航运业中使用过。[19]

1958年8月31日，当甲板上装有20只集装箱而货舱里装有普通货物的"夏威夷商人号"驶离旧金山时，麦特森航运公司进入了集装箱时代。没过多久，"夏威夷商人号"和其他5艘C-3型货轮就可以一次运载75只集装箱了。在麦特森公司的第一台新起重机于旧金山湾东边的阿拉米达建造完成之前，这些改装过的C-3型货轮都要很费劲地用回转式起重机来装卸。1959年1月9日，世界上第一台特制的集装箱起重机投入使用，每3分钟就可以装卸一只重达4万磅的集装箱。照这个速度，阿拉米达站场每小时可以装卸400吨货物，平均劳动生产率是一班码头工人使用船上起货机时的40倍以上。在1960年，同样的起重机被安装在了洛杉矶和休斯敦。[20]

至此，麦特森公司已经进入了韦尔登在1957年初布置的计划的第二个阶段。另一艘C-3型货轮"夏威夷平民号"经过了改装，可以在甲板上以及船舱中运载6只一排且摞起6层的集装箱。为了约束船舱中的一摞摞集装箱，船体的构架上加装了竖直的角钢。在每一根角钢的顶部，还有一根巨大的角钢可以在集装箱被起重机吊进来时起到引导的作用。舱口被扩大了，以便起重机可以够到每一摞集装箱。舱盖也相应地加大到了52英尺×54英尺，以至于在开始装卸舱内的集装箱之前，起重机必须先把舱盖吊起并掀开。在5个货舱当中，有一个安装了给冷冻集装箱准备的制冷系统和电气设备；如果72只冷冻集装箱中有哪一只的温度过高或过低了，装在轮机舱内的报警灯就会发出信号。在货舱被装满并盖好舱盖之后，额外的集装箱会被两只一摞地堆在舱盖顶上，这样一来，整艘船的运载能力就达到了408只重25吨的集装箱。保持稳定性是一个永恒的问题，尤其是在前往夏威夷的重载航行中，必要时，麦特森公司通过预先安排集装箱的位置来解决这个问题：把最重的集装箱放在每一摞的底部，以降低整艘船的重心。

"夏威夷平民号"用了6个月的时间，完成了耗资380万美元的改造。1960年5月，它开始跑洛杉矶、奥克兰以及火奴鲁鲁之间的三角形航线。当这艘船到港时，码头工人会首先取下甲板集装箱上的捆索。然后，起重机把甲板上的集装箱吊运到由运输车牵引的底盘上，而运输车会把它们拉到为暂存货物准备的前方堆场去。一旦甲板被清空了，起重机就把舱盖掀开，接着卸载舱内第一个格槽中堆放的6只集装箱。这之后起重机就转到双向作业模式了。一辆拉着一只离港集装箱的运输车会停到起重机的下方，它的旁边还会有一辆拉着空底盘的运输车。每隔3分钟，起重机的吊具就会伸入船舱里，吊起一只到

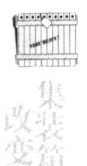

港的集装箱,把它放到等在下面的空底盘上,然后马上吊起另一架底盘上的离港集装箱,把它放到船上。在完成了每一排之后,起重机会顺着码头移动,让吊梁停在下一排的正上方。在每一次15天的航行中,"夏威夷平民号"可以有12天半的时间是在海上行驶,也就是在赚钱,不像其他的船只把一半的时间都花在了港口上。这让麦特森公司谨慎的董事们非常高兴,他们同意到1964年年底之前,总共投入3 000万美元用于购置集装箱船。[21]

到了这时候,在组织严密的航运业中人人都在谈论集装箱。然而,谈论远远多于行动。除了太平洋上的麦特森公司以及大西洋岸边的泛大西洋公司(此时已更名为海陆联运公司),再就没有几家轮船公司把集装箱用于日常运营了。航运公司需要更换战争年代留下来的船队,但是考虑到航运业似乎正处于科技变革的风口浪尖上,他们都不敢这样做。

说集装箱会改变航运业,这是非常容易判断的,但是,说它会在这个行业中引发革命,这就不太容易看清了。著名的船舶设计师杰罗姆·戈德曼就曾经说过,集装箱只是"权宜之计",降低成本的作用微乎其微。很多专家都认为集装箱是一种缝隙技术,可以用于海岸地区以及美国本土与岛屿属地之间的航线,但对国际贸易来说却行不通。把数百万美元的资金押在一项很有可能被证明不实用的技术上,这种做法的风险实在太高了。海陆联运公司的船上起重机的确非常新颖,但是维护问题很快就败坏了它们的名声,因为这些问题常常导致船期延误。美国总统轮船公司经营着跨太平洋的航线,他们设计了一种带有两只轮子的集装箱,不用底盘就可以被卡车拖走;但是,在计算了用新的集装箱附件取代底盘所需要的成本之后,他们不得不放弃了这个主意。格雷斯轮船公司的经验给出了一个生动的警示。他们获得了一笔700万美元的政府补贴,用于把两艘普通货轮改造成集装箱船。他们还投入了另外的300万美元,用于购置配套的底盘、叉车以及1 500只铝制集装箱。然而,他们最终的遭遇却是委内瑞拉的码头工人拒绝装卸他们大力宣扬的集装箱船。因为对集装箱航运的政治和经济状况的判断严重失误,他们最后只好亏本地把这些集装箱船卖给了海陆联运公司。正如格雷斯公司的一位高管沮丧地说:"设想是正确的,但时机是错误的。"[22]

海陆联运公司也渐渐地发现了集装箱业务的难处。他们在波多黎各的业务正在与布尔轮船公司展开激烈的竞争。布尔公司控制着一半的南向贸易以及从波多黎各到纽约90%的水上货运。1960年4月,布尔公司启动了拖车运载船的业务,而在1961年5月,他们又添置了集装箱船,提早抢走了一些麦克莱恩期望拉到集装箱业务上来的发货人。本土的业务也好不了多少。一些食品和药品企业,比如纳贝斯克(Nabisco)和百时美施贵宝公司(Bristol-Myers Squibb)等,立刻就与他们签订了合约,由他们来负责这些企业从纽约地区到休斯敦的集装箱货运。另外,休斯敦的一些化工厂也使用他们的集装箱来把化肥和农药等运到美国东北部地区。然而,大多数的大型工业企业都不是很渴望使用集装箱航运。一些像海空联运(由海陆联运公司把货物从纽约运载到新奥尔良,然后再由一家航空公司运到中美洲)这样的想法,很少有人能接受。当波多黎各的业务开通时,流经泛大西洋公司在纽华克的总部站场的货物量,从1957年的22.8万吨一跃增至了1959年的110万吨,然后就突然停止了增长。1959年的又一次码头罢工给公司造成了严重的损失,营业收入直线下降。从1957年一直到1960年,海陆联运公司的集装箱航运业务总共亏损了800万美元。麦克莱恩工业公司被迫暂时停止了分红。[23]

无奈之下,麦克莱恩试图在1959年收购火车轮渡公司。在东部地区,火车轮渡公司是除了泛大西洋公司之外的唯一一家近海轮船公司,同时也是与沃特曼公司争夺国际航线运营补贴的一个对手。火车轮渡公司的管理层拒绝了麦克莱恩的要求。竞争对手们开始散布谣言,说麦克莱恩工业公司就快要破产了。因为在1955年的时候让麦克莱恩感兴趣的现金和多艘轮船都已不复存在了,所以离开补贴就根本赚不到钱的沃特曼公司已经被提交拍卖了。[24]

麦克莱恩断定，问题出在航运业的心态：泛大西洋公司的经理人员都习惯了航运业过去的慢节奏，不懂得该怎样向企业的货运经理推销；而如今的货运经理不关心轮船，只关心货物能否以较低的成本准时地送达客户手中。麦克莱恩找来了当年他手下那些年轻而又积极进取的卡车运输主管，希望他们能帮助他扭转局面。当他在1955年放弃麦克莱恩卡车运输公司的时候，他曾经同意不带走公司的骨干员工。如今，这些麦克莱恩卡车运输公司的前员工有很多仍然只有20多岁或30出头，他们同麦克莱恩从其他大型卡车运输公司挖来的年轻才俊一起，开始接手泛大西洋公司的众多关键职位。

"他们恰好在招人，"其中一个被招聘进来的人回忆说，"那就像是一次职业橄榄球队的选秀，而你们球队要招到最棒的四分卫。"很多人被请到纽华克来的时候，都还不知道麦克莱恩为他们安排的职位是什么。到了之后，他们接受了智力和性格测验，这种做法在20世纪50年代还很稀罕。麦克莱恩想要的是聪明、有闯劲、有创业精神的人；测验成绩不合格就意味着没有工作机会。教育程度无关紧要，尽管马尔科姆·麦克莱恩自己在大都会歌剧院有一个包厢，但他却看不上有人摆知识分子的架子；他建议新来的人最好抛弃语法，这样才能适应那些根本不懂语法的卡车司机。毕业于麻省理工学院、在1960年进入公司的船舶设计师查尔斯·库欣回忆说："当我们没有别的事情可做时，我们就站在那里抛硬币；在沃顿商学院他们可不会教你抛硬币。"[25]

那些通过了测验的人被赋予了重大的职责。伯纳德·恰可夫斯基是从麦克莱恩卡车运输公司挖来的，他负责监管泛大西洋公司与提供货物接送服务的那些独立的卡车公司之间的重要关系。肯尼思·扬格是从罗德威货运公司跳槽过来的，他负责管理波多黎各的业务。保罗·理查森在1952年大学毕业后就加入了麦克莱恩卡车运输公司的管理培训计划，并且在麦克莱恩离开后一直留在那里；1960年，他又被麦克莱恩招至麾下，先是担任了新英格兰地区的销售经理，8个月后就开始负责全国的销售。理查森的秘密武器是一张很简单的表格，但它有一个夸大其词的名称叫"运输总成本分析"。这张表格可以并排地列出用卡车、火车和集装箱船运输某种产品的成本，不仅包括途中的运费，而且还包括当地的接送、仓储以及保险成本。推销员要把各列的成本加起来，让客户看到集装箱会带来多大的节约；然后，他们还要把这个数字乘上客户一年里要在这条路线上发货的批次；最后得到的数字是客户一年能节约下来的总成本，同传统的每吨几美元的衡量标准相比，这个数字显然会更大、更醒目。[26]

1960年年初，泛大西洋公司更名为海陆联运公司，以强调他们是走在货运行业最前沿的开拓者。他们那里一周工作7天，是一个令人兴奋但也要求严格的环境。那里不需要备忘录。高管之间的冲突是免不了的；管理者要碰头开会、解决分歧并随后开始行动。绩效会经常地测评；对于成绩突出的人，所给予的奖励不是现金而是公司的股份。几十年后，海陆联运公司早期的那些员工都回忆说，当年创建集装箱航运业的那段岁月，是他们一生中最美好的时光。"那是一家干劲十足、充满活力的公司。马尔科姆派给我们任务，而我们不会去问为什么，我们只是转身就去完成它们。"一个老员工回忆说。马尔科姆·麦克莱恩（背后人们都叫他马尔科姆，但当面每一个员工都称他为麦克莱恩先生）主持大局，经常检查一些重要的数字，以确保现金的正常流转。[27]

在受到了1960年亏损150万美元的强烈刺激后，麦克莱恩试图用自己一贯的方式来克服逆境，也就是借更多的债。1961年，海陆联运公司购买了4艘第二次世界大战时期的油轮，并在德国的一家造船厂对它们进行了改装，通过嵌入所谓的中间体来加长了船身。这些"加大了尺寸的"轮船可以运载476只集装箱，这是海陆联运公司现有集装箱船容量的2倍，是"理想X号"的8倍。竞争对手抗议说，在德国进行的改造使得这些船没有资格作为"美国的"船跑国内航线，但他们的抗议无效。1962年，政府批准麦克莱恩可以把这些船用于纽华克与加利福尼亚之间的航运业务，这让海陆联运公司成了唯一的近岸内航道轮船公司。不平衡的贸易使得近岸内航道的经济状况变化莫测：东向的业务非常繁忙，要运送大量来自加利福尼亚中央谷的罐装水果和蔬菜，每月要处理的货物量有上万吨，但是，去往加利福尼亚方向的轮船常常只运载着 7 000 吨的货物以及大量的空集装箱。不过，这样的经济状况也保证了近岸内航道上不会有激烈的竞争，那里只是没有足够的货运量。[28]

即使是在海陆联运公司向西海岸扩张的时候，麦克莱恩也密切关注着波多黎各。对美国的轮船公司来说，波多黎各是一个很有吸引力的市场。得益于联邦政府名为"自力更生行动"（Operation Bootstrap）的经济发展计划，波多黎各的经济飞速增长。这项以优厚的税收激励为特色的发展计划，吸引了数千家基地在美国的企业涌向这个在 20 世纪 50 年代还很贫穷落后的岛屿。这些企业将把他们的原材料从美国本土进口到波多黎各，然后利用波多黎各的廉价劳动力来加工和组装，最后再把他们的产品运回美国。1953～1958 年，波多黎各的私人固定投资增长了一倍还多，他们的经济产值也在以每年 8%～10% 的速度增长。这种繁荣也意味着航运需求的迅速增长，而且，由于美国有复杂的法律约束着航运部门，所以只有美国国内的轮船公司可以插手这些贸易，而外国人拥有的企业以及领取补贴来运营国际航线的美国企业没有资格。[29]

海陆联运公司自 1958 年以来就在经营通往圣胡安的航线，但是他们的业务不太值得效仿。他们在那里没有货运码头。到港集装箱往往装有给多个不同客户的货物，它们常常会在码头附近破旧的铝制货仓中滞留好几个月，因为那里没有快捷的方法可以通知客户他们的货物到了。用卡车运往岛上其他地方的集装箱经常失踪，变成了别人的小商店、仓库或者住房。"情况简直糟透了。"负责波多黎各业务的一位主管回忆说。海陆联运公司想要夺取市场份额的努力几乎没有取得什么进展。作为这个市场上最有势力的运输业者，布尔轮船公司控制着从本土到波多黎各一半的南向货运以及 90% 的北向货运。[30]

1961 年 3 月，麦克莱恩工业公司意外地提出要收购布尔轮船公司。对于一家资源已经到了极限的公司来说，1 000 万美元的出价显得非常夸张。麦克莱恩工业公司在1960年的巨大亏损已经掏空了它们的全部留存收益。海陆联运公司的资产净值已经是负110万美元，尽管麦克莱恩的会计让该公司的情况看起来比实际的更严重。因为前两年里同海陆联运公司竞争已经浪费了不少钱，所以布尔轮船公司也是债台高筑，公司的所有者都急着想卖掉它。布尔公司吸引麦克莱恩的地方在于，这笔交易会让海陆联运公司在波多黎各的贸易中取得近于垄断的地位，这也正是联邦的反垄断机构反对这桩交易的原因。布尔公司的董事收到了联邦政府建议他们不要与麦克莱恩继续接洽的电报，他们很快就找到了另一个买家。麦克莱恩感到自己被耍了，他想报仇，试图阻止布尔公司从海军购得两艘旧轮船的努力。[31]

然而接着却是意外的好运降临了：收购布尔公司的那家私有航运集团因扩张过快而陷入了财务困境。他们首先停止了为布尔公司购置的两艘轮船的改造，接着在1962年6月，他们彻底地停止了航运。当布尔轮船公司最终破产时，麦克莱恩就能够夺取那两艘船了。一夜之间，在这个几乎完全要依赖美国航运的岛屿上，海陆联运公司变成了最有势力的运输业者。在新的竞争对手能够进入之前，他们迅速地巩固了自己的地位，安排了从纽华克到圣胡安每两天一班的集装箱船，还增加了从西海岸和巴尔的摩出发的航运班次。1962年和1963年，海陆联运公司花了200多万美元在圣胡安新建了两座货运码头。他们还走了一步在政治上很英明的棋，开通了到波多黎各的两个港口庞塞和马亚圭斯的航线。除了罐装的金枪鱼，这两个城市都没有很多的货物需要用集装箱运出，但是在那里提供集装箱服务为麦克莱恩赢得了特奥多罗·莫斯科索的好感，他是"自力更生行动"的设计者，在波多黎各的经济发展中是一个非常有影响力的人物。[32]

海陆联运公司在波多黎各的业务扩张与那里引人瞩目的经济繁荣同时发生。20世纪50年代，"自力更生行动"给波多黎各吸引来的主要是劳动密集型的小工厂。很多工人第一次得到了薪水稳定的工作，而个人收入的增加推动了消费支出的猛涨。1954～1963年，扣除物价上涨因素之后，零售额增长了91%。这些商品大部分来自美国

本土，经海运到达波多黎各。当工资的上涨开始让这个岛屿对劳动密集型工厂的吸引力减弱了时，"自力更生行动"采取了协同一致的努力来吸引资本密集型的大制造商。1955 年，制造业仅占波多黎各的经济产值的 18%，在 1960 年达到了 21%，到 1970 年时增长到了 25%，而且其中大部分的增长是来自非传统的部门，比如药品和金属制品。20 世纪 60 年代，波多黎各与美国本土之间的贸易总额增长了近两倍，而所有这些贸易几乎都是靠航运完成的。[33]

海陆联运公司从这种繁荣中受益匪浅，当然，他们也推动和促进了这种繁荣。波多黎各依赖于航运的经济一直受制于高运输成本。1947～1957 年，随着美国的总体物价上涨了 31%，本土与波多黎各之间的航运费用上涨了大约 50%。在那 10 年中，联邦政府的管制机构批准了 5 次运价上调，这有效地把美国各轮船公司的低效率所造成的损失转嫁到了波多黎各的消费者头上。麦克莱恩在 1958 年闯入了波多黎各的贸易，这开始动摇了不合理的运价体系，布尔轮船公司是既有运价体系的主要受益者。据海陆联运公司估计，在后来的 10 年里，从纽约向圣胡安运送消费品的成本下降了 19%，而运送一卡车货物的每吨平均费用下降了 1/3。对南向运输的工业零件和北向运输的制成品来说，更低的运费进一步凸显了在波多黎各开设工厂的优势。麦克莱恩工业公司成立了一家新的子公司，来帮助制造商在波多黎各设厂。到了 1967 年，海陆联运公司每周可以在波多黎各和美国本土之间运送 1 800 只集装箱，其中有一半是来自或运往波多黎各的众多工厂的。[34]

海陆联运公司在波多黎各不可撼动的地位为他们的发展提供了坚实的基础。1962 年年底，海陆联运公司拥有 7 848 只集装箱、4 876 架底盘和 386 辆牵引车。到了 1965 年年底，它已经拥有了 13 535 只集装箱和 15 艘集装箱船，可以停靠 15 个港口，还以波多黎各为中心服务于维尔京群岛。在这个不断扩张的企业帝国的中心，是它在新泽西州伊丽莎白港的新办公大楼，从那里可以清楚地望见它的新码头，也是世界上第一座专门建造的集装箱货运码头。像伊丽莎白港的其他综合性建筑一样，这座办公楼也是由纽约港务局建造的，海陆联运公司没花一分钱。"很多人以为马尔科姆在建一座宏伟的宝塔，"1962年进入海陆联运公司的杰拉尔德·图米回忆说，"他知道自己在做什么。如果你动笔算算建筑成本以及公司在各种资源上的节约，你就会发现，这是一笔非常划算的交易。"35

到了1963年，海陆联运公司已经成了一家拥有近3 000名员工的大企业，当然也越来越难以管理了。他们在1962年装备了计算机，但仅仅是用于工资管理这样的行政目的；在伊丽莎白港，海陆联运公司用高高挂在其八边形控制室墙上的磁性板来追踪到港和离港的集装箱：一个员工站在下面，每当有一只集装箱被运进堆场时，他就用手里的长杆挪动磁性板上对应的小铁块。在每一天结束时，他们要给磁性板拍照，以便留下永久的记录。集装箱有爱失踪的毛病，尤其是在波多黎各，那里的仓库空间很紧张，以至于很多收货人都把货物寄存在到达的集装箱里；公司的总部制作了一份"时效报表"，上面列出了已经失踪超过一周的集装箱，而在一个经理打来电话之前，当地的主管会发疯似的不停地打电话，试图找到失踪集装箱的下落。装船需要好几组配载计划员盯着列有每只集装箱的重量和尺寸的数据表单，这已经是他们能够想到的最好方法了。直到1965年，计算机才开始承担起了这项工作。36

马尔科姆·麦克莱恩已经无法再像以前那样亲自过问每一个决定。不过，他的基本管理方法仍然没变。麦克莱恩仍旧每天都出现在总部的大楼里。"当你来上班的时候，他会对你说：'早上好，你们今天上午干得怎么样？'这是很平常的事。"一个长期为海陆联运公司工作的会计师回忆说，"马尔科姆是一个非常善于推销的人，他会让你觉得他很了解你。"当他们需要在巴尔的摩或杰克逊维尔为集装箱货物的整理建一座仓库时，麦克莱恩会亲自去选址。当他们需要冷冻集装箱时，经理们会花上两天的时间来争论到底该买多少只，没想到最后麦克莱恩却说："我很感激你们的尽责，但我已经签下了采购500只的合同。"1963年，当收购阿拉斯加轮船货运公司的机会到来时，

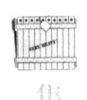

麦克莱恩几乎没怎么研究这家公司的财务状况，更没怎么考虑一些运营问题，比如冬天使用安克雷奇港的问题。麦克莱恩很心急，这个迅速打入阿拉斯加贸易的机会实在太好了，绝对不能错过。[37]

最重要的是，他始终关注着钱的问题。当订载信息从偏远的货运码头传回总部时，电传打字机会噼里啪啦地响个不停。职员们会更新记录，显示每一只集装箱已经流转了多少天，已经装运过了多少吨货物，已经给公司赚回来了多少钱。地理分析揭示了海陆联运的货物所具有的陆上运输规律。月度财务报告表明了从纽华克运往得克萨斯的每一种商品给海陆联运公司带来了多少收入，从而提醒所有的员工，运送重18吨的一集装箱酒，所赚到的钱要比运送重4吨的一集装箱玩具多一倍。每周的报告记录了现金流。另外，他们还始终没有忘记不断地改善成本控制的要求。在庞塞，将处理每100磅货物的成本减去1.6美分，一年就可以节约下14 300美元。让每班工人每小时多装卸一个集装箱，这会让公司一年节约18万美元。把长途电话的通话时间限制在3分钟之内，这又会给公司节约6.5万美元。"或许，当年我们对财务结果的关注要超过如今的任何一家公司。"海陆联运公司后来的首席财务官厄尔·霍尔回忆说。1961年，海陆联运公司走过了6个年头的集装箱业务终于有了盈余。只要麦克莱恩在专注于它的经营和管理，海陆联运公司就再也不会亏损了。[38]

第 5 章

纽约的港口保卫战

对于给泛大西洋公司提供庇护所的纽约港务局来说，集装箱运输的到来是天赐良机；然而对于纽约市来说，那被证明是一场灾难。为了让这座城市始终处于航运业的中心，市政官员们付出了巨大但却徒劳的努力，因为这个行业的变化是纽约所无法容纳的。尽管他们付出了代价高昂的努力，但是当新技术的出现让这座全国最大的港口变得日渐冷清时，当地的经济也遭受了毁灭性的打击。

20世纪50年代早期，在集装箱航运尚未形成概念之前，纽约港处理的货物量约占美国制造品海运贸易的1/3。如果以美元来计算的话，纽约港的作用甚至会显得更加重要，因为这里已经越来越偏重于高价值的货物。这一成功来之不易，因为从一个港口的角度来讲，纽约有一些重大的缺陷。这里的码头在曼哈顿和布鲁克林的滨水地区排成一线，到20世纪中叶时有283座，其中有98座能够装卸远洋轮船。然而，主要的铁路联络线都穿过纽约港，并在新泽西州境内横跨哈得逊河。从北、南、西三个方向的道岔上驶入的货运列车，被引导至设于内陆的宽敞的铁路站场上，在那里，列车车厢根据目的地重新编组，并被调度车头牵引至港口新泽西州一侧的枢纽货运站场。每家铁路公司都拥有由拖船牵引的驳船船队，可以运载着各自的货运列车车厢穿过港口，进入各自在纽约的货运站场或者是一艘远洋轮船正在使用的码头。因此，要想把来自阿克伦的轮胎装到一艘开往欧洲的轮船上去，必须要经过再三的调度和转轨。这之所以在经济上可行，仅仅是因为作为联邦管制机构，州际商务委员会要求铁路公司对到布鲁克林和曼哈顿的货运收取与到新泽西相同的费用；实际上，他们被迫免费提供穿过港口的驳船运输，以保持纽约港与东海岸其他港口抗衡的竞争力。[1]

卡车运输业开始于20世纪20年代，它的发展让纽约港码头的先天不足变得更加明显。到了20世纪中叶，流经码头的货物有大约一半是靠卡车而不是火车运进运出的。在穿过了林肯隧道或者霍兰隧道之后，卡车司机们必须艰难地驶过码头附近的街道——那里非常拥挤，以至于在1952年，市政部门只允许从曼哈顿中心区的第十二大街开往码头去的车辆通过。如果是去往布鲁克林区的码头，那么从西面来的卡车司机就必须杀出一条血路，艰难地穿过曼哈顿区，然后从某一座桥上越过东河。卡车通常要在堵车的长龙中等上一两个小时，才能进入到码头旁边的中转货棚去装卸货物。中转货棚往往在一侧设有卡车（有时候是火车）装卸平台，而在相对的一侧是去往轮船的通道。离港的货物会被叉车或工人卸下，暂时存放在中转货棚里，等到待装轮船进港之后，货物又要重新搬运到码头上，而每一次作业都会造成更多支出。[2]

用卡车递送意味着要与纽约独有的一类企业"公共装卸人"打交道。公共装卸人是一个得到国际码头工人协会支持的团体，他们声称拥有在特定的码头上装卸卡车的独占权。几十年来，航运业者、市长、州长以及想让自己的成员干这些活儿的卡车司机工会，他们都一直试图摆脱公共装卸人。这些人都是国际码头工人协会极其腐败的1757分会的成员，表面上看来是他们所属的"合作社"的所有者，然而实际上，公共装卸人被国际码头工人协会的头头们秘密地控制着。国际码头工人协会已经与一家卡车运输组织勾结，成立了"卡车装卸管理局"，发布了所谓的"官方的"装卸费用：每袋100磅的杏仁或大理石碎片收费 $5\frac{1}{2}$ 美分；每100磅的汽车零件、轮胎或鱼内脏收费 61/2 美分；每100磅的罐装啤酒收费8美分；下午5点后的装卸额外收取一半的加班费。其他试图进入装卸市场的公司遭遇了恶意破坏以及明目张胆的暴力。有些发货人试图用自己的工人来装卸，以避开公共装卸人的非法垄断，结果往往会发现，船已经开走了而他们的货物还堆在码头上。即使是在新成立的码头区委员会于1953年12月取缔了公共装卸人之后，暴徒们仍旧控制着纽约港的码头。[3]

港口为纽约市提供了大量的就业机会。1951年，随着港口的运营在战后恢复正常，有10万多纽约人在水上运输、卡车运输以及仓库搬运中找到了工作，这还不算为铁路公司和市政轮渡系统工作的员工。还有14 000名纽约人工作在"运输服务领域"，比如负责处理复杂国际贸易的货运代理。在全国所有"运输服务领域"的工人中，有超过 1/3 的人住在纽约。在 20 世纪 50 年代早期，全国的批发贸易有 3/4 要通过纽约来办理，尽管这些货物并不总是流经这座城市。1951 年，全国范围内私有部门的工人（不包括铁路员工），每 25 个当中有 1 个是干商业批发的，而在纽约则是每 15 个当中就有 1 个。[4]

当时，有很多企业为了方便航运而把工厂设在了码头区（纽约港的地理分布参见图 5-1）。在 20 世纪的头 25 年里，食品加工厂都坐落在哈得逊河沿岸以及布鲁克林的码头区，而制造染料、油漆、药品和特殊化学品的工厂也都散落在海滨区，从昆斯区的长岛城直到布鲁克林区的贝里奇一带。20 世纪中叶，纽约日益扩大的制造业雇用了 33 000 多名化学品生产工人、78 000 多名食品加工工人以及数千名从事造船和电机制造的工人，这些行业都需要便宜的货物运输。1956 年，据保守估计，纽约市内有 9 万多个制造业的工作岗位"相当直接地"与通过纽约港的进口联系在一起。[5]

图 5-1　纽约港

另外，海洋建造以及轮船修理还雇用了数千名工人。再加上为航运业服务的律师、银行职员和保险经纪人，总共可能有 50 万人的生计要直接依赖于纽约港（见表 5-1）。在下曼哈顿，草地保龄球场附近的地区挤满了航运公司的办公楼，而几个街区以外的约翰大街上则是为他们提供服务的保险公司。在人口最稠密的布鲁克林区，与航运相关的办公室工作比较少，但码头区的工作比较多，有 13% 的工人工作地点在码头上。[6]

表 5-1 1951 年纽约市与港口相关的就业

行 业	工人数量	公司数量
商业批发	206 315	22 135
水上运输	67 453	637
卡车运输和仓库搬运	36 164	3 494
化学制品及相关产品	33 472	1 129
运输服务	13 968	1 030
纸浆、纸张和纸箱	12 977	294
初级金属业	11 452	249
土石及玻璃制造业	9 880	590
轮船修理	9 469	84
肉制品	7 345	183
石油精炼	1 161	7
谷物加工	1 061	30
合计	**410 717**	**29 862**

注：纽约市的就业人数为 3 008 364 人。

资料来源：U.S. Census Bureau, *County Business Patterns* (1951).

在第二次世界大战后的若干年里，这一强大的经济发动机已经开始错失了一些机会。在战争期间，当布鲁克林以及新泽西码头区旁边的炼油厂和军用码头发出成千上万艘跨越北大西洋的轮船时，有利的地理位置帮助纽约港夺得了市场份额。1944 年，美国的水路出口有近 1/3 是通过纽约港完成的，这个货物流量是 1928 年的两倍，是大萧条最严峻的 1933 年的 5 倍。然而，即使是在战争期间，也已经有专家对纽约码头的危险状况发出了警告。在第二次世界大战结束后，当货物流量由于来自欧洲的进口不足而急剧下降时，那些警告似乎得到了印证。尽管欧洲的恢复曾经短暂地刺激了出口，但是朝鲜战争又把美国经济拖回了战时状态,摧毁了美国的对外贸易。美国所有港口的进口和出口总值,从1951年的185亿美元下降到了3年后的156亿美元,而且因为工厂都把生产从消费品转向了军需物资,所以出口遭受了尤其沉重的打击。[7]

纽约正在输掉保卫出口流量的战争。第二次世界大战已经刺激了西部和南部地区的经济增长,而同罗切斯特和克利夫兰的工厂相比,达拉斯和洛杉矶的工厂就更不太可能通过纽约港来运输产品和物资了。1956年,就快开通的圣劳伦斯海上航道将让五大湖区与欧洲之间直接的轮船运输成为可能,专家预测,到1965年,这条运输通道将夺走纽约港出口量的8%和进口量的3%。[8]

另外,高昂的陆路运费也是一个障碍。纽约的市政官员总是抱怨铁路公司莫名其妙地偏爱费城、巴尔的摩或者诺福克,但是真实的情况是,铁路公司和卡车运输公司能够以较低的成本服务于那些地区;火车车厢无需穿过港口就能到达码头,而卡车司机也不会遇到纽约那么严重的交通拥堵。对卡车来说,纽约港在运费上的劣势甚至比对火车来说更为突出,因为从克里夫兰把一卡车的货物运到纽约的码头,其每一吨的成本就可能比运到巴尔的摩高出4美元。卡车运输公司往往试图把纽约港的拥堵所造成的成本转嫁到客户的头上,也就是说,同运货到曼哈顿的其他地点相比,运货到码头时他们会每吨多收60~80美分;联邦海事委员会因此接到了大量的投诉。[9]

然而,纽约港还有很多其他的问题是他们自己造成的。在1915~1945年这30年的劳工平静过后,劳工动乱在战后成了家常便饭。在1945年、1947年、1948年、1951年和1954年,罢工都曾经导致部分或全部的码头关闭。1945~1955年,在整个纽约港得到法律认可的国际码头工人协会既要与全国海事工会作战,又要同美国劳工联合会(AFL)斗争。1953年,美国劳工联合会以腐败的罪名驱逐了国际码头工人协会,并随后成立了新的美国码头工人联合会,试图取而代之。在公共装卸人被取缔之后,卡车司机工会试图把码头上的卡车装卸权据为己有,结果引发了1954年卡车司机与码头工人之间的暴力冲突。在个别码头上，未经工会允许的罢工时常发生，直到国际码头工人协会在赢得了一系列的选举之后，于20世纪50年代的后期重新夺回了控制权。这时的国际码头工人协会得到了航运界的支持，因为航运业者宁肯忍受一个腐败但还算可靠的谈判对手，也不想看到由于不同工会组织相互竞争，导致没完没了的冲突。在整个20世纪50年代，纽约港巨大的罢工风险促使发货人转向了其他港口。[10]

犯罪行为也迫使发货人远离了纽约港。偷盗货物的行为非常猖獗；大多数的商品都包装在小箱子或柳条筐内，所以偷出手表、酒类或者别的什么商品并不是特别困难。在纽约州长托马斯·德威的督促下，纽约市和新泽西州在1953年联手成立了码头区委员会，通过取缔公共装卸人并控制码头上的雇用而沉重地打击了敲诈勒索。码头区委员会有意地想减少码头工人的数量，从而提高他们的收入，希望这样一来他们就没必要经常偷盗货物了。然而，即使是在码头区委员会彻底驱逐了670个有前科的码头工人之后，也仍然还有1/5的码头工人有犯罪记录。偷盗货物的问题仍旧非常严重，以至于港务局和纽约市政部门都拒绝协助拍摄一部詹姆斯·卡格尼主演的喜剧片，生怕片名《千万别小偷小摸》(*Never Steal Anything Small*)会让观众对他们留下坏印象。[11]

如果说陆路运输成本、劳工问题和犯罪还不足以吓跑通过纽约的航运业务的话，那么这里还有纽约港设施破旧的问题。罗斯福大街上的东河码头建造于19世纪70年代，西二十六大街上的哈得逊码头建造于1882年，克里斯托弗大街上的市立码头建造于1876年。这些以及许多类似的码头，都像细长的手指一样伸入港口。这些码头的设计对象都是老式的船只，它们可以在深水航道中回转九十度，船头朝着岸的方向，一连好几天停在码头里。有些码头甚至窄得让一辆大卡车都无法掉头。为了获得租用这些过时设施的特权，轮船公司每年要为每平方英尺的租用面积支付0.96~2.00美元，这是其他东海岸码头现行费率的3~6倍。1947年，纽约已经启动了一项翻新码头并增强其防火性能的计划，但是市政官员们认为修建新码头的高成本是无法承受的。很多码头简直已经坍塌在水里了。废弃的木桩以及漂浮在水中的码头残骸既难看又阻碍航行。"到了1980年，我们将很难在一座捕鲸博物馆中为满足1870年要求的、早在1920年就已废弃的码头找到空间。"港务局的常务董事奥斯汀·托宾在1954年评论说。[12]

尽管名字叫纽约港务局，但是实际上，这个机构很晚才介入航运事务。自1921年成立以来，这个机构的主要活动一直是建造并管理桥梁和隧道；他们最初曾试图整顿纽约地区混乱的铁道线和枢纽站场，但他们的努力被铁路公司挫败了；从此之后，港务局就不再插手货物运输了。[13] 但是，正如政治学家华莱士·塞尔和赫伯特·考夫曼在1960年所指出的，包括港务局在内的纽约各政府机构所享有的独立性和广泛的政治支持，鼓励他们"为各自的能量寻找新的发泄出口"。20世纪40年代，纽约和新泽西的两位州长都要求该机构插手航运，只是出于完全不同的原因。纽约州长德威认为港务局或许能够把有组织的犯罪从码头上根除，而新泽西州长沃尔特·埃奇则想让港务局发展港口在新泽西一侧的码头。托宾和港务局的主席霍华德·卡尔曼看到这是一个好机会，于是欣然领命；他们心里的算盘是，承担一些港口工程可以为港务局向梦寐以求的机场业务扩张提供支持。[14]

1947年，纽约世界贸易自治机构，一个得到了重要商业领袖支持的新的州政府机构，提出要接管所有的市立码头并随后收购所有的私立码头以及码头区的仓库。纽约州长威廉·奥德怀尔拒绝了这个计划，并要求港务局治理市立码头。在经过了三个月的研究之后，港务局提出发售价值11 400万的收益债券，筹资建造13个新的轮船泊位、4座火车轮渡站场以及1座150万平方英尺的农产品集散站场，同时向市政当局支付每年500万美元的租金。这可不是一项小工程：总金额（相当于2004年的9亿美元）已经超过了纽约市政在过去数十年里对其码头的投资。这个建议很快就遭到了猛烈的抨击。国际码头工人协会反对，纽约市管理这些码头的航运和航空管理局也强烈反对；1947年，为了阻止港务局接管两座重要的市立机场，他们已经发动了一场痛苦而又失败的战争,现在,他们不想再放弃自己的又一项职能。最重要的是,纽约市的政客们不希望港务局插足他们的势力范围。市政官员们都深信,这些码头是潜在的金矿,而不是严重落后的基础设施。正如当时曼哈顿区的区长、纽约市治理评估委员会的成员罗伯特·瓦格纳后来质问的:"这些码头还在赚钱;他们为什么不去接管卫生部门呢?"评估委员会在1948年驳回了港务局起初的提议,随后又在1949年拒绝了他们修订后的计划。[15]

尽管纽约的市政官员认为没有港务局的参与他们也能完成码头的现代化,但新泽西州陷入财务困境的纽华克市根本就不抱这种幻想。纽华克赔钱的市立码头处于实体坍塌的状态。1947年年底,纽华克市同意将他们的码头(以及机场)租给纽约港务局。1948~1952年,该机构投入了1 100万美元来疏浚航道和重建码头。之后,他们又宣布要在新泽西一侧建一座最大的枢纽站场,这是给将要从港口对面的布鲁克林搬来的沃特曼轮船公司设计的。沃特曼公司的枢纽站场将有一座顺着海岸延伸1 500英尺的码头,可以提供更迅速的停泊和更方便的装船,这是纽约市的码头无法匹敌的。看着纽华克的码头建设以及一家重要轮船公司的叛逃,纽约的市政当局提出或许终究他们应该放弃港口。"有时候,港务局的码头控制计划看起来对我们是有利的,"《纽约世界电信报》(*New York World-Telegram*)发表社论说,"再一次的拒绝可能仅仅意味着,市政当局是出于政治目的而死死抓住码头区的控制权不放。"港务局的一位发言人声称,他们无意再次开始与纽约市政的谈判。[16]

1953年年底,当沃特曼公司的枢纽站场接近完工时,港务局首先听说了麦克莱恩卡车运输公司很想在纽约港建一座货运站场的消息。一家卡车运输公司想租用最抢手的码头用地,这是一件很奇怪的事情,而他们居然还打算把卡车直接开上船,这就更加出人意料了。不过,他们来得正是时候。港务局的官员们渴望吸引来更多的业务,以巩固纽华克港的成功,而且,也只有他们最有可能满足麦克莱恩卡车运输公司的需求。在纽华克的码头区,港务局可以提供卡车集结所需的空间、邻近的铁路线以及连接新泽西收费高速公路的方便通道。由于具备发行收益债券的能力，所以港务局就有办法为所有必需的新设施筹集到建设资金。所有这些优势都是纽约市不能比的。马尔科姆·麦克莱恩与港务局的航运站场主管莱尔·金很快就达成了一笔交易。[17]

港务局继续发挥其在新码头区的力量。在与麦克莱恩签约之后，他们又打算为纽华克港的橡胶进口商建一座货运站场，预期的承租人会从布鲁克林拥挤的地区搬来这里。1955年年中，通过收购布鲁克林码头区私人所有的两英里地段，港务局终于在港口的纽约一侧有了立足之地。以前他们曾经两次拒绝收购这一地段的码头，但是现在他们认识到，这次收购在政治意义上是恰逢其时。显示他们对布鲁克林的兴趣，这为他们在新泽西的另一项投资打了掩护：1955年11月，港务局在纽华克投入930万美元，为诺顿利利公司修建了一座4泊位的货运站场，促使这家轮船公司从布鲁克林搬迁到了纽约港的新泽西一侧。[18]

之后就是所有行动中最激进的一步。1955年12月2日，新泽西州州长罗伯特·迈纳宣布，港务局将开发纽华克港正南450英亩私人所有的沼泽地带。作为当时美国最大的港口工程，新的伊丽莎白港最终将能同时容纳25艘远洋轮船，这将让新泽西州能够处理纽约港所有普通货物的1/4以上。以前港务局对伊丽莎白的沼泽地没有多大兴趣，不过，麦克莱恩要把卡车的拖车装上船的设想彻底改变了港务局的看法。现在，港口规划师们预见到沿海航运将出现复兴，而新的伊丽莎白港将有宽敞的码头和岸上地区，可以"方便大型的航运集装箱在经过特殊改装的轮船上装卸"。这里可能连一座中转货棚都没有，而中转货棚恰恰是码头建筑中最昂贵的部分。第一艘集装箱船还没有开航，但港务局正在清楚地表明，集装箱航运的未来在纽华克，而不是在纽约。[19]

港口新泽西一侧热火朝天的景象引起了纽约市的恐慌。过去，新泽西的码头一直是以死气沉沉而著称；通过纽华克港的货物主要是木材，其流量仅占整个20世纪40年代纽约港口非石油货物量的几个百分点。然而，随着轮船经营者从纽约迁出，新泽西这边的市场份额肯定会增长。在普通货物的总量不变的情况下，新泽西这边处理的货物增加一吨，纽约那边处理的货物就会减少一吨，纽约市的就业机会也将随之流失。[20]

对纽约的政客来说，这道简单的加减法是一个棘手的难题。罗伯特·瓦格纳曾经在曼哈顿区做了多年的区长，他非常熟悉那里的码头。在让众多的工会和族群结成了一个格外广泛的联盟之后，他在1953年当选了纽约市的市长。他未能争取到的一个主要集团是意大利人，他们几乎都把票投给了当时在任的市长文森特·因佩利特里。1954年年底，瓦格纳在公布的首个基建预算中把航运和航空管理局的支出猛增到了1 320万美元，超过了以前的两倍，之所以这样做，他的一个动机或许正是要争取为大多数码头工人提供就业的雇主的支持。激烈的口水仗很快就开打了。1955年夏天，航运和航空管理局的局长文森特·奥康纳指责港务局不顾"纽约市决心不把宝贵的码头区地产交由港务局控制"的事实，"蓄意破坏纽约市想靠自身的力量来解决码头区难题"的努力。奥康纳是一个与国际码头工人协会关系很密切的律师，他也担心码头区就业机会的流失。1955年9月，市长瓦格纳把码头重建与教育、运输和人口控制一起并列为资本开支的四项首要内容。[21]

对码头区的担忧也传播到了纽约州的首府奥尔巴尼。纽约州的州长埃夫里尔·哈里曼对纽约市指责港务局以牺牲纽约为代价推动新泽西发展的抗议很敏感，但他也知道，纽约市缺少重建其码头所需的资金。在伊丽莎白港的修建计划宣布了一周之后，哈里曼的一个高级助理乔纳森·宾厄姆（他还曾经是瓦格纳的竞选演讲撰稿人）打电话给托宾的副手马赛厄斯·卢肯斯和港务局的主席霍华德·卡尔曼，告诉他们州长对诺顿利利公司从布鲁克林搬到新泽西"感到担忧"。"他还表示说，他认为我们不应该花这么多的钱来抢走纽约市的业务。"卢肯斯在其文件的机密备忘录中写道。据卡尔曼说，"宾厄姆说他完全理解纽约这些码头的处境非常糟糕，但他不认为州长应该公开地站出

来说纽约港务局该接管它们。"²²

1955年，集装箱还没有成为现实，再加上马尔科姆·麦克莱恩完全是航运业的外来者，所以这时他的计划还没怎么引起注意。由于市长瓦格纳决心保住纽约的航运业，奥康纳提出了一个建设新码头和中转货棚的6年计划，纽约市就此开始对码头区投入大量的资金。1956年的基建预算给码头区的建设划拨了1 480万美元，作为总投入估计将达1.3亿美元的港口计划的启动资金。这些计划都是20世纪50年代中期的水平：码头与海岸线平行；客运站场与货运站场处在不同的高度上；铺砌的甬道让卡车可以倒着开上中转货棚在陆地一侧的装卸平台。这里还将建起5座新的仓库，用于处理靠驳运穿过港口的铁路货物；还有一座巨大的新站场，是为丘纳德公司跨越大西洋的定期客轮准备的。在这些工程当中，最引人注目的就是一座带有客货站场的新码头。这座码头耗资1 700万美元，是给荷兰—美国轮船公司修建的。这家已经在新泽西经营了66年的轮船公司将逆潮流而动，从新泽西搬到曼哈顿，这显然是想抽港务局一记响亮的耳光。²³

在经过了几十年的通货膨胀之后，原始数字已经不足以说明纽约市这些计划的规模。按照1956年的物价水平来计算，瓦格纳的六年港口重建计划将耗资1.3亿美元，相当于2004年的8亿美元。在美国的西部，发展中的洛杉矶港在1945～1955年这10年中才为港口建设投入了2 500万美元，而照瓦格纳的计划，仅仅为荷兰—美国轮船公司修建站场就要花掉1 700万美元。

当然，这些计划没有一项能很好地解决纽约市码头区的根本问题。同其他的港口比起来，这里的成本毫无竞争力。根本性的地理缺陷依然存在。新的驳运站场可能会让到纽约的铁路货物的处理变得容易一些，但是对于要装到一艘离港船只上的铁路货物来说，还是得先靠驳运穿过港口，卸到一个码头上，然后再重新装到离港的远洋轮船上。开往码头的卡车还是得在霍兰隧道和林肯隧道以及码头附近的拥堵中煎熬。另外，重建的码头当然也不会对港口的劳工问题有丝毫的影响，而这些问题是如此严重，以至于在国际码头工人协会的成员能否拥有雇用优先权的问题上，各方的争论让一个首批重建完成的码头推迟了很久才重新开张。1955 年夏天，奥康纳直截了当地告诉国际码头工人协会的领导者，他们的惯例"对纽约市想要在某些地区出租好码头的努力来说是一块绊脚石"。[24]

瓦格纳自己的城市规划委员会也怀疑奥康纳的港口工程，他们建议重新开始谈判，把码头转让给港务局，他们觉得，"港务局能够保证港口的进一步开发和利用，并给纽约市的经济带来利益。"市长没有回应。大规模的建设是瓦格纳任期的一个标志；他不打算把码头区的重建交给一个他无法控制的机构。瓦格纳与隶属工会的工人关系密切，而纽约市的工会领袖恰恰害怕港务局的接管将意味着某些码头的废弃。瓦格纳在纽约的政界缺乏族群基础，"在纽约，参加选举投票的德裔美国人没有多少。"当时很有影响的黑人政治家托马斯·拉塞尔·琼斯回忆说。因此，对瓦格纳来说，在依赖码头区工作的黑人、爱尔兰人和意大利人社群中寻求支持就显得至关重要。在这一点上他取得了成功：1957 年，当他首次竞选连任时，他赢得了意大利裔纽约人大约一半的选票，大大超过了 1953 年。工商企业也都支持港口的整修努力。大通银行的戴维·洛克菲勒发起了一个新的民间团体，即中下曼哈顿协会，他们强烈要求除了东河上的 4 座码头以外，下曼哈顿的所有码头都应该保留下来用于商业航运。"我们支持航运和航空管理局当前的计划，主张继续在这一地区寻找合适的码头，并在自立的基础上推动它们的现代化和出租。"这个协会在发布于 1958 年的初始计划中这样写道。[25]

港口支出占到了空前的比例。1957 年 9 月，三井轮船公司同意搬到布鲁克林一座耗资 1 060 万美元的新建市立站场去，而荷兰—美国轮船公司也与纽约市签了一份 20 年的租约，租用了曼哈顿的一座新站场。到了 1957 年，奥康纳预计码头区的投资将达到两亿美元，相当于 2004 年的 14 亿美元。建议把码头卖给港务局的言论平息了。对托宾和金来说，他们已经深信集装箱才是未来，港务局已经对接管纽约市的码头失去了兴趣，那里永远也不会具备适合于集装箱的土地面积或交通衔接。尽管港务局还在继续实施既定的计划,要把布鲁克林的27座破旧码头变成12座现代化的码头,但是他们明白,他们必须和时间赛跑,力求能在集装箱航运让重建的码头变得过时之前收回投资。"我们已经知道,我们在布鲁克林建造的东西将能够收回投资,但那不是未来。"当时港务局的港口规划负责人盖伊·托佐利回忆说。让港务局更为关注的是,纽约市正在发动一场可能压低码头租金的补贴战。托宾抨击纽约市与荷兰—美国轮船公司的租约"绝对不合理";他声称,这份租约包含了一笔每年45.8万美元的市政补贴,导致了"通过补贴私有航运业者来暗中压低既定的码头租金水平的新政策"。奥康纳反击说,"港口章鱼"正在挥舞"它们的一切宣传触手,试图阻挠市政当局把码头区保留在全体市民的控制之下,迫使当局把码头区交给它们这样一个靠漠视公共责任起家的机构。"26

与此同时,城市规划委员会正在宣扬这样的观点:说到底,纽约港可能并不是纽约市的未来。他们想在下曼哈顿的东河沿岸盖写字楼和住宅楼;1959年他们提出,重建废弃的航运码头并不能最有效地利用宝贵的码头区土地。奥康纳进行了回击。他先是争取到了罗伯特·摩西的支持,此人是纽约市很有影响的公共用地管理局局长,也是城市规划委员会的成员。接着,奥康纳直接对城市规划委员会进行了抨击。他写道:"城市规划委员会认为,判断纽约港的潜力必须要根据它最近的状况,而不是根据对其前途的乐观预期。他们精心编造的这种主张,恰恰是消极而非积极规划的例证。这种论调看起来与纽约的发展势头很不协调。"27

不用说,纽约市的大量投资都已经浪费了。1955年,当奥康纳第一次提出新建5座货运站场来处理横穿港口的驳运货物时,这里的驳船在新泽西与纽约市的码头之间运送的货物量是950万短吨。⊖ 到了1960年,当纽约市已经在新的驳运站场上面花掉了1 000万美元之后,原来950万短吨的驳运货物量已经蒸发了1/3,而且这种迅速减少的趋势不可阻挡。哈德逊河上重建的57号码头是为格雷斯轮船公

⊖ 1短吨等于2 000磅。——译者注

司的客货混载业务定制的,已经够现代化了,但是航空旅行的迅速扩张让这个码头几乎还没开张就已经废弃了。很显然,单靠新码头不足以维持纽约市的港口贸易模式。几乎没有引起纽约市政官员们注意的集装箱,将要成为促使这种模式崩溃的最后一击。[28]

在泛大西洋公司的集装箱业务启动后的头 6 个月内,它们每周在纽华克和休斯敦之间运送 120 只集装箱。泛大西洋公司在纽华克的货运站场已经变成了繁忙的转运中心,在那里,码头工人把零散的货物合并后装满集装箱。在 1957 年早期,也就是差不多刚刚运营了 9 个月之后,泛大西洋公司已经把在纽华克租用的场地面积增加到了最初的 12 倍,用来存放集装箱和底盘。一项政府资助的研究发现,集装箱航运的每吨成本要比传统航运低 39% ~ 74%。在这之后,当航运企业的高管协会螺旋桨俱乐部召开 1958 年的大会时,他们用了一整天的时间来讨论集装箱。没有人能怀疑传统航运很快就会陷入困境。[29]

随着集装箱货运量的猛增,纽华克港的好运也汹涌而来。1956 ~ 1960 年,纽华克的货物吨数翻了一番,而纽约那边的吨数则略有下降,这让新泽西这边占港口总货运量的份额从 9% 增加到了 18%。泛大西洋公司在 1960 年更名为海陆联运公司,他们的货运量占到了纽华克港普通货物的 1/3,是整个纽约港所有普通货物的 6%。所有这些都是在一度垂死但现在几乎已经完全迁出了曼哈顿的国内贸易中实现的。[30]

在南面离海陆联运公司的纽华克货运站场只有一箭之遥的地方,挖泥船和推土机已经在建造伊丽莎白港了。在规划了两年之后,在克服了谨慎的当地官员的反对之后,港务局在 1958 年开始了大规模的工程建设:一条长 9 000 英尺、宽 800 英尺、深 35 英尺的航道,直接对着纽华克港;数千英尺的码头前沿;多条铁路线;宽达 100 英尺的快车道。港务局的规划师们预计,伊丽莎白港每年将能处理 250 万吨的集装箱货运,是当时纽华克港的 4 倍。这与纽约市的码头重建有着明显的差别。在 1961 年的一次演讲中,谈论纽约市港口开发的奥康纳根本就没提到"集装箱"这个字眼儿;他正在建设的那些码头就是为运送混杂货物、旅客和行李的轮船设计的。相反，伊丽莎白港从一开始就是作为集装箱港口来设计的。对纽约来说幸运的是，在沼泽地上建设要求港务局得先挖掘航道，再把挖掘出来的土石填到码头区，最后还要等填入的土石沉降。码头和车道直到1961年才开始建设；到了这时，马尔科姆·麦克莱恩的集装箱计划已经有了进一步的发展。在最终建成时，伊丽莎白港的首批泊位各个都紧挨着一块大约18英亩的铺砌场地，以求削减把集装箱从储存地点搬运到船上的成本。港务局的期刊解释说，"这种设计让拖车能以'流水线'的方式连续不断地开到船旁。"31

海陆联运公司在伊丽莎白港的新站场于1962年投入使用，其运营规模对纽约市来说是难以想象的。在麦克莱恩的活动下，政府已经批准他们运营从纽华克经巴拿马运河前往西海岸的航线，海陆联运公司的货运量因此迅速飙升：1962年，纽约港处理的国内普通货物超过了1941年以来的任何一年。这些货物差不多都是经过海陆联运公司在新泽西的码头运送的，几乎没有经过纽约市的。在这里，20世纪50年代早期冷清的港口停靠正在成为回忆。纽约市的新码头所面向的集装箱和散件货的混载是一种经济消耗，因为处理非集装箱货物所需的额外港口成本完全抵消了集装箱运输所带来的节约。因为没有空间可以存放大量的集装箱和底盘，也没有办法处理大量进入码头的卡车和列车，所以纽约市的码头毫无竞争力。

就整个港口来说，集装箱运输在1962年仍然仅仅是一出穿插上演的小节目。集装箱货物仅占纽约港所有普通货物的8%，而且全都是在国内贸易中。港口的国际货物量还都留在曼哈顿和布鲁克林，都不是以集装箱的形式运输的。但趋势对纽约市来说是不利的。随着海陆联运公司在加勒比地区不断地扩张，原本在布尔轮船公司的控制下流经布鲁克林码头的岛屿货运，渐渐地转向了海陆联运公司在伊丽莎白港的综合大楼。在1964年，新泽西在纽约港普通货物中所占的份额已经达到了12%。

尽管纽约市又进行了更为巨大的投资，包括耗资 2 500 万美元为美国轮船公司订购的高速轮船修建了一座新码头，但纽约市这些码头的前景仍然是一天比一天黯淡。航运和航空管理局又请求再为 1964～1965 年的码头建设投入 4 000 万美元。看到自身已经没有希望继续独霸市区海岸线的使用权，国际码头工人协会就建议说，曼哈顿码头区的新开发项目应该把码头与公寓结合起来。但是，好斗的奥康纳已经去世了，瓦格纳的任期也剩不了几天了，在这种情况下，城市规划委员会根本不怕与奥康纳的继任者利奥·布朗叫板。"我们认为，试图倒转历史的车轮，在曼哈顿的码头区再浪费两英里的地段来建造更多的货运码头，这样的计划既不必要，也不值得，甚至根本就不可行。"城市规划委员会在 1964 年警告说。不管怎么说，纽约的根本问题一直没有得到解决。航运企业的高管们还在继续抱怨码头上卑劣的腐败，以及"陆上与水上运输业者之间的货物移交中存在的混乱"。新的建筑和设施不足以把轮船公司吸引到纽约这边的码头上来。[32]

随着集装箱航运变成国际业务，纽约港务局也在不停地扩张。到了 1965 年，已经有 6 家公司宣布他们将在 1966 年启动通往欧洲的集装箱业务，并预订了很多艘新轮船。至于能否在曼哈顿甚至布鲁克林处理这项业务，这已经无须再争论了：只有伊丽莎白港有足够的空间能够满足这项业务对集装箱设施的要求。

1965 年下半年，港务局加快了伊丽莎白港的扩建，新建了 5 座码头以及 65 英亩的铺砌储存区域。当时，有不少于 7 家的轮船公司表示有意离开纽约市过时的码头，搬到这边的伊丽莎白港来。仅仅过了 10 个月，港务局就又开始了新一轮的扩建，而这将让伊丽莎白港具备同时处理 20 艘集装箱船的能力。集装箱的发展势头如此强劲，以至于港务局已经不必再假装曼哈顿和布鲁克林会恢复它们在航运领域中的地位了。"在设想纽约港今后的 10 年时，我们丝毫不会怀疑将有大量的货物必须从纽约市所在的港口中心转向纽华克和伊丽莎白这一带，"港务局的航运主管莱尔·金对一群电视观众说。"事实上，他们自己现在也都这么说，而且他们也为新的集装箱船制定了计划。"后来，纽约的官员们请求港务局在布鲁克林和斯塔滕岛修建集装箱站场，而作为回报，他们将允许港务局在纽约市盖起世界贸易中心。但是，他们只争取到了这样的承诺：港务局会给予更密切的关注。至此，正像纽约市的舆论制造者们所担心的那样，对于纽约港来说，重新把家安在新泽西已经变得非常值得考虑了。"作为两州共同成立的机构，港务局必定会把纽约港看成是一个实体，并根据地理和经济因素来布置纽约港的设施，而不会根据政治因素。"《纽约时报》(New York Times) 感叹说。33

数字可以告诉我们纽约港的故事。1960 年，由于只有海陆联运公司可以运送集装箱，所以集装箱装运的货物占纽约港普通货物总量的比例还不到 8%，超过 3/4 的普通货物仍旧要流入布鲁克林和曼哈顿。在 1966 年，由于伊丽莎白港的一期工程已经投入使用，纽约港的普通货物有将近 1/3 流经了新泽西的码头，有 13% 利用了集装箱航运。"纽约港——美国的集装箱之都"变成了港务局在全世界的广告语。金融界已经开始公开地谈论可以在曼哈顿的码头区落脚的其他"值得投入的活动"，比如盖公寓楼、建小型船只码头等等。曼哈顿的码头已经变得如此沉寂，以至于连国际码头工人协会的一个官员也挖苦当时的航运和航空管理局局长利奥·布朗，说他"实在是一个相当出色的停车场管理员"。34

纽约市的码头工人和政客进行了抵抗，他们试图阻止世界贸易中心的开工，并派出了纠察队去封锁市政厅。"如果港务局可以把钱投到伊丽莎白和纽华克，为什么他们就不能花一些在纽约，给我们创造一些永久性的就业机会，来补偿布鲁克林的海军船坞搬迁所造成的工作岗位流失呢？"约翰·林赛手下的副市长罗伯特·普赖斯在 1966 年发问说。他说，这实在很不公平："纽约市处理着 2/3 的远洋货物，但却只得到了港务局 1/3 的投资。"作为回应，港务局只是许诺相对现代化的布鲁克林码头将继续处理散件货物，尽管"随着散件业务的逐渐萎缩，新的传统码头将不太可能在不远的甚至遥远的将来开工建设。"35

尽管林赛的追随者还在虚张声势，纽约市的官员却已经认识到，曼哈顿的码头没有前途。1966年，公共用地管理局的局长托马斯·霍文请求政府批准把格林尼治村的42号码头改作娱乐用途；多次抗议未果，航运和航空管理局被迫让出了该码头靠上的部分。到了第二年，有12家航运业者把他们的首批订单确定为庞大的纯集装箱船，其中有多达64艘的集装箱船已经在建造中了。港务局四处宣扬说有一项研究表明，纽约港有75%的普通货物可以用集装箱来运输。当国际码头工人协会的曼哈顿分会试图面见林赛，要求市政府修建新的码头来挽救他们的就业机会时，甚至连新任的航运和航空管理局局长赫伯特·哈尔伯格都建议说，"就目前航运业的需求而言，按照他们所要求的数量在曼哈顿修建航运站场，这既不是合理的经济规划，也不是合理的城市规划。"[36]

通过收买瓦格纳在任时的航运和航空管理局局长文森特·奥康纳去为码头建设游说，国际码头工人协会已经为保住老港口作出了最后的抵抗。奥康纳曾经递交了一份计划，建议在下曼哈顿修建一座轮船－铁路－卡车的综合站场，并在大楼的屋顶上铺设简易的飞机跑道。还有一项计划提出要利用自动停车库的技术，在东河上修建一座"垂直码头"，用来把集装箱从船上提升到高空中的储存空间里去。诸如此类的荒诞设想毫无用处。"除了少数的例外，几乎所有在纽约港经营集装箱航运的大公司都把船停泊在伊丽莎白港。"港务局在1969年报告说。1970年，当修建一座新的客运站场的提案成为重点时，林赛总算决定了要让纽约市脱离港口的经营。"亲爱的奥斯汀，"他用几年前还无法想象的语气给港务局的主席托宾写道，"在慎重地考虑了所有可能的选择之后，我相信最有能力建设和经营码头区站场的机构就是港务局。"新的客运站场最终将建在曼哈顿，但是，纽约港务局不久就更名为纽约和新泽西港务局，而当他们决定在远离纽约市的地方再建一座新的大型港口时，纽约市政府没有再次发出反对的声音。[37]

随着集装箱不断地排挤传统的轮船，1970年，新泽西在纽约港的普通货物中所占的份额达到了63%。两年之后，总共有549 731只集装箱流经了新泽西的码头。然而在纽约市，我们只能看到毁灭。

1965～1970年，港务局在布鲁克林码头的货运量下降了18%。"集装箱在挖掘埋葬我们的坟墓；我们无法靠集装箱为生。"国际码头工人协会的主席托马斯·格利森抱怨说。他的话不算太离谱儿，1963～1964年，曼哈顿的雇主们雇用了140万人次的码头劳动力；1967～1968年，雇用人次减少到了不足100万；1970～1971年，雇用人次跌破了35万；1975～1976年，这个数字已经下降到了127 041，在12年里，码头区的就业机会锐减了91%。在曼哈顿，1964年从事航运货物处理的就业岗位（包括办公室工作）总数为19 007个，而到了1976年就只剩下了7 934个。由于有港务局的投资，布鲁克林的情况要好一些，但也没能维持很久。在曼哈顿码头区漫长的就业流失开始了两年之后，布鲁克林也遭遇了同样的命运：雇用人次在1965～1966年是230万，1970～1971年减少到了160万，1975～1976年就减少到了只有93万。等到码头区委员会于1971年关闭了他们设在布什码头的职业介绍所时，那里以及布鲁克林军港邻区的就业机会已经在10年内锐减了78%。布鲁克林一度强盛的货物处理行业，如今已经名存实亡。[38]

与此同时，新泽西这边的增长超出了所有人的预测。各家装卸公司和轮船公司都在抱怨劳动力的短缺。1973年，有40家轮船公司在经营从纽华克港和伊丽莎白港出发的航运。尽管集装箱运输的效率很高，但新港口的不断扩建还是促使雇用人数在1963～1970年间增加了30%。

到了20世纪70年代中期，纽约市的码头大多已经成了回忆。1974年，驳船运送的待装船货物总量为12.9万吨，还不到1970年的10%，仅为1960年的2%。布鲁克林还剩下一些航运，但20世纪50年代后期彻底重建的6号、7号、8号码头（因其承租人的身份而被称为"小日本"），在日本人的航运公司搬去新泽西之后就彻底闲置了。布尔轮船公司的波多黎各业务是布鲁克林码头的支柱，但该公司的业务一直急剧萎缩，终于在1977年彻底关门。在第十四大街的北边，哈德逊河旁那座有4个码头的综合站场是在1963年为美国轮船公司重建的，如今已经无人租用，变成了一座勾起纽约人痛苦回忆的纪念碑，时常会让他们想起纽约市因为不肯接受其港口时代已经终结的事实而付出的惨重代价。多年以后，当新的承租人终于出现时，切尔西码头已经有了完全不同的用途：休闲娱乐。[39]

码头的减少影响到了整个纽约市的经济，尤其是在布鲁克林最贫穷的街区。1960年，在布鲁克林的836个人口普查区中，只有23个区里从事卡车运输和航运业的劳动力不超过10%。在地图上，这些普查区构成了一个与码头区平行的地带，从北边的大西洋大道一直延伸到南边的日落公园。这些街区有很多的共同点：以意大利人为主的大量移民；低收入；非常低的教育程度。在南布鲁克林的第67号普查区，有57%的成年人只上了不到8年学。在如今叫做"卵石岗"的第49号普查区，有64%的成年人教育程度不超过8年级。南布鲁克林的第63号普查区有1 071名雇用工人，其中只有4个人上过大学。到了1970年，整个布鲁克林的运输业工作岗位急剧减少，人口数量也随着直线下降。从几年后进行的一次住宅调查中可以看出这里工作岗位流失的严重程度：与码头区相邻的日落公园和温莎坪地区有10万多居民，但在1975年这里却连一座私有住宅都没盖。[40]

货物处理的革命对码头以外的运输和递送工人也有很多可怕的影响。1964~1976年，全国范围内从事卡车运输和仓库搬运的工人数量增加了，但是在纽约，1970年以后这些工人的数量就急剧减少了。随着在纽约市停靠的轮船越来越少，到码头接送货物所需要的卡车也就越来越少。中转仓库要么被废弃，要么就改为了只需要很少劳动力的其他用途，比如停车场。一种完全不同的货物配送模式已经成了主流。装满出口货物的密封集装箱被送到纽华克港和伊丽莎白港，在那里，它们被露天堆放，直到待装的轮船进港；只有远远不够一只集装箱的少量货物，才需要在仓库中进行分拣合并，凑成一整集装箱。进口集装箱被直接从码头拖出来，运送到新泽西中部和宾夕法尼亚东部的大片场地上新建的单层仓库里。在那里，企业既可以享受到较低的劳动力成本,又可以得益于方便出入码头且日益发展的超级高速公路网。在这些地区,卡车运输和仓库搬运的就业情况要远比纽约更接近全国的趋势。

作为纽约的传统优势行业,批发业也遭受了重创,尽管在全国范围内批发业的增长势头非常强劲。假如曼哈顿和布鲁克林的就业变化与这些行业在 1964～1976 年的全国趋势接近的话,那么这两个行政区本该增加了 20 万个就业机会,而且其中的大多数都适合于体力工人或办事员。然而实际情况正相反:纽约在这些与港口相关的行业中流失了 7 万多个就业机会,尽管在全国范围内类似的就业增长了 32%。

集装箱所导致的运输成本的变化也打击了纽约的制造业:不仅减少了工厂最底层的工作岗位,而且随着工厂搬出纽约,这还减少了相关的卡车运输和配送工作。20 世纪 50 年代中期,也就是集装箱被广泛使用的 10 年之前,纽约市的工厂就业就已经开始下降了,尽管直到进入了 20 世纪 60 年代纽约还保留着健壮得令人惊讶的制造部门。1964 年,纽约市的 5 个行政区有 3 万多家制造企业,雇用着将近 90 万名工人。纽约市的制造厂有大约 2/3 在曼哈顿,以服饰和印刷企业居多。制造部门平稳地度过了 1967 年,随后就突然地崩溃了。1967～1976 年,纽约市损失了 1/4 的制造企业和 1/3 的制造业工作岗位。这种制造能力削弱的范围非常广泛,47 家重要的制造企业有 45 家都经历了两位数的就业率下降。[41]

工业的损失有多少可以归咎于集装箱呢?没有一个确定的答案,因为在 20 世纪 60 年代的晚期和 70 年代的头 5 年里,集装箱运输仅仅是影响制造业的众多因素之一。这一时期有很多条高速公路竣工通车,而这让广阔的郊区向工业发展敞开了大门。纽约的高电力成本也赶走了一些工厂。向南部和西部的人口迁移加快了,这也使得纽约的工厂未能有效地服务于扩张中的市场。20 世纪 70 年代早期的经济衰退导致了全国范围内制造业就业的下降,而纽约一些老式的工厂往往设在破旧的大楼里,缺少扩建或重建所需要的土地,它们自然无法躲过这种行业萎缩的冲击。

然而，有一点可能是毋庸置疑的，那就是集装箱运输消除了一个在纽约市经营工厂的关键理由：便捷的航运。对服务于国外或遥远国内市场的制造商来说，在纽约设厂长期以来为他们提供了运输成本的优势，因为同在内陆地区相比，在这里把产品从工厂运出并装上船要简单、快捷得多。集装箱轻而易举地改变了这种局面。现在，一家企业可以放弃他们在布鲁克林或曼哈顿拥挤的多层工厂，转而在新泽西或宾夕法尼亚新建一座现代化的单层工厂。在新的基地，他们可以享受到更低的税收和电力成本，而且把一集装箱的货物送到伊丽莎白港，他们需要付出的成本要比在布鲁克林或曼哈顿低得多。实际情况也正是这样：随着企业接二连三地逃离，纽约市1961～1976年流失了大量的制造业工作岗位，而其中有83%的岗位转移到了宾夕法尼亚州、纽约市北部或者康涅狄格州。[42]

1962年，布鲁克林的海滨地区仍旧分布着很多码头，码头上仍旧挤满了船只、巨大的中转货棚以及离码头一箭之遥的多层工厂大楼。这里曾经是全国最大的制造业中心之一，但航运业在整个20世纪60年代都在向新泽西转移，布鲁克林海军船坞也在1966年关闭了，这两样合在一起就加速摧毁了这里的工业基础。长期以来人们都知道，布鲁克林在纽约地区的制造业中所占的份额简直大得不成比例，而到了1980年，布鲁克林则是以其在制造业活动中所占的份额小得不成比例而著称。这里的经济状况变得非常糟糕，以至于居民都陆陆续续地离开了。1971～1980年，布鲁克林的人口减少了14%。扣除物价上涨因素之后，这里的个人收入连续8年都在下降。在1986年之前，布鲁克林的工人收入一直都没能恢复到1972年的水平。[43]

对20世纪六七十年代所发生的令人惊讶而又痛苦的经济转变来说，集装箱不是唯一的起因，但却是重要的一个。集装箱技术的发展之快，它对运输行业的影响之大，甚至都远远超出了当时那些最热心的支持者的想象。在集装箱登上世界舞台之后，纽约是第一个将以前所未有的方式面对经济转变的老牌航运中心。

第 6 章

工会的分裂

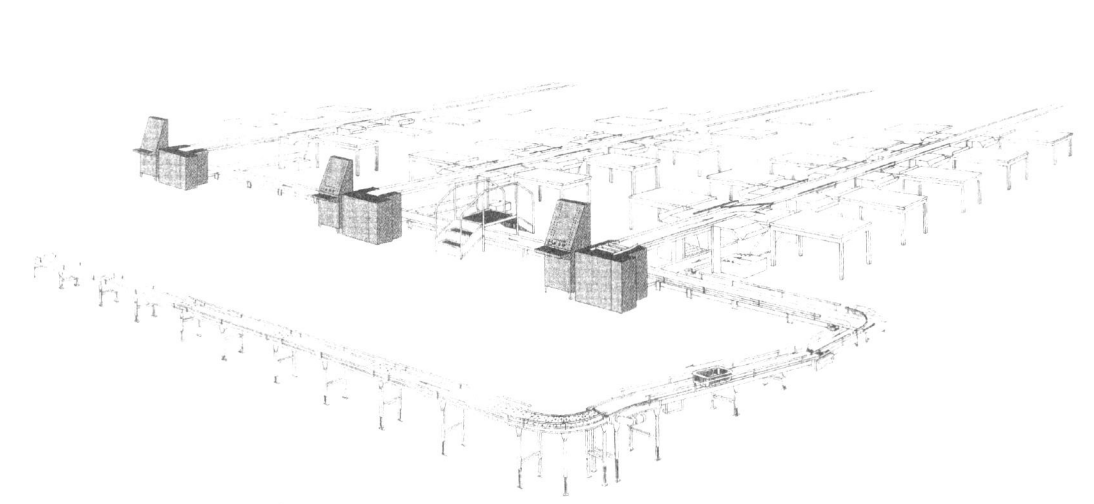

特迪·格利森与哈里·布里奇斯对彼此的反感几乎是发自内心最深处的。格利森出生于纽约的码头区，是一个健谈的爱尔兰人。凭借着个人魅力、亲切的幽默感、持久的耐心以及对腐败的宽容，他把缅因至得克萨斯一带的码头工人团结在了国际码头工人协会的旗帜下。布里奇斯是一个在澳大利亚出生的禁欲主义者，在帮助国际码头工人和仓库工人协会夺回太平洋沿岸港口控制权的残酷斗争中，他所扮演的角色让他成了会员中间的传奇人物。这两个人几乎在任何问题上都意见相左，包括他们的工会该怎样应对自动化给码头工人的工作造成的威胁。自1956年以来的10年间，他们俩一直以非常不同的方式应对一些极其类似的问题。两位领导者都是从一开始就明白，自动化可能会威胁到码头区数以万计的工作岗位，会把海岸劳动（也就是他们会员的劳动）变成近乎可有可无的东西，但他们俩最终却以不同的方式去为各自的会员争取额外的利益，作为他们允许集装箱改造码头区存在已久的生活方式的回报。

自动化最先在纽约成了一个主要的劳资关系问题。格利森先是在纽约管理过国际码头工人协会的一个分会，之后成了协会主席"船长"威廉·布拉德利的第一副手。1954年，代表一些装卸公司和轮船公司与国际码头工人协会谈判本地合同的纽约航运协会提出了一个不同寻常的方案。当时，发货人已经开始把他们的出口货物在木制货盘上捆扎好了才送到码头上来，而他们的目的就是希望把整个货盘作为一个单位来运输。因为货盘在码头上和船舱里更容易用叉车搬运和堆放，所以航运协会要求，工会安排在每个舱口处理这些货盘的一班工人只能有16人，而不能是21或22人的标准定员。国际码头工人协会很快就明白了：这些公司的提议意味着，在一艘有5个货舱的轮船上，码头工人可能会失去多达30个工作岗位。于是工会反对这一方案，航运协会只好作罢。[1]

两年之后，泛大西洋公司在纽华克港的动作起初并没怎么引起工会的注意。像纽约港的其他部分一样，纽华克港的运营也要遵守与国际码头工人协会签订的合同。格利森认识马尔科姆·麦克莱恩，因为早在1939年，国际码头工人协会就已经吸收了麦克莱恩卡车运输公司的一些仓库工人；当"理想X号"在1956年首航时，工会同意装卸泛大西洋公司的集装箱。有些工会领导者清楚地表明了他们对集装箱的厌恶，但国际码头工人协会还有很多更紧迫的烦心事：他们处于内部动乱之中；别的工会再一次企图夺取他们作为纽约码头区唯一工会的地位；他们订立的全港合同到1956年9月30日就期满了；他们正在谈判一份覆盖整个大西洋沿岸和墨西哥湾沿岸的大合同，但目前遭到了资方的强烈抵抗。纽华克港的工会成员都担心，旨在平衡工人收入的工作分配制度很可能保不住了。对位于曼哈顿西十四大街的工会总部来说，这么多紧迫的大事摆在面前，运载着几只集装箱的两艘小轮船自然不是当务之急。另外，正如国际码头工人协会的一个官员后来在国会作证时所说的，泛大西洋公司的新业务不是减少而是增加了码头区的工作岗位。集装箱船的装卸以及少量货物的分拣合并工作，分给了国际码头工人协会的一个黑人分会和一个白人分会，但前提条件是在不需要那么多的21人班组参与装卸时，他们将不会插手。[2]

1956年秋天，当国际码头工人协会与资方谈判新的合同时，自动化成了一个严峻的问题。在观察了麦克莱恩的集装箱业务之后，纽约航运协会试图替雇主争取"对于新业务只按照需要的人数雇用码头工人"的自由。在新奥尔良出现了一个甚至更为不妙的问题：雇主想把码头工作定义为"把货物从码头上的存放地点搬运到船上"，这种描述将把国际码头工人协会挡在集装箱的装填和卸空及其在站场内的搬运等工作之外。这两项提议最终都被放弃了；在进行了一连10天的罢工之后，工会大体上达到了主要目的，就缅因至弗吉尼亚一带的工资和退休金等与资方签订了合同。作为工会在纽约的首席谈判代表，格利森在自动化相关的要求上丝毫不肯让步，但战场已经缩小了。正如一个总统调查委员在罢工后干巴巴地指出的，要求缩小班组规模的提议"是资方与工会之间争论的主题"。[3]

到了1958年，国际码头工人协会已经赶走来夺权的其他工会，有空闲来全力对付自动化了。集装箱航运已经产生了第一笔利润，工会也拉响了警报。"同传统的货轮相比，集装箱船的装卸只需要大约 1/6 的时间和 1/3 的劳动力。"麦克莱恩工业公司在业务运营了两年之后告诉股东们。其他的轮船公司也在研究集装箱，而且与泛大西洋公司不同的是：他们想把少量的货物合并后装入集装箱，从码头运到国际码头工人协会无权插手的内陆地区。这把火是由专做南美贸易的格雷斯轮船公司点起来的。1958 年 11 月，格雷斯公司的新轮船"圣罗莎号"停泊在了哈得逊河上。这艘轮船是特殊设计的：要把集装箱和混杂货物装上船，工人只须推动它们穿过船舷上的门，而不是透过甲板上的舱口把它们吊放进去。以装载方便为理由，格雷斯公司提出每个舱口只雇用五六个码头工人。国际码头工人协会的 791 分会立即拒绝装卸这艘船。由于格雷斯公司不肯让步，国际码头工人协会宣布抵制所有的集装箱（除了泛大西洋公司的），除非它们由工会的会员来装填。该工会在纽约各分会的理事会主席弗雷德·菲尔德愤怒地指责轮船公司"煽动预先包装的集装箱货物"。[4]

随着紧张不断地加剧，国际码头工人协会在 11 月 18 日停工了，并召集了 21 000 多名码头工人到麦迪逊广场花园去听演讲，让他们了解机械化的威胁。工会的领导者要求雇主必须"把利益拿出来分享"，并坚持说他们不会接受班组人数的缩减。这个问题对工会来说至关重要：要是让格雷斯公司得逞了，码头上需要的人手就会少多了。紧张激烈的谈判在 12 月达成了暂时的妥协：国际码头工人协会同意，在 1958 年 11 月 12 日之前使用集装箱的各家公司（包括格雷斯）可以继续使用它们，只要这些公司为轮船的每一个舱口雇用 21 个码头工人。12 月 17 日，港口的劳动仲裁机构发表声明说："在双方的共同努力下，集装箱的问题正在顺利地走向和解。"[5]

事实并不是他们说的那样。关于集装箱使用的谈判在 1959 年 1 月重新开始，但没有取得任何进展。到了 8 月，随着针对东海岸和墨西哥湾沿岸所有港口的新合同开始谈判，双方的争论变得越来越激烈。在涉及纽约港的最重要谈判中，国际码头工人协会强烈要求轮船公司"把自动化的果实拿出来分享"，并表示，愿意从每个班组中减少1～2人。作为回报,他们希望得到6小时的工作日,并要求不管其来源地是哪里,每一个集装箱都得在码头上由他们的会员"清空和填满",也就是说,把货物倒出来然后再装回去。这当然是多此一举,而且会抵消集装箱运输所带来的任何成本节约。几天以后,纽约航运协会拿出一个泛泛的概念作为反击:只要工会不限制雇主利用自动化的自由,作为回报,雇主会保护正式码头工人的工作。[6]

在传统的劳资关系中,如果资方把自动化的权力作为保证工作的条件,那么双方的谈判就会趋于紧张。然而,与国际码头工人协会谈判却意味着打岔的事情没完没了。在几乎没有任何预先通知的情况下,工会就预定在9月14日(原有合同期满的两周前)举行一次全体会员投票,以决定他们是否应该重新加入全国的AFL-CIO劳工联合会,如果在6年前,当时的美国劳工联合会以腐败的罪名开除了他们。在工会的领导者努力说服其会员投赞成票的时候,所有其他事情都暂时搁置了。一直到了全体会员的投票表决结束之后,合同谈判才又重新开始,此时距离原有合同的失效期1959年9月30日只剩十几天了。谈判的气氛比较积极;由于在原有合同过期之前无法敲定细节,格利森和纽约航运协会的主席亚历山大·肖邦都同意把有效期延长15天。菲尔德抗议说,延长有效期违背了国际码头工人协会"没有合同,就不工作"的一贯信条;他领导的曼哈顿分会立刻开始罢工。过了几个小时,当涉及南部港口的单独谈判失败之后,从北卡罗来纳到得克萨斯沿线的码头工人也宣布罢工。面对这两起叛乱,格利森只好取消了延长期,并批准实行全面罢工,只是他没想到,这惹恼了布鲁克林分会很有影响力的头头安东尼·阿纳斯塔西亚。阿纳斯塔西亚是一个反复无常的意大利移民,他一点儿都不喜欢掌握着总会领导权的格利森以及其他爱尔兰人。他命令手下的会员继续工作,并指责格利森支持罢工仅仅是为了取悦于菲尔德。10月6日,通过判令各港口至少继续营运80天,法庭暂时平息了这场混乱。[7]

雇主方面也并不比工会更团结。每家轮船公司都有各自的自动化方案,而且,只有泛大西洋公司真正地理解集装箱业务,但他们又不在谈判桌上。当严肃的谈判在 11 月初重新开始时，航运协会拒绝了工会"在码头上把所有集装箱倒空再装回去"的提议，但同意支付一笔集装箱特许使用费来补偿集装箱运输给码头工人造成的损害。事实证明，合同条款的细节非常棘手。雇主方愿意向被撤换的码头工人支付遣散费，但是，工会想要的是保证码头工人的收入，他们认为遣散费不切实际，因为在一个按天雇用工人的行业里，自动化很可能意味着面向每一个人的工作都减少了，而不是某些人的彻底失业。

1959 年 12 月，谈判有了结果。这份有效期为三年的合同规定，纽约的雇主将有权利用自动化，作为条件，他们要保护码头工人的收入。除了这个一般性的原则之外，合同的所有细节都留待仲裁决定。"发货人所做的就是分给了我们一小块儿蛋糕。"国际码头工人协会的一个领导者抱怨道。"集装箱带给他们的节约将是巨大的，而他们不过是分了一点儿给我们。"航运协会也这样说。"现在，轮船公司和发货人第一次有机会充分地检验和评价这些新技术可能带来的经济效益。"航运协会的主席文森特·巴尼特在写给会员企业的报告中说。那些长期被纽约码头的衰退所困扰的城市推动者，把这份合同吹嘘成纽约市的救命稻草。《先驱论坛报》(*Herald Tribune*) 解释说："这份新合同可能会让纽约在发展国际集装箱航运方面领先于竞争对手。"《纽约时报》也认为，"这份合同将会为集装箱的高潮打开闸门。"[8]

集装箱的高潮并没有到来，因为除了一般性的原则，所有的细节都还没有敲定。仲裁小组由格利森、一位资方代表以及一个中立的第三方成员组成，他们花了好几个月的时间来斟酌合同的细节，试图在双方的顾虑之间找到平衡——轮船公司担心集装箱特许使用费会"变成又一笔长期的行业抵押"，而国际码头工人协会则担心轮船公司会设法避免支付集装箱特许使用费。1960 年秋天，仲裁小组终于以二比一的投票结果裁定，纽约港的雇主可以不受限制地使用集装箱处理设备，但前提条件是：对于集装箱船运载的每一个集装箱，每吨支付 1.00 美元；对于混合设计的轮船上运载的每一个集装箱，每吨支付 0.70 美元；对于传统散装货轮上运载的每一个集装箱，每吨支付 0.35 美元。为了安抚工会，仲裁小组要求当轮船公司或装卸公司在各自的站场上卸空或装填集装箱时，他们将必须雇用国际码头工人协会的成员。[9]

有了1960年的仲裁裁决，纽约港名义上就已经对任何渴望运载集装箱的轮船公司敞开了大门，但实际情况并非如此。仲裁小组已经规定集装箱特许使用费将存入一个基金中，但他们拒绝对应该怎样花这笔基金发表任何看法。另外，仲裁小组还忘了定义"集装箱"这一术语。工会方的仲裁代表格利森预言，这些疏漏会再一次引发劳资冲突。他说对了。

作为国际码头工人协会（ILA）在太平洋沿岸的对等机构，国际码头工人和仓库工人协会（ILWU）在应对码头区的自动化时采取了完全不同的策略。

在很长一段时间里，ILWU与太平洋沿岸各码头的雇主之间的关系非常紧张，有时甚至充满了暴力。1934年，当时还是ILA太平洋分会的ILWU正是靠一场流血的海岸罢工才得到了承认；在接下来的14年里，为了维护他们的权利，ILWU总共举行了1 399次合法或非法的罢工。这种持续的冲突最终形成了大量成文或不成文的规定，非常细致地控制着港口的运营。一条正式的规定是，一旦一个工人被分派到特定轮船的特定舱口去做一项工作，那么在这艘轮船起航之前，这个工人将只做这项特定的工作；如果一个舱口的装载已经完成而另一个舱口的还没有完成，那么从第一个舱口空闲下来的工人不能被调派到第二个舱口去帮忙。一条不成文但却被工头强制实行的重要"屁兜儿"规定是，把已经装上货盘的货物送到码头的司机，将必须把每一件货物从货盘上卸下来放到码头上；然后，码头工人会把这些货物重新放回到货盘上，并把货盘吊放到货舱里去；在货舱里，其他码头工人会再一次拆散货盘，并把每一件货物堆放好，这种不必要的重复导致了非常高的成本，以至于发货人都知道一开始就不要把货盘送到码头上。[10]

ILWU的一位高层官员后来承认说，确立这些规定"耗费了大量的想象力和创造力"。他们觉得，要保住工作并在竞争者中间保持一致的成本，这些规定是绝对必要的。为了避免没完没了的自发罢工，装卸公司也乐意接受这些规定。长期担任 ILWU 财务主管的路易斯·戈德布拉特声称，其实装卸公司喜欢很多的规定，因为轮船公司会为每个工时向他们支付 30% 的额外费用。荒谬的是，装卸一艘轮船需要的工时越多，装卸公司能够赚到的利润就越大。[11]

这些严格的工作规定之所以会被接受，还有一个原因是资方几乎没得选择。在 1948 年的合同谈判中，代表装卸公司的协会曾经试图放宽其中的很多规定。但很愚蠢的是，他们居然想通过发动针对哈里·布里奇斯的人身攻击来达到目的。作为 ILWU 的主席，哈里·布里奇斯年轻时就是一个激进分子，而且他从不掩饰自己的态度。雇主据此对他进行打击孤立，但让他们没想到是，这么做反而提高了布里奇斯在码头区的声望。当合同期满时，ILWU 发动了罢工；工会的领导层在促进团结方面做得非常成功，以至于在长达 95 天的罢工中，没有一个会员中途退出。最终，几家大的轮船公司撇开了装卸公司协会以及法律顾问，直接介入了谈判，这才平息了这场冲突。工会实现了他们的最大愿望：终于能够踢开挡在中间的装卸公司，面对面地与真正掏钱的轮船公司谈判了。[12]

作为太平洋沿岸最大的航运企业，麦特森轮船公司正面临着财务紧张；他们设法让其他的轮船公司也相信，现在是该让劳资关系有个"新面貌"的时候了。这些公司同意不去触及工作规定，但作为条件，他们要求在合同中增加一个新的条款，写明只要工人没有面临工作强度的增加，装卸公司就可以使用新的设备和方法。革新将不再必然引发罢工。如果一个班组认为雇主在要求他们执行危险的或过重的任务，一个工会代表和一个监工就会在装卸仍旧继续的时候设法解决问题；如果在工作现场双方无法达成一致的解决方案，争论将很快就上报给双方更高层的负责人；如果有必要，将提交给具有约束力的仲裁。这些条款打开了一个新的出口，使得工会往往可以松动原来的规定，只要工人能从成本节约中分得一部分利益，他们就允许雇主使用新的设备和人数较少的班组。用加利福尼亚两位劳工专家的话说，面对比战前减少了1/4的货物量，ILWU已经接受了"只有革命性的新方法才能阻止海上贸易萎缩"的现实。[13]

然而，在整个20世纪50年代早期，每个工时处理的货物量仍旧低得让人沮丧。1955年，国会对洛杉矶和长滩各港口的一项调查揭露了很多像"四上四下"这样的非正式规定。所谓的"四上四下"，最初是指每个班组的8个舱内装卸工中有4个可以小歇，但后来就演变成了一个班组往往只干半个班次的活儿。这次调查让ILWU陷入了孤立无援的境地。他们的政治倾向一直被怀疑，政府也曾多次试图驱逐布里奇斯，尽管他的身份是一个已经入籍的美国公民。作为劳工运动的左派，产业工会联合会（CIO）在1951年就驱逐了ILWU；1955年，当AFL与CIO合并之后，布里奇斯就一直担心卡车司机工会以及其他AFL-CIO的成员会试图挑战ILWU对码头区的控制权。甚至连ILWU以前的上级工会ILA都不愿意与他们扯上关系，尽管ILA自身也孤立于劳工运动的其他成员之外。在1956年东海岸的码头罢工期间，当布里奇斯写信给ILA的主席威廉·布拉德利表示愿意给予支持时，布拉德利冷冷地拒绝说，布里奇斯的支持不受欢迎。作为一个老于世故的战术家，布里奇斯痛苦地意识到了他的工会面对政府的压力是多么的脆弱；他知道，要想让政府不插手工会的事务，他们必须结束合同的滥用并提高劳动生产率。布里奇斯对关注此事的国会委员会这样说："我们向你们和雇主承诺，我们将深入到普通成员当中，尽最大努力去说服和催促他们。"[14]

泛大西洋公司的集装箱业务即将在东海岸启动，而西海岸最大的轮船公司麦特森也在研究集装箱的使用方法，这些都清楚地表明，轮船公司一心想实现货物装卸的自动化。尽管工会有很多成员都反对作出任何让步，但是凭着自己一贯廉洁的斗士形象，布里奇斯还是敢于公开地主张工会需要向前看。他说："那些认为我们能够继续阻止机械化的家伙还活在20世纪30年代，还想打很久以前我们获胜了的战争。"[15]

ILWU 在西海岸劳工激进主义中脱颖而出的起源，加上他们在 1934 年和 1948 年的罢工中取得的巨大胜利，还有其领导者的意识形态，这些东西让 ILWU 的普通成员得到了不同寻常的力量。工会在工作规定以及自动化上的立场的转变，不可能自上而下地强制推行；这必须首先得到由各地方分会推选的代表组成的决策委员会的认可，然后还要经全海岸的会员投票通过。说服成员相信他们有适应新方法的必要性，这个艰巨的任务就落到了布里奇斯的肩上。他首先把这个问题提交给了工会的谈判委员会——他自己也是其中的一个成员。1956 年 3 月，当 ILWU 的决策委员会还在争论即将到来的合同谈判该优先考虑哪些因素时，谈判委员会已经极力主张工会以接受自动化来换取更高的工资和更短的工作时间了：

我们过去的努力，大多是妄想阻挡工业机械化进程的螳臂当车。在很多情况下，这些努力非但没有帮助我们抵挡住新方法，反而让我们失去了对新工作的控制权……我们认为，我们可以接受人员配备的精简，可以促进这个行业的机械化，并同时确立和巩固我们对工作的控制权，以便我们能够得到从码头区外的铁路向船舱里搬运货物的所有工作。[16]

这种观点在工会内部引起了极大的争议。1948 年的合同让 ILWU 牢牢地控制了太平洋沿岸几乎所有港口的码头。所有的码头工人要么是 ILWU 的"A 级"工人，要么就是"B 级"工人。"B 级"工人要等"A 级"工人都被雇用了之后才轮得上；他们都希望积累足够多的经验，以得到工会的认可，从而晋升为"A 级"。大多数"A 级"工人属于固定的班组，班组由他们自己推选出来的班头带领，接受任务后一起离开职业介绍所前往工作地点。每艘轮船的装卸都有 ILWU 派出的一个流动监工到场监督。装卸公司派来的督察员只是名义上负责，其实他们明白，同严格地要求照合同办事相比，与工会融洽相处往往更明智。这种暧昧的关系让码头工人对自己的工作场所有了不同寻常的控制权，而在 1956 年，当 ILWU 与太平洋航运协会的谈判开始时，双方共同发表的"原则声明"似乎威胁到了这种控制权。其中的关键条款简直就是在说:"码头上将不再有必须雇用多余人手的规定。"[17]

布里奇斯把原则声明提交给全体成员去投票表决,但只得到了不太热情的认可:40%的成员投了反对票。他显然无权同意改变人员配备的规定。退而求其次,工会和航运协会签订了一份处理正常实际问题的合同,并安排在单独的谈判中分别处理机械化和工作规定。

这些谈判在1957年早期开始,但很快就宣告失败,因为雇主指责工会成员忽视现有的合同。太平洋航运协会的负责人保罗·圣休尔清楚地表明,除非轮船公司确信布里奇斯能够让ILWU的各分会遵守他在这里签订的所有合同条款,否则他们就不愿意用金钱来换取工作规定的消除。这种顽固的姿态使得ILWU内部的集权主义者和分权主义者之间爆发了长达一年的激烈争论。1957年4月,布里奇斯对工会的决策委员会发表了一通惊人的讲话,强烈要求各地方分会遵守合同条款并提高劳动生产率。尽管如此,反对仍旧非常强烈,难以克服;于是,自动化的问题被提交给海岸劳工委员会做进一步的研究。除了布里奇斯之外,这个委员会还包括两名分别来自西北地区和加利福尼亚的成员。1957年10月,他们向在波特兰举行的又一次工会决策委员会提交报告说,轮船公司正在日益强烈地要求允许他们预先把货物装进货盘、厢式货车或者其他载体中,并且在码头上这些包装好的货物要作为整件来处理。据估计,随着这些做法的普及,码头工人将损失11%的工作时间。"除了我们想要亲自装卸货物的意愿,再没有任何东西阻碍发货人越来越多地使用整件包装。"这个委员会在报告中写道。他们描述了一个残酷的选择:"我们是要继续坚持目前游击队式的抵抗政策呢,还是愿意采取更加灵活的政策来换取更多的具体利益?"[18]

这份报告为决策委员会了解普通成员中间值得注意的争论打开了通道。整个海岸上上下下的人,第一次有机会详细地了解航运业正在发生的变革。"每一个码头工人都开始谈论,当机械化到来时,他们怎样才能保住工作、收入、福利以及退休金等。"一个当时在场的劳工记者回忆说。在洛杉矶和长滩,像不必要地清空货盘然后再重新装填这样的惯例最为根深蒂固,因此,来自这两个地区的代表反对作出任何让步。"在整个海岸的所有地方分会中，我们的损失可能会最大。"一个洛杉矶的代表抱怨说。来自布里奇斯的家乡旧金山的代表带头支持关于自动化的谈判，他们认为，工会应该确保成员可以分享到新的工作方法所带来的好处，而不应该竭力地阻止这些方法的运用。经过了两天的争论之后，代表们的口头表决支持了布里奇斯就自动化问题开始正式谈判的提案。11月19日，工会给太平洋航运协会发函表示愿意讨论新的方法以及工作规定的消除，希望"当前已注册的码头工人队伍能继续作为该行业中的基础劳动大军，并能从即将实现的净劳动成本节约中分到一杯羹"。[19]

然而，雇主仍旧没什么热情。"其中的很多雇主都觉得，这简直就是说要想让雇来的人尽到本分，你还得对他们行贿。"圣休尔解释说。布里奇斯已经与圣休尔建立起了密切的工作关系。他们断定，自动化的问题实在太复杂了，想在原来的合同于1958年6月失效前解决新合同不太可能，所以他们把当前的注意力集中到了合同里一个非常根本的改变上。工会在1934年就已经争取到了6个小时的工作日，但是有一条不成文的规定却说，如果装卸工作还没有完成，那么即使超过了6个小时，雇主也不能下令停止。尽管合同承诺当一个码头工人被雇用时，雇主最低可以只给4个小时的工资，但"正常的"一班却是9个小时，即6小时的正规工作时间，3小时的加班时间。布里奇斯与圣休尔在1958年达成的合同，让码头工人的工作变成了正常的全职工作。合同保证码头工人会得到每天8个小时的全额工资，即在8个小时的正规工作时间里。这惠及了一部分工人但也损害了一些人，因为对很多工人来说，失去了比基本工资多50%的加班工资就意味着收入的减少。ILA的成员只有56%的人赞成批准这份合同。[20]

1959年，麦特森公司在西海岸至夏威夷的航运业务启动了，这使得关于自动化的谈判变得更加紧迫。"码头上矗立着专为麦特森公司的业务定制的起重机，"洛杉矶从前的一个码头工人回忆说，"好家伙！当我们看到那场面或者是在《调度员报》(*Dispatcher*)（ILWU的报纸）上读到相关的消息时，我们很快就意识到，这将是大有前途的货物搬运方法。"1959年4月，ILWU的领导层向工会的决策委员会发出警告说，"如此迅速的变革可能会在短短几年内让航运业呈现全新的面貌。"然而，太平洋航运协会却对就业流失的风险轻描淡写。"我们觉得，自动化要到很多年之后才会对现有的劳动大军产生影响。"圣休尔在1959年5月对ILWU的谈判代表说。布里奇斯显然也持有相同的看法。《调度员报》从前的编辑说："哈里似乎并不相信集装箱运输将会那么重要。"[21]

在这种背景下，雇主在1959年开出了具体的条件：为了换取工作规定的消除，他们愿意保证所有在1958年就已登记在册的"A级"码头工人今后将会得到不低于1958年的收入，雇用人数只有在码头工人辞职或退休时才会缩减。工会在1959年11月作出了回应：他们要求，更有效的货物装卸方法每节约下来一个工时，雇主就要拿出一小时的平均工资来存入一个补偿基金中。麻烦的是，没有人知道这会涉及多少钱。最终，圣休尔凭空捏造了一个数字，表示愿意为1960年6月之前所有因为自动化而流失的工作提供一笔100万美元的补偿。布里奇斯当然想要更多的补偿，于是就还了个150万美元的价码；这样，双方就达成了一项暂时性的协议。为了换取150万美元以及"A级"工人都不会被解雇的保证，工会同意雇主有权在接下来的几个月里改变工作方法。关于永久性协议的谈判将会继续进行。[22]

在之后的几个月里，ILWU、太平洋航运协会以及双方内部持不同意见的各个派别又进行了认真的研究和对话。当正式的谈判在1960年5月17日重新开始时，圣休尔宣布雇主不会再签一份关于自动化的临时协议了，他们想要一份完整的合同。工会也再次提出雇主要根据节约的工时来支付补偿金。在1959年的时候轮船公司还愿意接受这个方案，然而现在他们改变了态度，表示愿意以一个固定的价格，用每年定额的支付来买断老的工作规定，之后他们就不再承担分享成本节约的义务。三天之后，布里奇斯在原则上接受了这个方案。工会在谈判桌上抛出了他们的价码：雇主们在今后的4年里每年支付500万美元，大致相当于1959年时的每年每个工时20美分。[23]

在影响深远的《机械化和现代化协定》(Mechanization and Modernization Agreement)最终于 1960 年 10 月签署之前,双方又进行了很多次的细节谈判。在资方这边,小规模的沿海航运公司、日本人的轮船公司以及装卸公司都要求免交保证金;迫不得已,圣休尔只好以辞职相威胁,这才获得了太平洋航运协会执行委员会的一致支持。工会这边的政治问题甚至更严重。ILWU 在旧金山的地方分会原本已经接受了为麦特森公司装卸新集装箱船的条件,但是当那艘"夏威夷平民号"在 1960 年 8 月停靠洛杉矶时,也正是机械化谈判进入关键阶段的时候,ILWU 的第 13 分会却拒绝为这艘轮船工作。航运协会立刻关闭了整个港口,有几家轮船公司还威胁要搬到隔壁由不同分会控制的长滩去。洛杉矶市议会甚至打算颁布一条法令,把港口的雇工变成没有权力罢工的公务员,对 ILWU 来说,这个主意简直就是诅咒。布里奇斯不得不对第 13 分会采取严厉的手段。港口、工会以及航运协会签署了一份不同寻常的协议,宣布了对那些拒绝按要求工作的工人的处罚。在议会承诺会任命一个全职的仲裁人来快速处理港口的劳动纠纷之前,圣休尔和布里奇斯一起在公共场合露面。洛杉矶的码头在两三周内就重新开放了,但 ILWU 的当地负责人与其国际领导者已经结怨。[24]

两个月以后,当《机械化和现代化协定》的草案提交给 ILWU 在 10 月举行的决策委员会时,代表们知道它将意味着一个时代的终结。其中的关键条款写道:"这份文件的意图就是,合同、工作规定和调派原则将不再被解释为必须雇用多余的人手。""集装箱"这个词没有出现,但合同的用语表明,资方有权对所有类型的货物改变工作方法,只要这不会导致危险的工作条件或者"繁重的"工作量;如果工会认为工作条件是危险的或繁重的,那么他们可以提出申诉。ILWU 保住了码头上货物分拣的控制权,但码头工人将不能再把到达码头时已经装满了的集装箱和货盘倒空然后重新装箱。

为了换取近乎绝对的灵活性,雇主同意每年支付 500 万美元。这笔钱的一部分将用作退休金:工龄达到 25 年的码头工人,当他们在

65 岁退休时，会得到 7 920 美元，大约相当于 70 周的基本工资，另外还有 ILWU 给他们的每月 100 美元的退休金；年龄在 62~65 岁的工人，如果他们提前退休，那么在 65 岁之前，他们将每月得到 220 美元。这笔钱剩下的部分用来保证所有"A 级"工人的平均周薪相当于 35 个工时，不管资方是否需要他们到码头上去干活儿。任何在这份协定签署之后受雇成为码头工人的人，将永远没有资格享受这一保证，因为正如工会的一位发言人所解释的，"他们将不用放弃任何东西。"[25]

在把草案提交全体会员投票表决之前，决策委员会提出了很多修改要求。有超过 1/3 的会员投了反对票。有些反对者，比如旧金山著名的码头工人思想家埃里克·霍弗，其义愤是基于意识形态的理由。霍弗愤怒地说："我们这一代没有权利背弃或出卖上一代传给我们的条件。"洛杉矶的码头工人还在对布里奇斯插手他们的劳动纠纷怀恨在心，而失去倒空集装箱然后再重新装满的工作也让他们心烦意乱，他们以接近 2∶1 的投票结果否决了草案。西雅图的地方分会支持布里奇斯，其家乡旧金山的分会也支持他，在那里，有接近 2/3 的码头工人年龄超过了 45 岁，而这支格外老迈的劳动队伍喜欢合同中的退休条款。在这两座城市里，绝大多数的工会会员都投票赞成批准合同。[26]

《机械化和现代化协定》带来了很多意想不到的结果。首先就是一股退休浪潮。由于有鼓励年长的码头工人离开劳动队伍的激励措施，所以年龄超过 65 岁的工人数量从 1960 年的 831 人减少到了 1964 年的 321 人，年龄在 60~65 岁的工人数量也减少了 1/5。事实证明，与双方的预期恰恰相反的是，面向活跃码头工人的收入保证根本就没有必要。由于货物流量的增长，码头区遭遇的不是劳动力过剩，而是劳动力短缺。在这些年里，有大量的"B 级"工人第一次获准升为"A 级"。[27]

这份协定实现了轮船公司在劳动生产率方面的一切期望。在 1960 年之前的将近 20 年时间里，劳动生产率一直没什么变化。雇主们改变了非集装箱货物的处理方法，使得每个工时的货物处理吨数在 5 年内提高了41%，总体的劳动生产率在8年内提高了1倍。发货人可以预先把他们的罐装商品、袋装的稻米、面粉以及类似的产品装上货盘，然后再运送到码头上，而且不必再花冤枉钱让码头工人拆开货盘然后再重新包装起来。钢铁产品在码头上由2个工人来处理，而不再是过去的4~6个工人；准备出口的棉花会预先装上货盘，每个货盘装6大包，重达3 000磅，在旧的规定下，这个分量就超重了，但在新的规定下，这是允许的。1960~1963年，食糖的每工时处理吨数增长了74%，木材的增长了53%，稻米的增长了130%。在协定签署后的第三年，西海岸的各港口利用的劳动工时比老合同所要求的少了250万个，相当于1960年这些港口利用的所有劳动工时的8%。[28]

与工会的预期相反的是，这些大规模的劳动生产率增长来自体力劳动，而不是来自自动化。经济学家保罗·哈特曼在认真分析了这些趋势后写道："有证据表明，大多数的雇主都努力地从工人身上榨取更多的体力劳动，而不是努力地创新或者进行新的投资。"装货物的麻袋变得更大了；由于没有了2 000磅的限制，一吊货的重量已经增加到了4 000磅。这自然就苦了船舱中必须堆放这些货物的码头工人。长期被合同禁止的非常沉重的一吊吊货物，很快就被码头工人戏称为"布里奇斯吊货"。[29]

古怪的是，双方现在互换了立场。工会强烈要求雇主加快机械化的步伐，以消除这些体力负担。"我们要催促雇主添置必要的机器设备，"哈里·布里奇斯在1963年对资方的谈判代表说，"为这些工作付出繁重体力劳动的时代应该过去了，这就是我们的目标。"轮船公司却还在犹豫是否该花这笔钱。ILWU于是提出申诉，指责码头上和货舱里缺少必要的机器设备。在所有行业中有史以来最奇怪的一次仲裁程序结束之后，雇主被要求在1965年6月为码头工人提供更多的叉车和起货车。[30]

到了1966年年底，西海岸的航运业者总共支付了2 900万美元的补偿基金，为提前退休、死亡和残疾赔偿以及撤换工人的工资补偿作准备。事实证明，这是一笔非常划算的投资。据估计，由于《机械化和现代化协定》的签署，仅在 1965 年轮船公司就节约了 5 940 万美元，几乎是其年支付的 12 倍。当集装箱已经在太平洋沿岸的各港口变得平常时，提高的效率让航运业者的利润猛增。太平洋沿岸各港口处理的普通货物中，集装箱货物所占的比例在 1960 年不到 1.5%，在 1963 年不到 5%。而当集装箱的使用终于形成规模时，它不仅难以想象地提高了劳动生产率，而且也带来了更多意想不到的结果。洛杉矶港的码头工人曾经非常肯定地认为自动化会毁了他们的工作，但如今那里的繁荣景象却远远超出了所有人的预期；旧金山港的码头工人曾经是《机械化和现代化协定》最坚定的支持者，但如今那里的业务却在日渐萎缩。尽管如此，当双方在 1960 年就自动化进行谈判时，不管是资方还是工会，都无法预测集装箱会带来些什么。非预期后果的法则再次应验，正如布里奇斯后来承认的："老实说，ILWU 有些大意了，很多航运企业也是。"[31]

《机械化和现代化协定》为美国的太平洋沿岸制定了规则，并立刻就扩展到了加拿大的西部地区。在东部，难以驾驭的国际码头工人协会的政治策略，不会容许双方就自动化的问题达成这样一个笼统的协议。ILA 代表着从缅因到得克萨斯的码头工人，但他们却是分别地与东海岸的不同雇主群体谈判。东部没有西部那样的全海岸的合同，也没有哈里·布里奇斯这样深受会员信任和尊重的工会领导者。ILA 的总部对地方分会的领导者没有多大的影响力，分会领导者在很大程度上可以随意而为。"他们是唯一的无政府主义工会。"专栏作家默里·肯普顿在《纽约邮报》(*New York Post*) 上恰如其分地写道。[32]

1953～1963 年一直任 ILA 主席的威廉·布拉德利是一个温和的人，在做拖船操作员的时候就赢得了"船长"的称号。当长期任主席的约瑟夫·瑞安在 1953 年因为腐败的指控而被迫辞职时，布拉德利被任命为工会的新主席。因为从来没有在码头上工作过，所以布拉德利没有在布鲁克林和曼哈顿的码头工人中间赢得多少尊重，在休斯敦和萨凡纳就更不用说了。1961 年在布鲁克林的 1814 分会，要求严格执行合同并保持21人班组的人赢得了工会的职位。在第二年的合同谈判期间，脾气暴躁的阿纳斯塔西亚试图退出ILA，独立地去和资方谈判。布拉德利信赖工会的首要组织者兼执行副主席特迪·格利森，让他来处理这样一些复杂的内部政治斗争以及与雇主的关系。曾经担任过码头监工的格利森有着码头区的血统；他的父亲和祖父都是码头工人，而他自己和12个兄弟姐妹就是在距离下曼哈顿区的码头不远的地方长大的。不过，他在码头上做的一直是清点货物的计数员，而不是干体力活儿的装卸工。他手下的爱尔兰人有些怀疑他不够强硬，而作为在码头上干活儿的另外两个主要族群，意大利人和黑人也不太愿意看到又一个爱尔兰裔的领导者。在这种环境里，针对自动化这样一个情绪化的主题，资方与工会的谈判不太可能取得进展。[33]

  工会内部的政治问题，其根源在于令人不愉快的经济现实。尽管整个港口在日趋繁荣，但曼哈顿的码头却在走向没落。1957～1962年，在曼哈顿的5个职业介绍所受雇的人数减少了20%，而在布鲁克林和新泽西，这个数字是增长的。城市的一些再开发项目，比如有人提出的世界贸易中心，预示着很多码头将永久地消失；沿着整个哈得逊河码头区的交通拥堵，也使得曼哈顿显然不适合于新的集装箱业务。对比而言，布鲁克林的码头工人就没有看到直接的威胁。在费城和波士顿等很多港口，集装箱业务甚至还没有启动，因此这些地方的分会领导者不会优先考虑这个问题。由于这些非常不同的处境，让有势力的分会领导者提出了不一致的观点，所以ILA很难对集装箱拿出一个统一的态度。[34]

  仲裁小组在1960年裁定的暂时性妥协方案保护了工人的工作，但也允许雇主以支付集装箱特许使用基金来换取不受限制地使用集装箱和机器设备；其实，这个妥协方案几乎没什么意义。工会专门成立了一个委员会来管理预期的资金注入，但是在1960～1961年的经济放缓期间，港口的货物流量大幅下降，而这意味着流入基金的特许使用费很少。格利森声称，其他的轮船公司在鼓动发货人使用货盘而不是集装箱来装运货物，试图逃避特许使用费的支付。他在1961年后期指责说:"对现有的集体劳资协定以及特许使用费计划而言,这显然是一个威胁。"1961 年 12 月,码头区的工作时间已经比上一年同期减少了 4%,比 1956 年 12 月减少了 20%,但是那些工作已经减少了的工人仍旧没有得到任何补偿。[35]

因此,当双方的合同谈判在 1962 年开始时,面对自动化的工作保障就成了工会最关注的主题。然而,工作保障在不同的地方扮演着不同的角色。纽约的分会领导者弗兰克·菲尔德要求 ILA 就资历制度进行谈判:在他的 858 分会控制的码头,业务正在趋于枯竭,但传统的资历制度与特定的码头挂钩,这使得曼哈顿被撤换下来的码头工人很难在别处的码头上找到工作。然而,其他分会的领导者却一点儿都不愿意为了照顾菲尔德的会员而损害自己会员的工作保障。[36]

当 ILA 进入 1962 年的合同谈判时,其内部的这些分裂实在太明显了。工会首先提出的要求是:在纽约,所有装卸预先包装好的货物的码头工人都要每小时多拿 2 美元;所有的集装箱都要征收每吨 2 美元的罚金,存入到一个特许使用费基金中。阿纳斯塔西亚的布鲁克林分会还看不到来自集装箱的太大冲击,因此他公开地批评自己工会的方案非常荒谬,并再次威胁要退出 ILA。航运协会根本不理睬工会的要求,相反还提出:应该允许轮船公司雇用 8 人的班组来装卸集装箱,雇用 16 人的班组来装卸其他货物;起重机操作员应该不受工会的管辖。考虑到港口共有 560 个班组,这些改变对 ILA 来说将是灾难性的。经济顾问沃尔特·艾森伯格提醒格利森,雇主们提出的方案会促使集装箱的流量激增,会在三年的合同期内给他们节约 1 080 万~1 440 万美元。工会认为这笔钱应该属于其会员,但雇主认为这笔钱是多余的人手不劳而获的报酬,工人原本就无权要求。谈判中断了,即使有联邦政府的调解也无济于事,因为格利森没有那样的政治实力,不敢擅自做主应允任何可能削减工作岗位的合同。他向愤怒的会员许诺说,工会"不会像布里奇斯那样出卖工人的工作"。[37]

双方都没有为西海岸的《机械化和现代化协定》这样的东西作准备。在探听了华盛顿高层的政治意见之后,调解人建议双方先签订一份一年期的合同，并着手共同研究自动化和工作保障。航运协会不太情愿地同意了，工会却拒绝接受。1962年9月底，一场罢工关闭了整个港口。肯尼迪总统下令工会先回去工作80天，作为双方的"冷却期"，并指派了三名教授来调查这场争端。同联邦政府的调解人在一个月前所做的一样，教授们也建议双方共同研究相关的问题。雇主拒绝了，说除非工会同意年内不再罢工。工会也不想进行任何最终可能损害工作岗位的研究。从中调解的教授们暗示，雇主们最后可以出钱让工人们退休，从而减少工人的数量，这让格利森勃然大怒。"我们不想出卖工作，"他在10月下旬坚持说，"西海岸的工会出卖了他们的成员，但这里是东海岸和墨西哥湾沿岸，我们不会那样做！"教授只好撤退了。1962年圣诞节的前两天，冷却期结束了，工会再次发动了罢工。[38]

肯尼迪总统又派了三个人来调停，他们分别是曾经做过劳工调解人的共和党参议员韦恩·莫尔斯、哈佛商学院的教授詹姆斯·希利以及纽约的劳工律师西奥多·基尔。1963年1月20日，也就是罢工进行了将近一个月的时候，三位调解人提出了一个方案：工会将得到一份工资和福利大大改善的合同，劳工部长将研究工作保障问题并提出建议；ILA和航运协会将尝试执行部长的建议，但如果他们失败了，他们将挑选一个中立的委员会来完成这项任务。表面上看，这个方案似乎有利于工会：雇主面临着工资和福利成本的大幅增加，但却没有得到劳动生产率提高的保证。格利森先是批评这个方案，但后来又接受了；航运协会也不同意，但他们的反对是徒劳的。工会似乎取得了胜利，于是就停止了罢工。

工会表面上的胜利很有欺骗性。调解人发表的另一份声明，可以说就是对ILA的警告："我们想要强调的是，我们坚信在劳动力没有显著改善的情况下，如果不大幅削减工人的数量，那么这个行业将没有能力继续支持工人们有权得到的工资和福利。"这显然在暗示，如果工会仍旧不愿意就集装箱达成一个协议，政府已经准备给他们强加一个了。[39]

当劳工部在 1963 年剩下的时间里研究港口自动化的时候，ILA 又经受了一次内斗。格利森名义上是执行副主席，但实际上他无疑是工会中最有势力的人物。现在，他发起了一场运动，想要取代布拉德利自己当主席。有名无实的布拉德利无助地指责格利森让工会在集装箱的问题上经受了"不必要的风险"。格利森并不是非常受欢迎，但是连他的批评者们也认为，工会需要一个强硬的领导者。就这样，工会的全体大会把布拉德利赶下了台，给了他一个安慰性的名誉主席的职位。随后曼哈顿分会的领导者约翰·鲍尔斯接替了格利森原来的职位，爬到了墨比尔黑人分会的负责人乔治·狄克逊的头上，ILA 在直接面对集装箱问题的时候，仍旧处于纽约爱尔兰人的统治之下。

如果说格利森的晋升改变了谈判的环境，那么纽约市码头数量的持续减少也起到了同样的效果。1963 年，集装箱货运在整个港口的普通货物中所占的比例首次超过了 10%，再加上重视码头的市长罗伯特·瓦格纳就快退休了，解决集装箱的困境自然就成了 ILA 内部纽约代表团的紧迫任务。1964 年 6 月，在 ILA 南部各分会举行的一次大会上，认为集装箱将摧毁工会的担心成了主要议题。当劳工部在 7 月月初发布他们对纽约港的研究结果时，格利森作出了让人意想不到的回应："也许，在这个行业里建立年薪保障制的时机已经相当成熟。"[40]

1964 年的合同谈判具有了罕见的和解气氛。就像劳工部极力主张的那样，纽约航运协会要求人数更少的班组以及工作分派方面更大的灵活性。作为回报，他们愿意提供更高的退休金以及提前退休，愿意保证每一个受雇的工人都会得到 8 小时的工作，永久撤换的工人会得到遣散费，正式的码头工人会得到稳定的年收入。当 ILA 拒绝在班组人数上作出任何让步时，联邦政府只好再次派来了调解小组。1964 年 1 月，约翰逊总统指派的调解小组敦促雇主为有工作能力的固定码头工人提供收入保证。作为回报，调解小组建议工会允许雇主在不同舱口、不同任务之间调动工人，装卸普通货物的班组人数应该在 1967 年之前减少到 17 人。格利森愿意在班组人数上作出让步，但允许指派工人做多重工作的方案却引发了计数员的强烈不满，他们担心自己那份相对轻松的计数工作可能会消失。尽管并不是他所希望的，但格利森还是被迫在 1964 年 9 月带着工会再次举行了罢工。[41]

约翰逊领导下的政府越来越关注有可能导致通货膨胀的劳工协议，他们要求码头工人回去工作，并强行设定了一个 80 天的冷却期。这时，ILA 与纽约航运协会的谈判已经没有了通常的装模作样。为了换取整个东海岸大规模的工资和福利改善，包括三个新增的带薪节假日以及一个第四周休假，工会同意在 1967 年之前把装卸所有普通货物（包括集装箱）的班组人数减少到 17 人。从 1966 年开始，纽约的雇主将为每一个流经港口的集装箱支付特许使用费，这笔资金将用来保证有资格的码头工人可以得到相当于 1 600 个工时的年收入，只要他们到职业介绍所去报到，那么即使很少被雇用，他们也会得到这笔收入。这笔保障年薪会一直支付到退休年龄，从而为被撤换的码头工人提供持久的经济补助。工会的一份传单总结新合同将带来的巨大改变时说："这份协议将让这个行业从完全临时的劳动变成稳定、可靠的生计。"[42]

然而，凡是涉及 ILA 的地方，事情就不会那么简单。就在圣诞节之前，当冷却期结束时，在巴尔的摩、加尔维斯顿以及纽约都发生了未经工会允许的罢工。随后在 1965 年 1 月 8 日的一次无记名投票中，ILA 在纽约的会员作出了让工会领导层震惊的行为，他们拒绝了新的合同——连同收入保障一起。格利森安排了一次重新投票，但在这之前他先聘请了一家公共关系公司，并跑到广播上去向大家解释这份合同，对一个遮遮掩掩的工会来说，其负责人的这种举动是非同寻常的。在第二轮投票中，纽约的会员投了赞成票，但第二天巴尔的摩的会员就投了反对票。费城爆发了针对其他问题的纠纷，紧接着在南部的大多数港口，ILA 的会员举行了一次不相干的罢工。直到 1965 年 3 月，新的合同才逐渐在纽约和费城建立了保障年薪。在这两个港口，集装箱航运的道路畅通了。然而在东海岸和墨西哥湾沿岸的大多数其他城市，集装箱航运甚至都还没有被提到。[43]

在美国的商业史上，太平洋沿岸的《机械化和现代化协定》以及北大西洋地区的年薪保障制都是最不寻常、最有争议的劳工协议。它们是时代的产物，在那时，自动化将导致工作的永久消失是一个被深入探讨的主题。美国政府，尤其是劳工部，正在对自动化的影响展开认真的研究，以期能更好地帮助受到影响的工人们；像美国自动化与就业基金会这样的一些组织，也在举行非常引人注意的相关会议。肯尼迪总统在1962年亲口提到了这个问题："我认为，在自动化正逐渐取代人力的20世纪60年代，保持充分就业是一个重大的国内挑战。"[44]

对工会来说，自动化是一个首要的问题。在一次调查中，有2/3的工会领导者都把自动化看成最严峻的问题。在1963年劳工联合会的年会上，AFL-CIO的主席乔治·米尼说，自动化正在"迅速地变成这个社会的祸根"。机器对人力的替代正在威胁着工会，因为这模糊了长期存在的管辖界线，并通过减少工人的数量而提高了谈判成本；对工人来说，这种取代可能是毁灭性的。20世纪60年代，很多工人缺乏基本的阅读和算术技能，他们的教育程度实在太低了，而这使得再培训成了大问题。美国工厂的生产工人中，有一半只上过不到10年学。[45]

有个别的工会和雇主试图以自己的方式对付自动化。1963年，纽约的电气技师们要求实施5小时的工作日来分享现有的工作。全美汽车工人联合会提出实行灵活的工作周：当失业率低于特定水平时，工作周加长到48小时；当失业率很高时，为了保护工作，工作周缩短到40小时以下。汽车制造商拒绝了这个方案，但他们最终同意设立一个基金，可以为临时失业的工人提供稳定的收入。航空公司领航员协会同意放弃在环球航空公司的工作，以换取先期的现金支付以及三年的遣散费和健康保险。全美矿工联合会、国际印刷工人协会、国际女装工人联合会以及美国音乐家联合会，都曾努力地跟追求自动化的雇主谈判过保护其会员的合同。[46]

前面两份海岸地区的协议被看成处理这些问题的范本，但它们绝对没有解决全部的问题。"工会放弃了一些不该放弃的东西，"ILWU的前财务主管路易斯·戈德布拉特在1978年强调说，"但却没有得到他们基本上有资格得到的全部，比如在码头区重新获得所有工作的权利。"随着集装箱站场搬离码头，工会的控制权还面临着很多其他挑战。无论是在东海岸还是在西海岸，卡车司机工会都质疑把离开码头的装填和清空工作许诺给码头工人协会的劳工合同，而法庭最终促成了有利于卡车司机工会的和解。用轮船装载整艘装有集装箱的驳船，这也引发了一系列不寻常的劳资关系难题；关于工会能否代表越来越多地用计算机来控制集装箱操作的办公室职员，这也成为引发了几十年争论的一个根源。[47]

对很多码头工人来说，更加难以解决的是因为过时的码头区工作模式消失而产生的社会问题。传统的技能（比如知道怎样在一艘散装货轮上堆放货物）已经失去了价值。一些年级较大的工人，他们的资历让他们可以从货舱的深处爬上来，到甲板上面干一些相对不那么费力的工作，但是现在他们发现，班组人数的减少已经让甲板上的工作变得非常紧张、劳累了。父亲已经不能再让儿子从事虽然辛苦、危险但工资相对较高的码头工作了，因为这些工作本身正在逐渐消失。码头区的一些家庭现在得到了稳定的收入，可以不受限制地从艰苦的码头区搬到舒适的郊区，而这种分散和隔离沉重地打击了整个阶层的团结。随着一度以独立和自由为显著特征的工作变得收入较高但高度组织化，过去那种结成班组一起干活儿，想干就干、想钓鱼就去钓鱼的日子将一去不返了。"他们正在把这项工作变成工厂工作。"纽约的码头工人彼得·贝尔抱怨说。ILWU 在旧金山的报纸编辑西德尼·罗杰也持同样的看法："我听到有非常多的码头工人说，'在码头区干活儿再也没有乐趣了，乐趣已成往事。'那种乐趣来自合作以及同志间的友谊。"[48]

尽管有这么多的不满，码头工会对自动化的顽强抵抗看来还是确立了一条原则：当企业采用将让工人失去工作的创新时，长期从事这些工作的工人们理应得到人道的对待。这个原则最终并没有被美国经济的各个领域广泛接受，更从来没有写进法律。经过多年的谈判，两位非常不同的工会领导者让码头工人行业成了一个罕有的例外，在这个行业里，得益于自动化的雇主，被迫把他们得到的利益拿出来，与被自动化夺走工作的工人分享。

第 7 章

制 定 标 准

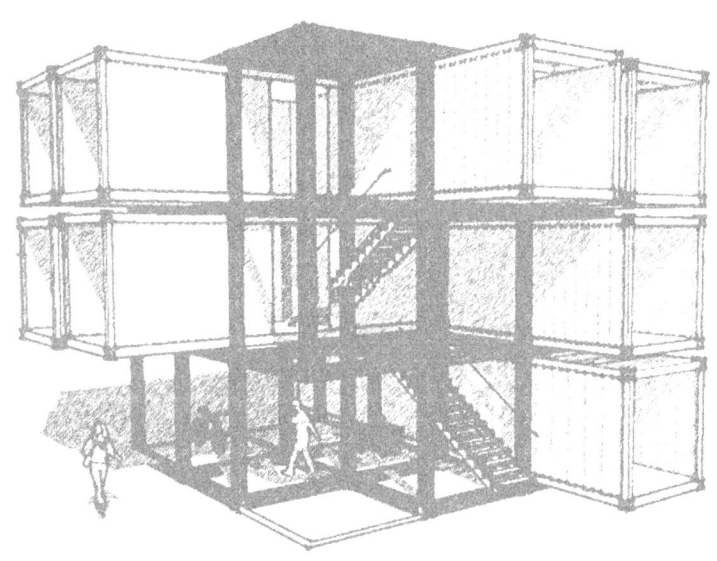

到了 20 世纪 50 年代晚期，集装箱成了运输界谈论的话题。卡车运输公司在拖运集装箱，铁路公司在运载集装箱，泛大西洋公司的海陆联运业务在把集装箱装到轮船上，美国军方也在把集装箱运往欧洲。但是对于不同的群体来说，"集装箱"意味着非常不同的东西。在欧洲，集装箱通常是带有钢筋、高四五英尺的木板箱。对美国军方来说，集装箱主要是钢制的"康乃克斯箱子"，长 8 1/2 英尺，高 6 英尺 10 1/2 英寸，用来装运军人家庭的日用品。有些集装箱的设计便于带吊钩的起重机吊运，而有些则是底部有狭窄的沟槽，便于叉车搬运。纽约的制造商海运钢铁公司做广告的集装箱有 30 多个不同的型号，从侧壁上带门、长 15 英尺的钢制集装箱，到钢架支撑、胶合板箱壁、宽 4 1/2 英尺、用来往中美洲运送廉价商品的集装箱等，各不相同。根据 1959 年的一项调查，在美国的 58 000 只私人所有的航运集装箱中，有 43 000 只的箱底不超过 8 英尺见方，而超过 8 英尺长的仅有 15 000 只，主要是海陆联运公司和麦特森公司拥有的那些。[1]

这种多样性威胁到了萌芽状态中的集装箱运输。如果一家运输公司的集装箱不适合装在另一家的轮船或火车车厢上，那么各家公司就都需要有一支其客户专用的庞大集装箱运输队。一家出口商在把货物装进集装箱时将必须小心谨慎，因为这些箱子或许只能装在某一家运输公司的船上，尽管有另一家公司的船能更早起航。一家欧洲铁路公司的集装箱将无法越过大西洋，因为美国的卡车和铁路不适合于欧洲的集装箱尺寸；同时，美国各家铁路公司也采用了不兼容的集装箱系统，而这意味着纽约中央火车站上的一只集装箱将不能很容易地转运到密苏里太平洋铁路公司。随着集装箱变得越来越普遍，各家轮船公司将都需要在每一个港口有自己的码头和起重机，不管他们在那里的业务是不是很少，也不管他们的轮船是不是很少在那里停靠，因为其他公司的设备将无法装卸他们的集装箱。只要集装箱的形状和尺寸五花八门，那么它们对降低货物运输的总成本就不会起到多大作用。

1958 年，美国海事管理局决定终结这种刚出现的混乱状态。正如人们所知道的，海事管理局是一个不引人注意的政府机构，但他们把持着控制海运业的巨大权力。海事管理局及其兄弟机构联邦海事委员会负责发放造船补贴，执行那些规定了政府货物应该由挂美国旗的船只来运送的法律，向跑国际航线的美国轮船发放运营补贴，强制执行神圣的《琼斯法案》，该法案规定，只有美国公司所有且雇用美国船员的美国造轮船才能在美国的各港口间运送货物。集装箱的多样性增加了海事管理局的财务风险：如果一家轮船公司拿了海事管理局的钱，造了一艘船只适合于运送其独有的集装箱，然后公司陷入了财务困境，那么当海事管理局收回这艘作为抵押的轮船时，他们会发现没有别的公司愿意购买这艘船。

海事管理局想统一集装箱标准的愿望得到了海军的支持。海军有权在战时征用得到政府补贴的轮船，他们担心采用了不兼容集装箱系统的商船队会让后勤补给变得复杂。形势非常紧迫：有好几家轮船公司正在申请补贴，要建造运载集装箱的轮船；如果标准不能很快地制定出来，那么这些公司很可能会各行其是。1958年6月，海事管理局指派了两个专家委员会，一个负责推荐集装箱尺寸的标准，另一个负责研究集装箱的构造。

这两个委员会面对的并不是全新的问题。例如，铁路行业就已经经历了一个标准化的过程。19世纪，北美各条铁路的轨距（也就是一对铁轨的内侧面间距）在3～6英尺变化。英国大西部铁路采用的轨距是7英尺，而英国铁路最普遍的轨距是4英尺8.5英寸，这也就是说，在大西部铁路上奔驰的火车，无法在英国其他的铁路线上行驶。在西班牙，轨距在3英尺3.3英寸到5英尺6英寸之间变化；在澳大利亚，轨距的多样性一直到进入20世纪都还在阻碍着长途铁路运输。在有些情况下，轨距差不多是随意选定的；而在另一些情况下，建造者是存心想阻止他们的铁路线与竞争对手的相连接。随着时间的推移，这些差别自己就消除了。在南北战争之后，宾夕法尼亚铁路公司接管了俄亥俄州和新泽西州的铁路线，并统一了它们的轨距。19世纪50年代，当普鲁士提出要修建一条通往荷兰的铁路时，荷兰人缩小了其铁路线的轨距，以便火车能够从阿姆斯特丹开到柏林。[2]

铁路的先例暗示，即使没有政府的强制，轮船公司最终也可以让他们的集装箱系统变成兼容的。然而，这种类推是误导的。在各条铁路线上变成"标准"的轨距并没有特殊的技术优势，而且其标准化几乎没有经济影响；轨道的宽度并不能决定火车车厢的设计，也不能决定车厢的容量以及编组一趟列车所需的时间。然而在航运界，个别的公司有着强烈的理由采用某一特定的集装箱系统。泛大西洋公司是第一家采用了纯集装箱船的运输公司，他们使用的集装箱长35英尺，因为这个长度是通向其新泽西总部的高速公路所允许的最大长度。对以罐装菠萝为首要单一货物的麦特森航运公司来说，35英尺长的集装箱就会显得效率非常低，因为这样一只满载的集装箱太重了，他们的起重机恐怕吊不起来；麦特森公司的精心研究表明，一只24英尺的集装箱最适合于他们的特殊运输组合。正在计划委内瑞拉货运业务的格雷斯轮船公司，因为担心南美的山路而选择了长度只有17英尺的集装箱。格雷斯公司的集装箱在底部设计了便于叉车搬运的小沟槽，而泛大西洋公司和麦特森公司则决定不在这上面多花钱，因为他们两家都不用叉车。每家公司都认为他们用来吊运集装箱的设备是最适合的，能以最快的速度装卸轮船。他们都觉得，遵从行业标准将意味着采用一个对他们自己的需求来说不那么理想的系统。[3]

铁路轨距的标准化与集装箱的标准化之间还有两个重要的差别。一个差别是影响范围：铁轨的宽度只影响铁路公司，而集装箱的设计不仅会影响轮船公司，还会影响铁路公司、卡车运输公司甚至是自己拥有设备的发货人。另一个差别是时机：在不兼容的轨距成为一个明显的严重问题之前，铁路已经存在好几十年了，而集装箱航运还是一个崭新的事物，在这个行业得到发展之前推行标准化，这可能会让大家受困于一些后来被证明为很不方便的设计。因此，从经济的角度来说，人们有各种各样的理由怀疑在1958年开始标准化过程的合理性。在那一时期，如果政府机构已经把成本效益研究作为例行程序来执行了，那么这次集装箱标准化的整个过程就很有可能根本不会启动了。[4]

1958年11月，当海事管理局指派的两个专家委员会召开一连几天的首次会议时，这些关注和顾虑根本就没有得到体现。泛大西洋公司和麦特森公司都无意获取政府的建造补贴，所以他们这两家在当时真正运营集装箱船的公司，根本就没有被邀请参与这个制定行业标准的过程，尽管这个行业是他们开创的。

论战几乎立刻就爆发了。经过了多次的争论之后，负责尺寸的委员会同意定义一"组"可接受的集装箱尺寸，而不是仅有一个尺寸。通过投票表决，这个委员会一致同意集装箱的标准宽度应该是8英尺，尽管事实上有些欧洲的铁路无法运送宽度超过7英尺的装载物；他们说："我们将必须主要根据国内的要求来作出选择，同时期望国外的实践会渐渐地遵从我们的标准。"接着，这个委员会开始确定集装箱的高度。有些航运业的代表偏爱8英尺高的集装箱。卡车运输业的官员以观察员的身份出席此次会议，没有投票权；他们认为，$8\frac{1}{2}$英尺的高度能让客户在每个集装箱中塞进更多的货物，还能给进入集装箱内搬运的叉车留下足够的空间。委员会最终同意集装箱的高度不能超过$8\frac{1}{2}$英尺，但可以更矮一些。集装箱的长度仍然是一个更棘手的难题。使用中，集装箱的多样性提出了一个严重的操作问题：尽管一只较短的集装箱可以摞放在一只较长集装箱的顶上，但它的重量将不会落在下面那只集装箱的承重钢制角柱上。为了承受上面的一只较短的集装箱，底下的集装箱需要具备沿着箱壁设置的钢柱，或者是可以承重的较厚的箱壁。然而，钢柱越多或者箱壁越厚，集装箱的自重就会越大，其内部空间就会越小，集装箱的使用成本也就会越高。于是，长度的问题被延期再议。[5]

海事管理局指派的另一个委员会负责集装箱的构造，他们把首要任务定义为确定已装填集装箱的最大重量。重量限制至关重要，因为它们将决定起重机需要具备的提升能力以及处于堆垛底部的集装箱可能必须要承受的负荷。不过，空集装箱的重量不会对起重机、轮船或卡车产生影响，因此委员会决定不去管它。还有很多其他的复杂问题，比如角柱的强度、箱门的设计以及便于起重机提升的箱角装置的

标准化等，都被延后再议。⁶

海事管理局指派的这两个委员会并不是独霸这一领域，他们有一个竞争对手神圣的美国标准协会。得到私有企业支持的美国标准协会负责制定标准，他们涉及的对象五花八门，比如螺纹的尺寸、灰泥墙的构筑等等。这项工作至关重要，但也容易让人头脑麻木；在该协会下属的一个典型的委员会中，工程师要研究技术报告，听取相关各方的观点并考虑他们的利益，最终推荐个别企业可以自愿遵守的标准。为了研究集装箱，标准协会在 1958 年 7 月成立了第 5 物料搬运行业委员会，相关的各方都称之为 MH-5。MH-5 自身组织成了若干的小组委员会，它们受命制定具体的规格，这些规格将"有可能实现运输业者之间的最优转运，并且同时兼容国内的货盘集装箱和货物集装箱以及国外的运输业者。"⁷

MH-5 的第一个动作就是要求海事管理局的两个委员会退出。MH-5 的官员认为，航运业不应该独自作出关于标准化的决定，这个过程应该让其他受影响的行业参与，还应该让国外的组织加入，以便最终确立的标准可以全球适用。海事管理局的委员会拒绝等待一个可能长达 10 年的国际讨论的过程。在 1959 年的整个冬季里，他们继续讨论了重量限制、起重方法以及是否需要沿着集装箱壁每隔 8 英尺就设置钢柱。MH-5 的小组委员会包含了很多相同的参与者，他们也在致力于同样的问题。MH-5 负责尺寸的小组委员会很快就达成一致意见，认为所有被采用或将要被采用的长度对（12 和 24 英尺、17 和 35 英尺、20 和 40 英尺）都将被视为"标准"。这个小组委员会仅仅否决了认可 10 英尺集装箱的提案，因为委员们认为这样的集装箱太小了，使用起来效率太低，而且不管怎么说，这些标准都没有完成设计。⁸

MH-5 的标准化过程主要受拖车制造商、卡车运输公司以及铁路公司的支配。这些行业都希望尽快对集装箱的尺寸作出决定，因为一旦标准尺寸得到了批准，集装箱在国内的使用很可能就会迅速增长。具体的细节不怎么重要：在州法的限制内，卡车和铁路几乎可以适应任何的长度和重量。相反，在海事管理局的委员会中很有影响力的航运业者非常关心具体的细节。一艘轮船如果针对27英尺集装箱设计了格槽，不可能很容易地改造成可以运载35英尺集装箱的。另外，大多数运载集装箱的轮船上都建有装卸特定尺寸集装箱的船上起重机，它们也必须要被改造成可以装卸其他尺寸的。更大的集装箱可能会无法装满现有的货物，但更小的又会因为码头上吊运次数的增多而导致成本增加。有些轮船公司已经进行了大量的投资，如果他们的集装箱被认定为"非标准的"，那么这些投资就可能会变得毫无价值。航运企业的高管尤其担心海事管理局会拒绝给予财政援助，甚至有可能拒绝把政府货物交给"非标准的"经营者。布尔轮船公司在用散装货轮向波多黎各运送长15英尺、高6英尺10英寸的集装箱，他们请求海事管理局高抬贵手放过他们，因为他们无意与其他公司交换集装箱。其他轮船公司也强烈要求政府不要插手，而应该等到集装箱行业成熟时，让市场自己去解决这些问题。1959年4月，当海事管理局负责尺寸的委员会研究了MH-5的小组委员会提出的6个"标准"长度后，其内部出现了分歧。赞成MH-5标准的决定性投票来自海事管理局自身，因为他们急于落实标准，是标准就行。[9]

海事管理局的委员会还改变了他们对集装箱高度的看法。在去年11月他们投票决定把$8\frac{1}{2}$英尺作为集装箱的最大高度，但是现在又决定选择8英尺了。作出这一改变是因为他们担心$8\frac{1}{2}$英尺高的集装箱会违反东部一些州的高速公路的高度限制，对用标准拖车拖运集装箱的卡车来说，这确实是一个问题，但对泛大西洋公司和麦特森公司的卡车来说，这不成问题，因为它们牵引的底盘是专门设计的。更低的限高将有利于东部的卡车运输公司，但却有损轮船公司的利益：在长度相同的情况下，8英尺高的集装箱要比$8\frac{1}{2}$英尺高的少装6%的货物，因此对发货人的吸引力也要小一些。就像在长度标准上一样，委员会内部在高度标准上也出现了分歧，而政府再一次投出了将决定私有运输企业怎样投资的一票。新的标准马上就在丹尼尔·路德维格的美国夏威夷轮船公司得到了检验，他们打算建造一艘轮船来运载30英尺长的集装箱，而联邦海事委员会不会为一艘适合非标准集装箱的轮船批准联邦抵押贷款保险，所以美国夏威夷轮船公司请求海事管理局的委员会宣布 30 英尺的集装箱是"标准的"。最后委员会以 3 比 2 的投票结果驳回了他们的请求，其中，海事管理局再一次投出了决定性的一票。美国夏威夷轮船公司没有得到联邦的财政援助，他们想造的那艘船成了泡影。[10]

海事管理局负责集装箱构造和装置的委员会进展得更顺利一些。委员们一致同意每一个集装箱都应该能够承受上面 5 个装满货物的集装箱的重量，并且这个重量应该落在角柱上而不是箱壁上。所有的集装箱都应该可以被扩张爪或吊钩抓住顶部的箱角后吊起。顶部用于挂吊钩的圆环或者底部便于叉车搬运的沟槽是可以有的，但不是强制性的。这些决定让工程师在设计新集装箱时有了可以采用的基本标准。委员会还建议每一艘轮船应该设计有不同尺寸的钢制格槽，以便能够运载多种尺寸的集装箱。之后，海事管理局的两个委员会都没有再安排进一步的会议。[11]

与此同时，又有一个参与者插手了制定标准的事务。代表军用物资运输企业的国防运输协会决定，他们也将研究集装箱的尺寸。这种努力的首要支持者是一个傲慢的企业家，名叫莫里斯·福加什。在过去的 20 年里，通过从不同的发货人那里接运小批量的货物，把它们合并后装进卡车的拖车或者集装箱中，然后再经铁路把拖车或集装箱运到全国各地，福加什已经让他的美国货运公司拥有了每年 1.75 亿美元的业务。直率的福加什很快就迫使他的委员会达成了一致意见。到了 1959 年夏末，这个委员会已经一致同意"标准的"集装箱长 20 或 40 英尺，宽和高都是 8 英尺。由 MH-5 和海事管理局的委员会批准的其他长度，以及得到一些卡车运输公司和大多数轮船公司支持的 $8\frac{1}{2}$ 英尺的高度，都不会被军方的货运所接受，福加什的委员会之所以能作出这样一个决定，仅仅是因为其中没有一个来自航运业的代表。即使有也没用：福加什宣称，个别企业的偏好将必须屈从于统一的要求。"即使我们不能很快地达成目标，我们还是必须要有一个目标，"他说，"不然的话，如果大家都各行其是，废弃就会降临到我们的头上。"[12]

MH-5 的小组委员会和海事管理局的尺寸委员会已经批准了一套"标准的"尺寸，而国防运输协会又批准了另一套，在这种情况下，美国标准协会内部也出现了勾心斗角和尔虞我诈。按照美国标准协会的正常程序，小组委员会在 1959 年 2 月推荐的 6 个"标准"尺寸将交由所有的参与组织投票表决。这次投票根本就没有进行。相反，他们的内部成员开始努力地改变原先推荐的标准。

尺寸小组委员会的一个特别工作组在 1959 年 9 月 16 日召开了一次会议，主席奥格登宣布，重新审视集装箱长度的问题是值得的。奥格登说，东部除了两个州之外，其余的各州现在都允许 40 英尺长的拖车，所以证明 35 英尺的集装箱合理的长度限制已经不复存在了。在西部，已经有 8 个州修改了他们的长度限制，允许卡车牵引两辆各 27 英尺长的拖车，而不再是原来的各 24 英尺长。奥格登的联合货运公司是全国最大的卡车运输公司；他强烈要求委员会批准 27 英尺的集装箱为西部的地区性标准尺寸，以减少卡车运输公司的成本。

接着，MH-5 的整个标准化过程的负责人赫伯特·霍尔也出面干预了。霍尔是美国铝业公司的退休工程师，而这家公司生产用来制造集装箱的铝板。1957 年，正是霍尔给一个工程学会做的报告引发了整个标准化的过程。霍尔对使用集装箱的经济效果知之甚少，但他着迷于不同尺寸间的算术关系，他称之为"首选的数字"。他认为，制造长度为 10、20、30 和 40 英尺的集装箱将带来灵活性。一个发货人可以把运给一个客户的货物装进尺寸最适合的集装箱中，而不必浪费空间使用一只 40 英尺长的集装箱。一辆可以装卸 40 英尺集装箱的卡车，同样也能很好地装载两只 20 英尺的集装箱（它们的精确长度是 19 英尺 10.5 英寸，这样可以让它们很容易地一起装进一个 40 英尺长的空间里），或者是一只 20 英尺的加两只 10 英尺的。火车和轮船也将能以同样的方式组合装载较小的集装箱。铁路公司和轮船公司可没有霍尔这样的热情，因为装载 4 只 10 英尺的集装箱，其成本将是装载一只 40 英尺集装箱的 4 倍。霍尔提醒特别工作组，别忘了他们上头还有一个更高的机构，那就是美国标准协会的标准审查委员会。霍尔认为，标准审查委员会将不会接受 MH-5 的小组委员会认可的 12、17、24 和 35 英尺的集装箱。霍尔偏爱的 10、20 和 40 英尺的长度立刻就得到了批准，而其他的长度都被从"标准"尺寸的清单上删掉了。这些标准以及面向西部地区的 27 英尺的长度标准，还有几个集装箱构造的标准，一同被交由各成员组织在 1959 年后期投票表决。[13]

霍尔所主张的这些标准对运输部门有着巨大的影响。当时在使用中或设计中的轮船和集装箱都将无法适应未来的集装箱系统。泛大西洋公司和麦特森公司将面临不受欢迎的抉择。如果他们同意只使用 10、20 和 40 英尺的集装箱，他们就将被迫一笔勾销数千万美元的投资（大部分都是在前两年中投入的），并转向他们认为使用起来效率很低的集装箱尺寸。如果泛大西洋公司和麦特森公司拒绝接受这些标准，他们就会丧失从政府那里获得造船补贴的资格，而他们的竞争对手则将能够在政府的资助下建造"标准的"集装箱船。不管怎样，集装箱运输的后来者都将在损害先驱者的情况下获得利益。个别的企业没有在 MH-5 的委员会中投票，但是各家企业的利益完全不同，以至于 10 多家有投票权的行业组织未能达成内部共识。27 英尺的地区性标准被否决，但霍尔建议的"组合式"长度也遭遇了大量的弃权票。[14]

局面如此混乱，以至于霍尔决定再重新组织一次投票。这一次，关于集装箱构造的问题被暂时放在了一边。现在就只剩下一个问题了：美国标准协会是否应该把 8 英尺宽、8 英尺高以及 10、20、30、40 英尺长确立为规定的标准尺寸？30 英尺的集装箱在各个特别工作组和小组委员会中都没有讨论过，但霍尔还是把它加上了，为的是"明确相邻尺寸集装箱的容量之间的关系"；事实上，他这样做还有一个原因，那就是这个尺寸可以取悦于欧洲人，他们担心太大的集装箱无法通过欧洲狭窄的城市街道。很多轮船公司再一次因为内部分歧而弃权了，海事管理局则又一次投了赞成票。最终的投票结果没有对外公布，但主席霍尔宣布那些 10 的倍数的长度赢得了足够多的支持。1961 年 4 月 14 日，10、20、30 和 40 英尺的集装箱被宣布为唯一标准的集装箱。联邦海事委员会紧跟着就宣布说，只有面向这些尺寸设

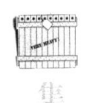

计的集装箱船才能够得到建造补贴。[15]

标准之战还远远没有结束。事实上，战斗才刚刚开始。在美国的敦促下，当时只有17个成员方的国际标准化组织（ISO）同意研究集装箱。那时，只有非常少量的集装箱被跨国运送，但是很显然这个数量正在日益增长。ISO的项目打算在企业作出大量的财务投入之前确立全球性的指导方针。1961年9月，来自11个国家的代表以及来自另外15个国家的观察员齐聚纽约，开始为集装箱制定国际标准。这些代表和观察员大多是由政府指派的，但代表美国的美国标准协会是一个例外。作为此次会议的召集人，美国任大会的主席。[16]

只要可能，ISO的惯例就是要决定一种产品该怎样发挥功能，而不是决定它应该怎样制造。这意味着ISO的104技术委员会（TC104）将专注于让集装箱容易互换，而不是专注于集装箱构造的细节。因此，TC104能够避免在欧洲流行的钢制集装箱的支持者与在美国更普遍的铝制集装箱的拥护者之间的长期争论，因为所有的标准都不会规定集装箱的材质是铝还是钢。TC104成立了3个工作组，开始了这个涉及众多利益集团、必然会进展缓慢的过程。美国标准协会的MH-5小组委员会还在继续致力于其他的国内标准，他们期望不管自己批准了什么，稍后都会被ISO所接受。美国很多著名的运输工程师都同时参加了这两个组织。[17]

集装箱尺寸之争已经在美国持续了3年，如今这一幕又在国际上重演了。到了1962年，欧洲的大部分地区都渐渐地允许了比美国更大的运输工具，所以美国新通过的标准尺寸（8英尺宽、8英尺高以及10、20、30或40英尺长）没有面临技术障碍。经济利益就是另一回事了。欧洲大陆的很多铁路公司都拥有大量小很多的集装箱，它们的容积为8或10立方米，而不是40英尺集装箱的72.5立方米。欧洲人希望他们的集装箱被认可为标准，英国、日本和北美的代表都反对，因为欧洲的集装箱要比8英尺略宽一些。1963年，各方达成了一个折中方案。较小的集装箱，包括欧洲铁路公司的尺寸以及美国的5英尺

和 $6^2/_3$ 英尺的集装箱，将被认可为"2 系"集装箱。1964 年，这些较小的尺寸以及 10、20、30 和 40 英尺的集装箱被正式采纳为 ISO 的标准。作为两家最重要的集装箱船经营者，海陆联运公司（以前的泛大西洋公司）和麦特森公司的集装箱没有一只符合新的"标准"尺寸。[18]

当 ISO 的一部分小组委员会和特别工作组正在反复推敲集装箱尺寸的时候，其他专家组也在寻求关于强度要求和提升标准的共同立场。在北美和欧洲，较小的集装箱往往是用叉车来搬运的；有些小集装箱的顶部有金属环，码头工人或铁路工人可以把起货机的吊钩挂在这些环上。北美引入的大集装箱在各个角上都有钢制装置，它们被焊接在角柱上、两侧底部或顶部的钢梁上或者是横跨前端或后端的钢制横梁上。这些箱角装置上铸有小孔，通过这些小孔，集装箱可以被吊起、被锁定到底盘上或者被彼此连接起来。这些铸件制造简单，在 1961 年它们的成本大约是每件 5 美元。[19]

问题出在与小孔配套的提升和锁定装置上。第一个想到办法的泛大西洋公司已经为他们的特殊装置申请了专利。他们的装置使用了两个圆锥形的部件，这两个部件可以滑进箱角装置上的椭圆形小孔中并自动锁定；另外，只要搬动一个把手，一个双头的部件就可以牢牢地把两个集装箱连接在一起。泛大西洋公司威胁说，他们会控告任何侵犯其设计的企业和个人，这迫使其他的轮船公司和拖车制造商只好去开发他们自己的提升和锁定装置。这意味着即使集装箱的尺寸标准化了，海陆联运公司的起重机也将无法吊运格雷斯公司的集装箱，而他们的集装箱也根本无法用麦特森公司的底盘来运载。为了运载不同轮船公司的集装箱，铁路公司需要由链条和锁构成的复杂系统才能确保锁牢不同的集装箱，因为一个简单的锁定系统将不能适用于所有的集装箱。因此，要想让集装箱易于交换，达成一个标准的箱角装置至关重要。然而这面临着一个障碍：每一家公司都有支持自家箱角装置的财务理由。如果采用别的设计，公司就得在每一个集装箱上安装新的装置，还得购买新的提升和锁定装置，并要向专利持有人支付特许使用费。

1961年，MH-5的一个特别工作组试图拿出一个兼容现有各种箱角装置的新设计，但没有成功。这样，一个问题就不可避免地出现了：任何取得专利的箱角装置都可以作为美国的标准吗？1961年12月，霍尔在MH-5的一次会议上建议说，这是可以的，只要那个装置使用广泛并且允许所有缴纳了规定专利费的企业使用。特别工作组的主席是基思·坦特林格，1955年，当他为马尔科姆·麦克莱恩工作时，他设计出了海陆联运公司的箱角装置。现在，他是弗吕霍夫拖车公司的总工程师。他表示，愿意在不收取专利费的情况下，允许其他公司使用弗吕霍夫公司的新设计。在这个设计中，一个钢制的凸出部件可以滑进箱角装置的小孔中，然后用一个插销锁定。弗吕霍夫的一个竞争对手斯特里克拖车公司反对说，弗吕霍夫的设计不便于把集装箱连接在一起，而且它也没有在实际使用中得到检验。然而，斯特里克公司自己的设计陷入了专利纠纷中，不可能拿出来作为一个标准。国立铸造公司威胁说，除非新的标准兼容他们自己的装置，否则他们就提起诉讼。在他们的设计中，凸出部件在穿过箱角装置的小孔后可以张开，从而锁定集装箱。

这些装置之间的技术差别很重要，尤其是对轮船公司来说。集装箱船是需要庞大资本支出的，而这个行业的生存能力依赖于最大限度地压缩港口时间，让轮船尽可能多地在海上航行赚取收入。因此，轮船公司特别关心"捡拾能力"，也就是提升装置的凸出部件能否容易地穿过箱角装置的小孔。如果一个装置的捡拾能力很差，那么当一台起重机放下扩张爪想要抓起一个集装箱时，操作员往往难以一次成功，必须先升起扩张爪然后再次放下。麦特森公司的总工程师莱斯利·哈兰德计算后认为，即使捡拾难度仅仅让提升一只集装箱的平均时间增加1秒钟，麦特森公司也会因此每艘船每年损失4 000美元。在经过了一整天的争论之后，小组委员会就弗吕霍夫公司的设计进行了投票，但大家的意见出现了严重的分歧。没有哪家公司的设计得到普遍的认可。[20]

1962 年，各方又举行了多次会议，但一直未能打破僵局。最终，担任 MH-5 委员会秘书的工程师弗雷德·马勒提出了一个想法：既然海陆联运公司的箱角装置在世界最大的集装箱运输队中表现得非常出色，或许他们会愿意放弃该装置的专利权。坦特林格与马尔科姆·麦克莱恩面谈了此事。麦克莱恩没有理由去讨好美国标准协会，要知道，他们不久前刚刚把海陆联运公司的 35 英尺集装箱排除在了标准尺寸之外。尽管如此，麦克莱恩却清楚地认识到，普及的技术会刺激集装箱运输的增长。1963 年 1 月 29 日，海陆联运公司放弃了他们的专利，以便 MH-5 的委员会能够以它们为基础确立标准的箱角装置和扭锁。[21]

事实证明，想就一个设计达成一致非常困难。各家拖车制造商仍旧在推销他们自己的产品。许多轮船公司和铁路公司已经开始购买集装箱了，尽管数量不多；他们使用了各种各样的提升装置。无法达成一致意味着当 ISO 的集装箱委员会于 1964 年 10 月在德国召开会议时，美国的代表拿不出一个官方的设计。这些美国人提出以海陆联运公司的装置为基础来确立潜在的国际标准，而坦特林格则在分发尺寸减半的陶瓷模型，好让其他的代表知道那个装置看起来是什么样子；但是，最终也没有哪一个设计被付诸表决。[22]

回国之后，工程师关于箱角装置的应力和容限的争论突然演变成了激烈的商业争论。国立铸造公司的箱角装置得到了更多集装箱拥有者的支持；这个装置是一个细长的盒子，在较长的侧面上有两个矩形的孔，而顶部有一个很大的正方形开口。作为一家大企业，格雷斯轮船公司的集装箱起重机就是针对国立铸造公司的装置设计的。用散装货船同时运载集装箱和混杂货物的小轮船公司也喜欢国立铸造公司的装置，因为其顶部的大开口让他们可以使用老式的吊钩。改用不同的装置将需要付出很大的代价；格雷斯轮船公司估计，如果要更换他们的箱角装置以及起重机的吊运架，他们需要支出 75 万美元。通过同意不收取特许使用费（尽管只是针对美国轮船运载的集装箱），国立铸造公司为他们的设计争取到了更广泛的支持。他们说服海事管理局应该支持他们的装置成为国际标准,而不该支持以海陆联运公司的设计为基础的装置。[23]

海陆联运公司、麦特森公司、阿拉斯加轮船公司以及美国总统轮船公司等四家领先的轮船公司进行了回击,因为采用国立铸造公司的装置将要求他们改变其所有的集装箱。他们建议对MH-5的委员会正在基于海陆联运公司的专利进行设计的装置作出小的改动。他们估计,如果该装置顶部的开孔移动半英寸,那么能"相当好地"与海陆联运公司的集装箱兼容的集装箱将有10 000只,大约占美国各家铁路公司和其他轮船公司所使用的全部大集装箱的80%。他们还说,他们推荐的装置要比国立铸造公司的便宜一半(42.24美元对97.90美元),而且重量也几乎轻一半(124磅对236磅)。正当双方的斗争变得越来越激烈时,标准化的政治局势突然发生了变化——国立铸造公司被出售,他们也放弃了推销其箱角装置的努力。曾经支持国立铸造公司的海事管理局改变了立场,开始催促轮船公司接受MH-5批准的设计,不管它是什么。最终,高层作出了一个不同寻常的决定。尽管MH-5委员会的专家还在讨论箱角装置的细节,但美国标准协会的标准审查委员会不予理睬。1965年9月16日,他们批准把海陆联运公司装置的修改版作为美国标准,刚好赶得上ISO集装箱委员会在荷兰海牙召开的下一次会议。[24]

9月19日,当ISO的61位代表在荷兰的海牙举行会议时,他们面对着两个相互竞争的设计:一个是作为新的美国标准提出的海陆联运公司箱角装置的修改版,另一个是作为英国标准提出的国立铸造公司的装置。英国很快就同意美国建议的设计更优秀,现在就只剩下一个障碍了,即ISO的章程规定提议标准的证明文件必须提前4个月分发。MH-5委员会只是在会议的前几天才提交他们推荐的设计,而且也没有现成的技术文档。最终ISO的委员会投票一致赞成放弃提前4个月的规定。随后,坦特林格、哈兰德和斯特里克拖车公司的尤金·兴登去了乌特勒支附近的一个火车车厢厂,三位高级主管与荷兰的制图员合作,一连两天昼夜不停地赶制所需的图纸。1965年9月24日,ISO

的代表正式批准把美国的设计作为箱角装置的国际标准。[25]

货物运输的新时代似乎终于要到来了。原则上,海陆运输业者将很快就能装卸彼此的集装箱。在知道了很多运输公司将准备租用他们的设备之后,集装箱租赁公司就可以购置更多的集装箱。另外,使用集装箱的发货人也不用再死守一家轮船公司了。"一些期待装置问题有结果的项目已经在进行中了,"一本贸易出版物在海牙投票期间宣告说,"现在,厂商可以更加有把握地设计集装箱装卸设备,会有越来越多用于装载和运送集装箱的产品被推向市场。"[26]

然而,现在的局面却是本末倒置的:ISO 的集装箱委员会已经就箱角装置的形式达成了一致,但却没有定义它应该能够承受的负荷与应力。进入 1965 年秋天,有很多的轮船公司和租赁公司已经开始订购新的集装箱了,这些集装箱都带有以海陆联运公司的设计为基础的装置,但这些装置从来没有在其他条件下测试过。比如说,ISO 的委员会还必须规定集装箱的最大重量。没有人能够说出制作装置的钢材应该有多厚,因为大家都还不清楚它必须要能承受多大的重量。海陆联运公司的起重机是通过连接集装箱顶部的箱角装置来完成吊运的;如果起重机连接的是集装箱底部的箱角装置,这些装置的表现如何还不确定。欧洲的铁路公司有着不同于美国的连接装置,这意味着列车中的各节车厢会以更大的力量相互撞击,而海陆联运公司的箱角和锁定装置从来没有经受过这种情况的检验。另外,如果是五六个集装箱在轮船的甲板上摞在一起,情况又会怎样?在远海中,集装箱的堆垛甚至可能出现 30～40 度的倾斜。新批准的箱角装置和扭锁能经受住这样的应力吗?

1966 年,全球有很多的工程师检测了新的装置,发现了各种各样的缺陷。作为一项额外检测,一只集装箱在底特律接受了紧急情况测试,而时间就在 ISO 的委员会举行下一次会议之前。测试失败了,受测集装箱底部的装置在重负载下垮掉了。当 TC104 于 1967 年 1 月在伦敦召开会议时,他们面临着一个令人不愉快的事实:他们在 1965 年批准的箱角装置有缺陷。委员会指派 9 名工程师组成了一个特别工作组,告诉他们要迅速解决这些问题。特别工作组首先就装置必须要通过哪些测试达成了一致,然后派其中两名分别来自英国和美国的工程师,带上他们的计算尺,回到酒店的房间里去重新设计箱角装置,以便它能够通过那些测试。两位工程师经过计算认为,只要加厚装置的钢壁就会解决大多数问题。现有的集装箱都不符合他们的"特别"设计。很多轮船公司都非常不满地抱怨说,他们自己的集装箱并没有遇到这些问题。尽管如此,ISO还是在1967年的莫斯科会议上批准了那个"特别"设计。自ISO在1965年首次批准箱角装置以来,新制造的集装箱已经达到了数千只;现在,这些集装箱必须要更换新的箱角装置,由此所造成的损失达到了数百万美元。[27]

标准化的过程在顺利地进行着。然而,标准化的经济效益仍不明朗。10、20、30和40英尺的集装箱已经变成了美国和国际的标准,但这些"标准"尺寸之间美妙的算术关系并没有转化为发货人或轮船公司的需求。没有一家轮船公司使用30英尺的集装箱;10英尺集装箱的销量也很小,而且最大的买主很快就决定不会再继续购入了。至于20英尺的集装箱,陆上运输业者都不喜欢。纽约中央铁路公司的一位高管抱怨说:"很多轮船公司已经为港口集装箱设计了非常高效的码头,尤其是对20英尺的集装箱,但是他们却没有考虑,集装箱将怎样高效率地从港口运到客户那里。"对卡车运输公司来说,集装箱越大,卡车司机每小时能够运送的货物就越多。卡车运输公司所选购的拖车几乎没有哪辆的车厢是20英尺,这清楚地表明了他们偏爱多大的集装箱。事实证明,霍尔认为一辆卡车可以装载一对20英尺集装箱的想法是不切实际的,因为如果每只集装箱都装填到了重量上限,那么两只加在一起的重量在任何一个州都会违反公路管理条例。将两只20英尺的集装箱一前一后地拖运也是不切实际的,因为从加大运载量的角度考虑,同样的卡车可以拖运两只24英尺的集装箱,在很多州甚至可以拖运两只27英尺的。[28]

能够说明国际标准不受欢迎的最有说服力的证据来自市场。尽管美国政府向运输业者施压，要求他们使用"标准的"尺寸，但非标准的集装箱仍旧占有支配地位。海陆联运公司的35英尺集装箱和麦特森公司的24英尺集装箱都是高8英尺6英寸，是不标准的，但它们的数量在1965年占到了美国的轮船公司所拥有的全部集装箱的2/3。在所有现役的集装箱中，符合长度标准的只有16%，而这其中还有很大一部分高度不是标准的8英尺。标准的集装箱显然没有赢得行业的欢心。较大的尺寸太难装满了（没有几家公司在两地间有那么多的货物，居然要用到一整只40英尺的集装箱来装），而较小的尺寸又需要太多的装卸次数。正如麦特森公司的执行副总裁诺曼·斯科特所解释的："在运输业的经济学中没有数学对称性的魔术。"[29]

尽管他们的经营都很成功，但海陆联运公司和麦特森公司很担心标准尺寸集装箱的推行。为了购买设备并把他们的轮船改造成可以运载集装箱的，两家公司都已经筹集了数千万美元的私人资本，迄今为止还没有争取过联邦政府的建造补贴。但是情况正在发生改变，到了1965年，海陆联运公司和麦特森公司都开始准备向国际扩展，他们可能会需要为建造新的轮船获取补贴。另外，海事管理局还发放其他类型的资助，比如向运营国际航线的美国各轮船公司发放运营补贴，以补偿他们只能雇用高薪美国海员的限制。海事管理局还按照规定给予悬挂美国旗的船只在海外运送政府货物的"优先权"。如果海事管理局规定这些补贴只发放给那些遵守MH-5"自愿"标准的公司，那么海陆联运公司和麦特森公司就会处于极其不利的竞争地位。来自两家公司的高管在华盛顿会谈后决定合力对抗美国政府。[30]

他们首先在美国标准协会发起了反击。协会的MH-5委员会原本已经停止活动了，但是在1965年秋天，随着ISO开始确立集装箱的国际标准，MH-5的委员会也指派了一个新的小组委员会来研究"可拆卸集装箱"，即能够在轮船、火车和卡车之间搬运的集装箱。小组委员会的主席是麦特森公司的总工程师哈兰德；与1961年不同的是，现在海陆联运公司的代表是重要的参与者。小组委员会在匹兹堡的飞毯汽车旅馆举行了第一次会议，哈兰德让出了主席的职位，并呼吁批准麦特森公司的 24 英尺集装箱为标准。海陆联运公司的总工程师罗恩·卡蒂姆斯紧随其后，提出委员会也应该承认 35 英尺的集装箱为标准。他说，即使是海陆联运公司 35 英尺的集装箱，在装填至最大容量之前就早已达到了重量限制，所以在实际使用中，40 英尺的集装箱装的货物不会比 35 英尺的更多。然而，在尺寸加大了之后，海陆联运公司将不能在船上装载原来那么多的集装箱，每艘船将因此损失大约 1 800 吨的货运能力。随后，哈兰德要求小组委员会也承认以 $8\frac{1}{2}$ 英尺高的集装箱为标准。海事管理局的代表要求暂时搁置这三项提议。[31]

当讨论在 1966 年早期重新开始时，小组委员会同意把集装箱的"标准"高度增加到 $8\frac{1}{2}$ 英尺，但对于是否修改政策，让 24 英尺和 35 英尺的集装箱成为"标准"，他们的意见出现了分歧。他们把整个问题提交给了 MH-5 委员会。然后，MH-5 委员会的意见也出现了分歧。尽管健康状况很糟糕，但顽固的霍尔还在推动标准化的过程，并且仍旧坚信所有得到批准的尺寸应该是数学上相关的。对委员会中的各个航运协会来说，他们的大多数成员当时都已经采用了 20 英尺或 40 英尺的集装箱，所以他们没什么动力投票支持海陆联运公司和麦特森公司，更何况，那样做很可能会迫使他们与这两家公司分享政府的补贴。对 5 个卡车运输协会来说，他们的成员在为海陆联运公司和麦特森公司接送集装箱，所以他们通过电报提交了支持两家公司的投票，但他们的投票没有被委员会接受。几乎所有出席会议的政府代表都弃权了。结果，15 票反对，5 票赞成，54 位投票人弃权或缺席，MH-5 委员会没有达成任何的多数意见。第二年的再次投票分歧依旧，有 24 家参会组织赞成 24 英尺的集装箱，28 家反对。[32]

海陆联运公司和麦特森公司被取消了获得补贴的资格，却还要与得到补贴的对手竞争，在这种情况下，他们只好求助于国会。1967 年，他们的说客打算通过立法来禁止政府把集装箱或船上集装箱格槽的尺寸作为其发放补贴或奖励货运的判定标准。代表和参议员们很快就深入研究了集装箱运输晦涩的细节。其他的轮船公司强烈要求政府推动标准集装箱的采用，以便任何公司都能够装卸其他公司的集装箱。"自动化的关键就在于标准化产品的存在。"英国一家轮船公司的高管普赖尔·帕尔默声称。竞争对手指责说，海陆联运公司和麦特森公司正在破坏让集装箱全球兼容的努力。在1967年9月正建造的107艘集装箱运输船中，除了海陆联运公司和麦特森公司订购的6艘之外，其他的都是根据标准的集装箱尺寸来设计的。海事管理局持有同样的观点，他们认为海陆联运公司和麦特森公司应该接受其他公司采用的标准。海事管理局的代理主席久立克声称，海陆联运公司花大约3 500万美元就可以把他们的25 000只集装箱和9 000架底盘都加长5英尺，而规模较小的麦特森公司只要花900万美元就可以从24英尺的集装箱转向20英尺的。[33]

海陆联运公司和麦特森公司总共已经在集装箱运输上投资了3亿多美元，同改装成本相比，他们更担心使用不合需要的设备会严重地降低业务经营的效率。麦特森公司的总裁斯坦利·鲍威尔声称，以20英尺的集装箱代替24英尺的，这会让他们服务于远东的每艘船的年运营成本增加50万美元，同时还会增加卡车接送集装箱的成本。马尔科姆·麦克莱恩也拿出了一位顾问的研究报告来证明，如果把公司在波多黎各业务中的35英尺集装箱换成40英尺的，这会让营业收入减少7%，但几乎丝毫不会降低成本。"我不关心多大尺寸的集装箱被认定为标准，"他明确地表示，"如果市场能够找到一种运输更便宜的集装箱，那么这就是市场指定的方式，而我们需要足够灵活地追随市场。"[34]

参议院通过了他们的法案，但麦特森公司感到，要想让法案通过整个议会的审议，他们需要作出妥协。鲍威尔当时告诉议会的委员会，麦特森公司希望海事管理局能资助他们建造两艘新轮船，它们将具有一个全新的特色，用来放置集装箱的钢制格槽将可以调整大小。这两艘船最初将只运载24英尺的集装箱，但是如果市场需求改变了，这些钢制架构可以调整，从而能够运载20英尺的集装箱。鲍威尔说，这一新特色只会让原本1 300万美元的成本增加6.5万美元。但这样的设计根本就不存在，整个方案，包括成本估计等，都是他们前一天晚上在酒店房间里的地板上草拟出来的。不过不要紧,国会下令海事管理局不得歧视使用非标准集装箱的公司,麦特森公司也拿到了建造补贴,而且当他们在多年后决定从 24 英尺集装箱转向 40 英尺的时候,原本是想用来取悦于国会委员会的可调节格槽,让这种转换变得更便宜、更容易了。[35]

至此,还剩下两个有争议的问题。MH-5 的委员会试图让集装箱既兼容轮船、卡车和火车,也兼容飞机,但他们的努力失败了。不同运输工具的要求难以一致:空运集装箱需要比海运集装箱更牢固,而且为了便于用传送带运送而不是用起重机吊运,它们的底部必须平滑。经过了几个月的研究之后,工程师渐渐地认识到,追求空运速度的发货人不太可能想用轮船运载他们的货物,这样,他们就为空运集装箱制定了一个单独的标准。铁路公司提出了一个更严峻的问题:他们坚持认为集装箱需要有更加厚重的两端箱壁。当集装箱在船上运载时,其两端的箱壁不会承受很大的负荷,但是当集装箱在火车上运载时,刹车可能会导致一个集装箱的端壁撞击列车车厢的端壁。北美的铁路公司要求集装箱的端壁要比船运集装箱牢固一倍,以降低损毁索赔的可能性。欧洲的铁路公司甚至更担心,因为连接装置上的差异会在火车车厢之间引起力量更强烈的接触。航运业者反对加厚端壁,因为那意味着更大的重量和更高的制造成本。在 TC104 委员会的支持下,铁路公司获胜了,但也付出了一定的代价;据估计,更牢固的端壁让每只标准集装箱的制造成本增加了 100 美元。[36]

到了 1970 年,当国际标准化组织准备为其辛苦协商得来的标准发布第一份完整草案时,各利益集团之间的激烈斗争终于渐渐平息了。事后看来,这个过程几乎处处都有可以指责的地方。一开始批准的箱角装置太不牢固了,因此需要重新设计;有几个新近批准的集装箱尺寸是不经济的,很快就被抛弃了;端壁的标准可能是过于极端的,而甲板上集装箱的捆锁标准也始终不太合理。没有人会说那些小组委员会和特别工作组拿出了一个最理想的结果。

尽管如此,1966 年之后,随着卡车运输公司、轮船公司、铁路公司、集装箱制造商和政府在一个接一个的问题上达成了妥协方案，我们已经能够在航运领域中看到一个根本性的转变了。1965年，阻碍集装箱运输发展的过多的集装箱形状和尺寸终于向国际标准让路了。租赁公司开始信心十足地投入巨资购买大量的集装箱，很快就在数量上超过了轮船公司拥有的集装箱。除了仍旧主要使用35英尺集装箱的海陆联运公司和正在逐渐更换其24英尺集装箱的麦特森公司之外，全球几乎所有的主要轮船公司都在使用兼容的集装箱。人们终于可以充分地相信，一只在堪萨斯城装满了货物的集装箱，将能够被几乎任何的卡车、火车、港口和轮船，一路畅通地运到吉隆坡。现在，国际集装箱航运能够成为现实了。[37]

第 8 章

起　飞

"理想X号"和"夏威夷商人号"只是集装箱潜力的小小证明。1957年的"门户之城号"和1960年的"夏威夷平民号"非常有说服力地例证了,一旦采用了专门的轮船和设备,集装箱航运能够实现多么高的效率。尽管如此,在集装箱登上舞台6年后的1962年,它仍旧还是一个非常脆弱的行业。在东部,集装箱航运在流经纽约港的所有普通货物中占到了8%,但是除了海陆联运公司在杰克逊维尔、休斯敦和波多黎各的基地外,其他地方的集装箱航运几乎为零。在西海岸,用集装箱装运的普通货物吨数仅占微不足道的2%。大多数货物仍旧沿用几十年来的传统运输方式,以散货的形式装在卡车、厢式货车或者散装船的货舱里。集装箱的经济影响几乎为零。[1]

关于集装箱会有怎样的前途,美国航运业的领导者看法一点儿都不一致。就像美国任何别的行业一样,航运业也是受传统束缚的。航运业很多最杰出的领导者都还沉醉于大海和咸湿空气的浪漫。他们都在下曼哈顿工作,彼此相隔只有两三个街区;他们常常出入印度会馆和白厅俱乐部等场所,在相互比富的午宴上喝得烂醉。尽管他们如此粗俗,但是由于有政府的溺爱和纵容,他们的公司还是能够生存。在国内航线上,政府的政策抑制着各轮船公司之间的竞争。在国际航线上,每种商品的运费都是由航运公会(说白了就是垄断集团)确定的;最重要的货物,也就是军用物资,都是在没有竞标的情况下分发给悬挂美国旗的运输业者。关于轮船的购买、建造或出售,关于码头的租用,关于新航线的运营,所有的决定都依赖于政府的指示。对那些在这种环境中如鱼得水、喜欢温柔地称呼他们的轮船为"她"的人来说,马尔科姆·麦克莱恩居然想要用集装箱来运送货物,这种全然没有浪漫情调可言的提议几乎毫无吸引力。对于梦想家来说,宣告集装箱是"必然的趋势"固然很好,但航运业的集体智慧却坚持认为,集装箱货运将永远也不会超出美国对外贸易的1/10。[2]

新的劳工合同以及标准化的进程促使航运业的高管们更认真地看待集装箱运输。然而当他们这样做了时,却看到了一个被各种沉重的错误弄得乱七八糟的码头区。马尔科姆·麦克莱恩自己也犯了很多错误；他们安装的新颖船上的起重机被证明是一场噩梦，因为经常出故障，而每次故障都会耽误轮船的航期。麦特森公司尽管投资更加谨慎，但他们为同时运送散装食糖和集装箱而建造的两艘轮船，却丧失了纯集装箱船所具有的高效率和快速周转。卢肯巴赫轮船公司原本已经启动了一项5 000万美元的计划，打算在东海岸和西海岸之间运营5艘集装箱船，但是最后由于没有得到政府的资助，只得放弃了这个计划。1960年，伊利圣劳伦斯公司在炫耀声中启动了纽华克港与佛罗里达之间的集装箱业务，但是仅仅过了6个月，当造纸企业和食品加工商不能提供足够多的货运需求时，这项业务就不得不终止了。[3]

运输企业和发货人都渐渐地认识到，仅仅是用巨大的金属箱子装载海运货物，这不是一项有生存能力的业务。的确，它带来了一些节约：起重机、集装箱、底盘和集装箱船消除了大量的轮船装卸成本。然而，发货人关心的不是装卸成本，而是把他们的产品从工厂交到客户手上的总成本。按照这一标准，集装箱运输的优势就不那么明显了。比方说，如果一个批发商要把3吨水泵从克里夫兰运到波多黎各，那么这些水泵就必须先用卡车运到海陆联运公司在纽华克的仓库，然后从卡车上卸下，与20～25吨来自其他发货人的货物一起合并后装进一个集装箱。到达波多黎各后，集装箱里的东西必须先倒出来，经过分拣，最后重新装上卡车运给收货人。从一个发货人到一个收货人，即使把装满的集装箱算上，货运量也是非常有限的，这对集装箱运输来说显然不具有经济合理性。[4]

大多数的发货大户没有使用沿海航运业务的迫切需要，不管是集装箱航运还是传统航运。他们只为进出口使用海运，但国际轮船上运载的集装箱数量很少。大多数的货运都是国内的卡车或火车运输。直到集装箱技术影响了陆上运输成本之后，集装箱革命才算站稳了脚跟。[5]

第二次世界大战结束后，火车一直是大多数企业运输货物的交通工具。1945年，全国有超过400 000车皮的制成品以及大多数的煤炭和谷物是由铁路运输的，铁路公司的货运收入是城际卡车运输公司的9倍。然而，20世纪50年代却成为卡车的时代。更多更好的公路，包括高速公路的大规模建设，使得卡车运输公司可以使用更大的卡车以更快的速度运送更多的货物。高速公路上的40英尺拖车取代了拥挤的两车道上的28英尺拖车，这极大地提高了卡车运输公司的劳动生产率，帮助他们从铁路公司那里抢来了生意。20世纪50年代，卡车运输公司的城际收入翻了一番；如果把制造商和零售商自有的卡车或按合同包租的卡车也计算在内，那么收入增长的幅度还会更大。与此同时，铁路货运的收入却没有增长。到了1963年，除汽车之外的大多数制造商品都用卡车运输。[6]

铁路公司最大的挑战在于其业务中规模最小但最赚钱的部分：把远远不够装满一个车皮的货物从来源地运到目的地。不满一车皮的货物多种多样，从几桶溶剂到上万磅的螺栓和螺母，无所不包。1964年，这些小批量的货物占铁路公司货运总吨数的比例不到2%，但却带来了将近8%的收入。这些货物的处理是低效率的，需要铁路员工把一个个的柳条箱和纸板箱从一节车皮搬到转运点的另一节车皮中去。卡车运输公司在猛烈地抢夺这一市场，在10年内，铁路公司的这项业务有将近3/4落入了卡车运输公司手中。[7]

这些一直属于他们的货运业务的失守，迫使铁路公司的高管开始严肃地思考，什么才是他们的公司仍旧能够做到最好的。答案自然集中到了他们的优点上，即他们有能力以相对较低的成本完成大负载的长途运输。一种有潜力的货物引起了他们的注意，那就是卡车。在东西海岸间的高速公路通车之前，把一辆卡车从加利福尼亚开到纽约可能需要100个小时，这还没有算上吃饭和休息的时间。如果在这段行程的长途部分使用火车来运载卡车的拖车，那么就既能保持卡车运输的灵活性，又能削减人力成本。铁路公司早在1885年就已经提供这样的服务了。当时，长岛铁路公司的"农民列车"可以把装着农产品的马车运送到纽约城对面的渡口平台上去；每4辆马车装在一辆专门设计的列车车厢里，而赶车的农民和拉车的马匹要乘坐另外的车厢。20世纪50年代早期，当铁路公司开始把卡车拖车捆锁在平板车上时，一种新的形式出现了,他们称之为"背负式运输"。[8]

就像那个时代几乎所有的运输革新一样,背负式运输面临着一个巨大的障碍州际商务委员会。州际商务委员会管制着火车以及州际卡车的运费和服务。他们在1931年镇压了铁路公司想要运载卡车拖车的企图,理由是为了避免不公平的、破坏性的竞争。把拖车装到火车上,这搅乱了州际商务委员会的职能,但是在1954年,他们终于规定了铁路公司可以运载装货拖车的条件。随着时间的推移,该委员会在不颠覆管制体系的前提下批准了几项允许背负式运输的"计划":第一项计划允许服务于普通公众的卡车运输公司(用法律术语来说就是公用运输业者)承接发货人的货物,然后把他们的拖车装到火车上运送,最后与铁路公司划分收入,但前提条件是这家卡车运输公司必须要有此条路线的经营权;第二项计划允许铁路公司拥有自己的拖车并直接与发货人打交道,但这些发货人可能必须要用自己的卡车来把拖车从铁路货场拖运到最终的目的地。这些条件显然不会容许背负式运输大获成功,于是州际商务委员会又批准了其他的计划,以便货运代理或发货人拥有的拖车甚至是平板车可以让铁路公司来运送。这对铁路公司来说是一个巨大的安慰,财务灾难正让他们越来越难以进行新的投资,而更加宽松的管制为背负式运输打开了发展之路。[9]

之前铁路公司的大量列车车厢使用效率很低,背负式运输为他们解决了这个棘手的经营难题。1955年,美国的各铁路公司拥有723 962辆列车车厢,但使用率非常低。通常,一辆列车车厢只有8%的时间是在行进中,也就是说在赚取收入。在其他的时间里,它就是一个带轮子的仓库,停在侧轨上等待装载、卸载或者编组。一旦上面装载的拖车被卸下之后,背负式运输的平板车就可以马上进行下一次运载,这个事实让铁路公司不用再勉为其难提供免费贮存了。但对发货人来说,就像集装箱运输一样,背负式运输一开始并没有带来多少成本优势。各家铁路公司都在使用不同类型的列车车厢,所以一家铁路公司可能无法从另一家公司的平板车上卸下拖车,考虑到没有哪一家铁路公司是遍及全国的,所以这是一个严重的问题。装载也很麻烦:空的列车车厢彼此以金属桥接首尾相连，一辆卡车会把拖车一辆接一辆地倒进平板车上的空位里。大多数的平板车只运载一辆拖车，所以编组一列列车需要转轨和连接大量的车皮。对于铁路公司来说，货物量太小了，不值得投入巨资来让背负式运输变成真正高效的服务。除了这些操作上的缺陷，卡车司机工会也反对这个系统，因为其成员大多驾驶城际卡车，背负式运输会减少对城际卡车运输的需求；工会与雇主们达成的合同规定，利用火车来运送拖车的卡车公司会受到处罚。背负式运输是规模非常小的业务：1955 年，尽管有 2/3 的铁路公司都在平板车上运载拖车，但这部分的总货运量仅占铁路公司货运量的 0.4%。[10]

1954 年 7 月，强大的宾夕法尼亚铁路公司开始在纽约和芝加哥之间用 50 英尺的平板车运载拖车，每节车厢上装一辆拖车。几个月后，他们每天开往芝加哥和圣路易斯的"卡车列车联运"使用了新的 75 英尺平板车，每一趟开行可以运载数百辆拖车。宾夕法尼亚铁路公司签约雇用了 150 家卡车运输公司，负责为他们接送拖车；此项业务的年收入很快就达到了 1 亿美元。他们专门成立了一个研发部，负责改善"卡车列车联运"，对一家铁路公司来说，这是一个极不寻常的举措。"卡车列车联运"业务的经理们认定，最大的障碍在于宾夕法尼亚铁路公司不能把已装货的车皮转交给很多其他铁路公司。1955 年 11 月，"卡车列车联运"业务单独成立了拖车列车公司，并鼓励其他铁路公司加入。他们的想法很简单：各家铁路公司不再独立运营各自规模很小的拖车业务，拖车列车公司将代替他们处理全国范围内的卡车拖车。该公司将拥有平板车，接收来自卡车运输公司的收入，然后再向各铁路公司支付线路使用费。在年底，该公司获得的利润将在所有成为股东的铁路公司间分配。卡车列车联运公司起初的规模很小，在 1956 年运营的平板车仅有 500 辆。其他的铁路公司很快就加入了进来，这让他们实现了个别铁路公司无法达到的规模经济。到了 1957 年，这家公司开始购入 85 英尺的平板车，每节车厢上可以运载两辆新型的 40 英尺拖车，这大大地提高了他们的运输效率。[11]

有三家大铁路公司没有加入,他们觉得这么麻烦不值得。1957年,作为宾夕法尼亚铁路公司的直接竞争对手,纽约中央铁路公司启动了一项叫做"弗立克西货车"的业务。弗立克西货车使用集装箱,即一种特殊的卡车拖车,卸下四个插销后就能与其底盘脱离。在平板车上,拖车装在可以旋转90度的转台上面。卡车司机要把车倒至挨着平板车的边缘,然后卸下插销,松开拖车,让拖车(不带轮子)顺着转台上的轨道从底盘上滑下。当集装箱已经有一半落到了转台顶上时,司机会让牵引车底下的另外一个轮子啮合进来,使牵引车斜着移动到与平板车平行的位置,并让集装箱和转台一起跟着移动。随后,司机会把集装箱从卡车上放开,并推动转台使它完全到位。这个过程使得弗立克西货车的集装箱要远比装满了的拖车更容易装载,而且能够做到在装卸一个集装箱时不会打乱列车的其他部分。弗立克西货车以旅客列车的速度行驶,可以在17个小时内把集装箱从芝加哥运到纽约。[12]

在中西部地区,密苏里太平洋铁路公司采取了一种完全不同的方法。他们的卡车运输业务使用了顶部有钩子、可以与底盘分离的卡车车厢。司机要把卡车开到列车旁边,停在一台宽得足以跨骑列车和卡车的轮式起重机下面。然后,司机要取下一些插销,让拖车的车厢与底盘脱离,再自己操作起重机把集装箱(车厢)吊运到列车的车厢上,整个操作耗时不到10分钟。在南部地区与新英格兰之间,南方铁路公司有客户但却没有铁路线,所以他们也选择了集装箱作为最佳方法来处理这里的货运。他们签约雇用了一些卡车运输公司,帮助他们在华盛顿特区的终点站与更北部地区之间拖运拖车,他们自己不能用平板车运载传统的拖车通过巴尔的摩和纽约的一些限高很低的隧道,雇用的卡车帮他们克服了这个障碍。当然,这三家铁路公司都不能相互交换彼此的集装箱,更不用说与卡车列车联运公司进行交换了。铁路公司与轮船公司的情况一样:到了20世纪50年代晚期,简化货物装卸的努力已经导致了很多不兼容的解决方案。[13]

铁路公司想要发展背负式运输的渴望让州际商务委员会进退两

难。在背负式运输出现的早期，就像卡车运费一样，铁路运费也是根据所运载的商品来确定的。对任何一种商品来说，背负式运输的运费与卡车运费大致相同，而比用船运载厢式货车的费用略高。这让管制机构很满意，因为这样一来，铁路公司虽然可以接收少量的货物，但却不会搅乱整个货运行业。当时，泛大西洋公司在大西洋沿岸的水陆联运比铁路公司的费用低5%~7.5%，也符合州际商务委员会允许水上运输业者对速度较慢的服务收取较低费用的先例。但是后来到了1957年，铁路公司试图削减一些背负式运输的费用，以便更好地与用船运载火车车厢的泛大西洋公司和火车轮渡公司竞争。可想而知，泛大西洋公司和火车轮渡公司表示反对，他们认为更低的铁路运费会抢走他们的业务。[14]

就在州际商务委员会绞尽脑汁地盘算着怎样既能帮助铁路公司而又不损害轮船公司时，国会插手了，而且他们的指示还前后矛盾。佛罗里达的参议员乔治·斯马瑟斯解释说，国会希望"给我们的整个运输系统注入一些新的竞争"，但是，国会既想让经济受益于较低的运费和全新的业务，又想保护运输企业以及他们的工人，于是就有了1958年的《运输法案》(Transportation Act)。在一条不寻常的条款中，该法案要求州际商务委员会不得为了保护其他的运输模式而不允许一些运输业者降低运费，但同时也要求他们防止不公平或破坏性的竞争。看起来，州际商务委员会不能再用较高的铁路运费来保护轮船公司或卡车运输公司了，但与此同时，他们要确保轮船公司和卡车运输公司不会被踢出局。困惑中的州际商务委员会告诉铁路公司，背负式运输的运费应该比泛大西洋公司的轮船卡车联运高大约6%。但是法庭断然推翻了州际商务委员会的说法，他们裁定铁路公司可以自由地降低背负式运输的运费，只要不低于他们的总成本。[15]

法庭裁定允许更低的运费，这使得背负式运输的经济效果变得引人注目。对于短途运输来说，卡车运输公司的成本仍旧是最低的，相应地，他们向发货人收取的运费也是较低的。然而随着运输里程的增加，卡车运输每英里的总成本只有略微的降低，因为其中最重要的部分，也就是司机的工资和燃料费用，都是随着里程而增加的。相反，铁路运输每英里的总成本却随着里程的增加而急剧降低；一旦拖车或集装箱被装上了列车，让列车跑起来的成本就很低了。对于500英里以上的运输里程来说，背负式运输显然要比传统的卡车运输便宜多了（见表8-1）。即使是与特定的发货人签有合同的私有卡车运输公司，其长途运输的成本也无法与铁路公司的背负式运输相竞争。[16]

表8-1　1959年运送20 000磅货物的成本　　　（美元）

运输里程（英里）	卡车运输	普通铁路运输	平板车运载拖车[①]
500	244.47	206.67	236.59
1 000	445.86	337.11	404.14
1 500	647.13	467.56	571.69

注：铁路运输的成本是"完全分摊的"，包括了一般管理费用和利润。
① 运载每辆拖车的成本，假定每辆拖车装有20 000磅的货物。
资料来源：Kenneth Holcomb. See n. 8.

铁路公司现在很开心：他们既能够给客户带去较低的运费，同时还能赚取比传统铁路运输更好的利润。为了利用这种运费差，货运代理们尽力把小批量的货物合并成整车的，这样就可以要求较低的铁路运费。像通用电气和柯达这样的制造商很快就发现，比起用卡车零成盒或成箱的产品来，把产品凑成整拖车或整集装箱，然后运给单一的收货人更省钱。到了1967年，有3/4的制造产品（除了煤炭和石油产品）在离厂时都是至少3万磅一批。加工食品、鲜肉、钢铁产品、肥皂以及啤酒最先转向了背负式运输，从橙子到墙板等大量的货物也很快都由铁路来运输了。[17]

当然，一些管制怪僻仍旧存在。州际商务委员会容许铁路公司以固定的每英里运价运送装在拖车中的混杂货物，但是如果一辆拖车中装的任何单一商品超过了某个百分比，那么发货人就必须为那种商品支付特定的运费。不过，业务量很大的发货人已经习惯了这样的管制障碍。他们不仅看到了背负式运输可以省钱，而且还看到了更低的运输成本将允许他们突破运输障碍，把自己的产品卖到那些之前因运输成本过高而放弃的城市。随着铁路公司提高了列车的速度，把一辆拖车从芝加哥运载到加利福尼亚所需的时间从 5 天缩短到了 3 天。货物的运输时间缩短了，所以库存成本也降低了。1958～1960 年，背负式运输的货运量翻了一番，之后到了 1965 年又翻了一番。1964 年，弗立克西货车业务所带来的收入居然占到了总收入的 14%。拖车列车公司在 1956 年的收入不到 100 万美元，而到了 1965 年，他们已经拥有了 28 000 辆货车车皮，年收入达到了 5 000 万美元。[18]

当美国的铁路公司在 20 世纪 50 年代中期开始积极地扩大拖车货运量时，国际贸易还是没影儿的事儿。然而，他们显然从一开始就注意到了把背负式货运与集装箱航运结合起来的潜力。背负式运输的装载物大多是带轮子的拖车，根本不可能用船来运送。然而，有大约 10% 的背负式货运使用的是卸下了轮子的拖车，而且其中有越来越多的拖车符合美国标准协会自 1959 年以来一直在制定的集装箱尺寸以及吊运方法的标准。标准的集装箱已经可以畅通无阻地出入加拿大了，即在采用背负式运输这一点上，加拿大的铁路公司甚至比美国的铁路公司更迫不及待。[19]

最终，还是不知疲倦的莫里斯·福加什首先启动了定期的洲际集装箱运输。1960 年，他的美国货运公司开始从美国向日本运送集装箱，这中间利用了美国的铁路公司、日本的卡车运输公司以及美国海运公司的混装货轮。一年后，纽约中央铁路公司添置了 5 000 只新弗立克西货车集装箱，开通了到日本和欧洲的相似业务。作为普通货物运输的老大，美国轮船公司也开始尝试向欧洲运送南方铁路公司的集装箱。另外，在欧洲驻扎了大批部队的美国军方也在试验越洋运送 40 英尺的集装箱。[20]

这些最初的跨国努力规模很小。1961 年，马尔科姆·麦克莱恩也想开通到欧洲的货运业务，但手下的人劝他说，公司还没有为如此重大的商业冒险做好准备。还没有哪家轮船公司在开航到亚洲或欧洲的纯集装箱船，所以集装箱还只是安置在散装货轮某个货舱中建造的少数隔间里，或者是与一船的混杂货物一起运送。在这些轮船上，大多数的货物是必须逐件处理的传统货物,所以装卸所花的时间几乎与不使用集装箱时一样长。在国际货运中使用集装箱,发货人根本不省钱,因为确定运价的各航运公会并没有给他们任何优惠。一只装有20吨汽车零件的集装箱,其运价大约等同于分装在很多板条箱中的20吨汽车零件。这些集装箱往往要空着运回来,而这笔成本也必须要体现在运费上。从发货人的角度来说,这些早期的国际集装箱运输真正吸引他们的地方,除了偷窃减少了之外,仅仅是简化了文书工作。使用集装箱运输后,发货人就不用再为整个运输过程的各个阶段分别安排和付钱了,他们可以要求货运代理报一个总价,然后用一张支票就能支付所有的费用了。[21]

到了1965年年初,集装箱运输的头9年总体上是增长的,但并不引人注目。在纽约,集装箱吨数已经达到了一个稳定水平,而国际码头工人协会仍旧叫嚣着反对集装箱运输的增长。在西海岸,尽管经历了快速的增长,但以集装箱运输的普通货物也仅占大约8%。有些铁路公司使用的集装箱在理论上可以与轮船公司交换,但是实际上,铁路轮船联运的集装箱货运量是微不足道的。使用可拆离集装箱的卡车运输公司,主要是依照合同为海陆联运公司和麦特森公司服务;除此之外,他们几乎全都喜欢不能从底盘上拆离、难以装到轮船上去的拖车。1964年,集装箱航运为海陆联运公司创造了9 400万美元的收入,这让该业务看起来具有足够的生存能力,但它仅仅是一项利基业务。大多数的制造商、批发商和零售商运送其商品的方式几乎没有改变。[22]

然而在幕后,集装箱革命的先决条件正日趋成熟。由于工会已经在东海岸和西海岸与资方达成了协议,码头区的劳动力成本即将大幅度地降低;关于集装箱尺寸和吊运方法的国际标准已经确立,尽管符合这些标准的集装箱没有多少;面向集装箱处理而设计的码头正在建设中;制造商已经学会了重新布置他们的工厂,以便他们可以利用集装箱运输来节约成本;铁路公司、卡车运输公司以及货运代理已经熟悉了拖车和集装箱的转运,可以非常顺畅地运送如今所谓的"联合运输"的货物；管制机构也在慎重地鼓励竞争，以便运输业者能够把集装箱运输带来的成本节约与客户分享一些。现在只缺一个至关重要的因素：轮船。

开启了集装箱时代的那些轮船都是第二次世界大战期间的残羹剩饭。到1965年为止，海陆联运公司的船队中的每一艘集装箱船都至少有20岁了，而麦特森公司最年轻的轮船也是在1946年就下水了。这些以低廉的价格从政府的船队中买来的老轮船又小又慢，但也正是它们让没有巨额资本的开拓者有机会尝试集装箱运输。当其他的公司在20世纪60年代早期试验集装箱运输时，通常也是使用经过改装的第二次世界大战时期的老货轮。对很多公司来说，即使是有政府的补贴，建造全新轮船的成本也太高了，而且风险也太大了，他们担心极有可能对货物处理的未来趋势作出了错误的猜测。[23]

没有人比马尔科姆·麦克莱恩更清醒地意识到了这个世界即将发生的改变，他已经毫无保留地致力于集装箱了。为了超过所有潜在的竞争对手，海陆联运公司在1961～1963年把7艘轮船改造成了集装箱船，这些经过改造的轮船让他们在1962年开通了西海岸的业务。之后他们又在1964年收购了阿拉斯加轮船货运公司，但也为此付出了代价：仅仅两年时间，他们的债务就从850万美元增加到了6 000万美元。到了1964年，当海陆联运公司把目光投向欧洲时，更为巨大的融资需求已迫在眉睫。一旦麦克莱恩的下一个目标泄露出去，美国其他的大航运公司无疑会一窝蜂地涌入横跨大西洋的集装箱贸易，而且欧洲的轮船公司也肯定会蜂拥而至。为了保持领先地位，麦克莱恩除了再次冒险别无选择。1965年，他又达成了两笔更加惊人的财务交易。[24]

第一笔交易是与丹尼尔·路德维格达成的。路德维格与马尔科姆·麦克莱恩有很多的共同点，他生于1897年，19岁时就进入了航运业，在五大湖一带运输糖浆。和麦克莱恩一样，路德维格在经营中也非常重视成本；据一段很流行的传闻说，他买了一艘名叫"Anahuac"的油轮，并决定就用原来的船名，因为"在船身上重新油漆出船名要花掉50美元"。到了20世纪50年代，他的国民散货装船公司成了美国人拥有的最大的轮船公司，而他自己也成了世界上最富有的人之一。他控股的企业中包括美国夏威夷轮船公司，自从该公司在1953年终止了航运业务之后，它就变成了一家空壳公司。路德维格一直在谨慎地注视着麦克莱恩的集装箱冒险；1961年，美国夏威夷轮船公司突然向联邦政府申请1亿美元的补贴，用于建造10艘巨大的高速轮船，以开通一项穿过巴拿马运河、往返东西海岸间的航运业务。海陆联运公司也随即宣布他们将进入东西海岸间的航线，并在第二年成功地阻止了路德维格争取补贴的努力。路德维格把自己的补贴请求缩减到了3艘核动力轮船，但后来他认定要从集装箱航运中获利，最好的办法就是对海陆联运公司投资。1965年早期，当麦克莱恩工业公司的股价为每股13美元时，他们以每股8.50美元的价格向美国夏威夷轮船公司出售了100万股，而路德维格也成了麦克莱恩工业公司的董事。对此后路德维格与麦克莱恩之间的长期合作来说，这只是第一步。[25]

第二笔交易涉及了利顿工业公司。创建于20世纪30年代的利顿工业公司最初是制造电子管的，但在20世纪50年代他们进行了重组，变成了一家新型的"集团"公司，其控股公司分布广泛，其中的英戈尔斯造船厂位于密西西比州的帕斯卡古拉市。就像当时其他的集团企业一样，利顿公司正致力于快速增长，因此非常渴望让英戈尔斯造船厂不仅为海军造船，同时也向民用商业领域拓展。麦克莱恩需要轮船，但却没有钱；利顿公司在钱堆里打滚，但却急于让自己的造船厂忙碌起来。

双方的谈判最终促成了利顿租赁公司。1964年11月5日，海陆联运公司以2 800万美元的价格把9艘集装箱船卖给了利顿公司，并用所得款项来偿还他们欠银行的部分贷款。利顿公司随即又把这些船租给了海陆联运公司。利顿公司还接收了麦克莱恩正在廉价出售的以前属于沃特曼公司的其他船只。他们把这些船只加宽加长，并安装了集装箱格槽，以符合海陆联运公司的要求。这样一来，尽管年租金总计达到了1 460万美元，但现金短缺的海陆联运公司已经能够在短短的 4 年之内为其船队添置 18 艘集装箱船了。另外，利顿公司还同意拿他们的可兑换股票交换 80 万股麦克莱恩工业公司的股票，而这马上就让海陆联运公司紧张的资产负债表增加了 680 万美元的资产。[26]

海陆联运公司获得庞大新船队的快速行动就像打开了闸门。在 1965 年夏末的 8 个非完整工作周内，涉及多达 26 艘集装箱船的多个项目成了各大报纸的头条新闻。改装一艘船需要 800 万～1 000 万美元，为其配备底盘和集装箱还需要 100 万～200 万美元。对一个众所周知缺少现金的行业来说，为进入一个可能不会带来生意的业务而投资大约 2.5 亿美元，这是不可理解的。一些公司多年来一直远远地注视着集装箱运输，他们既好奇又犹豫，但现在他们意识到他们必须要投入资金了，否则就会被这股潮流抛弃。但不是所有的公司都渴望这样做。1966 年年初，当海陆联运公司在鹿特丹的希尔顿酒店举行宴会，向荷兰的发货人推介其业务时，到场的客人发出了阵阵嘘声；荷兰—美国轮船公司自身也准备运载集装箱，他们的总裁对海陆联运公司的一位高管说："我看你还是随下一艘船回去吧，别忘了把你们的集装箱带上。"[27]

入行已久的运输业者非常担心集装箱会压低运价。四家航运公会为其贸易中的每一种商品确定了运价，其中一家控制着北美与北欧之间的各条货运航线，还有两家控制着北美与不列颠群岛之间的货运。他们自然没有为集装箱做任何准备。

对海陆联运公司来说，加入航运公会并不是必须的，尽管这种归属肯定会有利于他们同欧洲的政府和港口打交道。对已经是航运公会成员的美国轮船公司来说，公会有关集装箱的规定至关重要。麦克莱恩指示他的代表积极活动，力求在不引起纷争的前提下获准进入东向和西向的北大西洋大陆航运公会。在海陆联运公司声明他们无意挑起价格战之后，两家公会向他们敞开了大门。海陆联运公司和美国轮船公司提出了两条建议：在码头与仓库间搬运集装箱应该很便宜；海运运费应该包含轮船公司的集装箱和底盘的使用，这样发货人就不必额外付钱了。欧洲的轮船公司也在盘算集装箱业务，他们同意了这两项请求。"我们并没有要求任何大的让步,"海陆联运公司的一位高管回忆说,"我们只是请求他们接受集装箱。你知道,我认为那是他们犯下的一个严重的错误,但他们就是犯了。"一位欧洲的航运主管在回忆这些往事时却有着不同的说法:"他们害怕海陆联运公司,"他说,"但他们宁愿把海陆联运公司拉进来盯着,也不愿意把它挡在门外而又想知道它在干什么。"不管怎样,海陆联运公司能够进入北大西洋的贸易了,不是以流浪者的身份,而是作为航运俱乐部的一个成员。[28]

穆尔－麦科马克轮船公司是一家得到补贴的美国航运公司,运营着东海岸与斯堪的纳维亚之间的航线。1966年3月,他们使用运载拖车、集装箱和混杂货物的混合型船只,开通了第一项横跨大西洋的集装箱业务。美国轮船公司也是一家拿着政府补贴的经营者,他们几乎是立刻就跟进,也开始在船舱中同时运载20英尺的集装箱和混杂货物。到了4月,在与325家欧洲的卡车运输公司签订了向巴塞尔和慕尼黑等地运送货物的协议之后,没有政府补贴的海陆联运公司也开始了规模大不相同的集装箱业务:他们每周从纽华克和巴尔的摩运送到鹿特丹和不来梅的35英尺集装箱是226只。

这三家航运公司都报告了令人吃惊的效率。一位顾问报告说,3艘中型集装箱船能够处理6艘散件船才能处理的越洋货物,而且资本成本和运营成本分别仅是原来的1/2和2/3。美国轮船公司发现,在伊丽莎白港,配备了一台起重机的一个班组能够装载的集装箱货物,相当于原来10个班组能够处理的传统散件货物。穆尔－麦科马克轮船公司报告说,在伊丽莎白港装载集装箱货物的成本仅为每吨2.00~2.50美元,而装载传统货物的成本则是每吨16.00美元。[29]

看起来,有两种货物最适合填满首批跨越大西洋的集装箱:向西运往美国的威士忌和向东运往欧洲的军用物资。酒类出口商早就对码头上的偷窃所造成的损失抱怨不断了,因此说服他们使用集装箱不必强行推销。苏格兰的格兰奇茅斯是海陆联运公司首批停靠的港口之一,他们在那里装上了苏格兰威士忌。海陆联运公司赢得生意靠的是不锈钢的液体集装箱,即出口商可以用它们把散装的威士忌运到美国后再装瓶。在海陆联运公司的船上，两只液体集装箱恰好可以塞进一个标准的集装箱格槽里；自古以来就困扰着威士忌贸易的偷盗就此终结了。

集装箱的军事作用甚至更加至关重要。作为挂美国旗的运输业者，海陆联运公司有资格为驻扎在西德的 25 万名美国军人运送部分货物，而军方也决定推动集装箱运输，按照海陆联运公司的方式运输货物。根据业内的传言，在海陆联运公司的首次跨大西洋航行中，有超过 90% 的货物都是军用物资。军方需求几乎保证了他们的首次航行将是盈利的，同时也让他们得到了外国运输业者无法企及的优势。当海军终于克服了散件货运输业者的反对，并在 1966 年夏天把到欧洲的军事货运合同拿出来竞标时，海陆联运公司以最低的报价打败了所有的竞争对手，赢得了自身能够处理的最大货物量。[30]

关于跨大西洋的集装箱业务第一年的货运量，权威的数字并不存在。往返欧洲的绝大多数集装箱都流经了纽约港，所以关于这一新贸易的数量级，港口的数据可以提供最合适的指标。港口的集装箱吨数在 1965 年是 195 万英吨，在 1966 年就猛增到了 260 万吨，尽管几乎没有任何一只集装箱是在当年的头 10 周内运送的。面对着如此巨大的货物流量，更多的美国公司，还有英国的两家运输集团和欧洲大陆各家轮船公司结成的联盟，都开始跑步进入集装箱贸易。"在 1966 年，轮船经营者和港口对集装箱的投入已经到了欲罢不能的状态。"一位顾问说。[31]

1966 年春天，还只有 3 家轮船公司在提供从美国出发的国际集装箱业务。到了 1967 年 6 月，一位研究者计算后发现，向欧洲、亚洲甚至拉丁美洲提供集装箱业务的公司达到了 60 家，尽管只有少数的公司在使用专门的集装箱船。1967 年下半年，跨越大西洋的集装箱超过了 5 万只，足以装下 50 万吨的货物。很多运输业者都订购了全新的集装箱船，适合于运载很快就要变成行业标准的宽和高都为 8 英尺的集装箱。1967 年，一项研究表明，纽约港的普通货物有 75% 可以用集装箱装运。随着港务局大肆宣扬这一研究结果，由 12 家轮船公司订购的 64 艘集装箱船陆续开工建造。英国海外集装箱有限公司的总裁克里·圣约翰斯顿警告说，如此巨大的新运力会导致运价的暴跌，这对正在投入巨资建造集装箱设备和轮船的公司来说，不是令人愉快的前景。[32]

新型的纯集装箱船在 1968 年陆续下水了。在那一年，每周有 10 艘集装箱船在北大西洋航行，运送总共 20 万只 20 英尺的集装箱，装载着 170 万吨的货物。集装箱船尚未完工的欧洲航运公司竭尽所能地应付着，他们把集装箱堆放在散装船的甲板上，为其客户提供似是而非的集装箱运输，但却不能提供纯集装箱船和高速起重机所带来的高效率。"这种混合运输的成本高得惊人。"德国赫伯罗特轮船公司的总裁卡尔·海因茨·扎格尔回忆说。[33]

就发货人而言，阻止他们加入集装箱货运热潮的唯一原因就是集装箱的短缺。尽管从 1966 年 9 月至 1967 年 12 月，悬挂美国旗的轮船公司添置了 13 000 多只集装箱，欧洲的轮船公司也新购了数千只，但空集装箱仍旧供应不足。然而在另一方面，尽管航运公会控制着越洋运输的运价，但集装箱所带来的成本节约却引人注目。蔡斯布鲁宁公司是芝加哥附近的一家办公设备制造商，他们发现，可以在平均 12 天的时间里将其设备发送到欧洲内陆的各处。除了更便宜的越洋货运，布鲁宁公司还靠消除特殊的出口包装、损毁和偷盗来省钱；另外，他们还拿到了 25% 的保险折扣。这么大的货运量转移得如此迅速，以至于在集装箱船首航欧洲的 3 年后，还在运营横跨北大西洋的散装船的美国公司只剩下了两家，而他们加在一起每个月只开行 3 趟班轮。[34]

就在美国的工厂为了满足战时经济的需求而努力经营的时候，跨大西洋集装箱货运的激增为美国的铁路公司夺回他们在国内运输系统中的核心地位提供了一个绝佳的机会。他们在传统包装的出口货物方面的业务行将终结。每个星期有数千只集装箱流经新泽西和巴尔的摩，其中有很多是去往或来自中西部北方的核心工业区。这种巨大的规模没有给卡车运输公司带来优势，因为不管被处理的集装箱有多少只，一辆卡车只能拖运一只40英尺的集装箱。但规模能够给铁路运输带来真实的节约，让铁路公司得以夺回一部分他们正在失去的出口货运。

欧洲的铁路公司也持同样的看法。自20世纪20年代以来，欧洲人一直试图利用集装箱来拓展业务，他们渴望与轮船公司达成协议。几乎是横跨大西洋的集装箱航运刚一开始，他们就为拖运业务报出了按集装箱计算的固定运价。1967年，法国国营铁路公司把一只满载的40英尺集装箱从德国北部的不来梅运到瑞士的巴塞尔收费572法郎，而德国联邦铁路公司把任何一只40英尺的集装箱从不来梅运到慕尼黑都收费241美元。在英国，使用专用的火车运载出入费利克斯托港的集装箱，这从一开始就是海陆联运公司计划的一部分，而英国铁路公司渴望成为他们的合作者。[35]

美国的铁路公司显然缺乏热情，尤其是东部的那些。他们担心集装箱会抢走普通铁路运输的货运量，导致收入下滑。他们当中的大多数都已经在拖车列车公司的庇护下建造了装卸拖车的坡道，而且在他们财务吃紧的时候，他们都不太愿意再拿出钱来添置处理集装箱所需的高架起重机和货场。纽约中央铁路公司独有的弗立克西货车业务经营得很成功；他们担心，海运集装箱会抢走弗立克西货车的客户。这些铁路公司不能拒绝处理集装箱，但他们可以提供非常差的服务，从而让客户们都不想再用集装箱了。1966年2月，宾夕法尼亚铁路公司用平板车把两只20英尺的集装箱运到了卡特彼勒拖车公司在约克市的仓库。这两只集装箱是在卡特彼勒拖车公司拥有的铁路侧线上装填的，而把它们拖运到新泽西，铁路公司是按照用传统方式运送零件来收取运费的。铁路公司宣布，这次运载是为美国出口航运公司做的一次实验；其实，他们从一开始就想让实验失败。纽约中央铁路公司的一位官员在给宾夕法尼亚同行的信中写道："我们希望，集装箱的装载、支撑、固定以及卸载的高成本，再加上无法抵消的收入损失，这些会阻止他们继续尝试这种方法。"[36]

东部的铁路公司曾经委托外部机构做了一项调查，调查结果催促他们要迅速采取行动，吸引集装箱货运。但这些铁路公司选择了相反的做法，他们一致同意实施新的运价体系来阻击集装箱，规定任何重量超过500磅的集装箱都将根据重量和内容物来收费，而不是收取最低的整车运费。另外，他们还坚持说，把空集装箱从港口运到客户所在的内陆地区，他们也要向轮船公司收费，显然，这项政策不是鼓励发货人使用铁路来完成国际货运的陆内运输。如果这些手段还不足以阻止集装箱业务，那么有些铁路公司就干脆拒绝。1967年春天，当惠而浦公司请纽约中央铁路公司帮他们把装有冰箱的集装箱从他们在印第安纳的工厂运到新泽西的码头去时，铁路公司建议他们以传统的铁路运输方式把集装箱运到港口，卸下列车后再装进集装箱；惠而浦公司自然不会接受这样的建议，于是他们选择了卡车运输。麦特森公司打算用火车在美国的内陆地区运送装有夏威夷菠萝的集装箱，但他们的计划也遭遇了同样的敌视，因为在芝加哥与新泽西之间运送集装箱的费用，要远远低于运送罐装商品的标准费用。纽约中央铁路公司的一位高管写道："对我们来说，挫败这项计划至关重要。"[37]

对此，马尔科姆·麦克莱恩有着不同的见解。在他看来，铁路公司、卡车运输公司以及轮船公司都在从事同一个行业——货运。他希望海陆联运公司坚忍不拔的销售队伍要不受任何拘束地去活动，找出从小石城和密尔沃基向欧洲出口的制造商。1966年，随着海陆联运公司的跨大西洋业务即将启动，麦克莱恩工业公司提出了一个大胆的建议，由他们出钱在芝加哥和圣路易斯修建铁路货场。其下属的货运代理会从发货人那里接收货物，合并后装进普尔曼公司专门为他们堆放集装箱设计的列车车厢里。然后，宾夕法尼亚铁路公司会把他们的纯集装箱列车直接拖运到海陆联运公司在伊丽莎白港建造的铁路货场，及时地赶上一艘开往欧洲的轮船。最后，这艘轮船又会在欧洲的某个码头上与卡车和列车联系起来。从此，一个远离大海上千英里的发货人将不仅能够利用国际运输，而且还能够紧凑地安排国际运输。一个销售商将能够告诉其客户商品何时会运到，因为运输多半会按预定的时间表完成。[38]

这种卡车－火车－轮船联运的经济优势看起来是不可抗拒的：卡车将承担它们最适合的短途陆上运输，火车将处理它们最具成本优势的长途陆上运输；发货人为国际货运的国内行程支付的费用将减少一半。这个计划勾起了宾夕法尼亚铁路公司的兴趣，但却遭到了纽约中央铁路公司以及巴尔的摩和俄亥俄铁路公司的反对。然而，当宾夕法尼亚铁路公司和纽约中央铁路公司宣布了合并计划时，麦克莱恩的抱负被他们撇到了一边儿。这些铁路公司向麦克莱恩提出了州际商务委员会能够允许的底线：他们会拖运海陆联运公司的集装箱车组，但是这些车组要与缓慢的常规货运车组混编在一起。[39]

马尔科姆·麦克莱恩再一次超前于时代了，面对铁路公司，他没有那么大的力量把他的愿景变为现实。拖车列车公司的总裁詹姆斯·纽厄尔等有远见的铁路业高管意识到，保护普通铁路运输高运价的企图注定会失败；纽厄尔估计，开行麦克莱恩设想的那种专编直达货运列车，将能够为铁路公司节约30%的列车和车头成本。纽厄尔建议说："铁路公司应该抓住这些节约，并与发货人分享。"但是在1967年和1968年，这些铁路公司不可能听得进这样的建议。在因为越南战争而变得狂热的经济中，背负式运输的货运量正在激增，3年内就增长了30%。在经受了长达一个世纪的管制强化刺激之后，他们的思维模式已经不再鼓励他们去征服新的业务，而甘愿把集装箱运输的陆上部分留给卡车。[40]

第 9 章

越　南

1965年冬天，美国政府开始快速地在越南集结部队。在这个过程中，他们制造了可能是美军历史上最大的后勤混乱。这种混乱的解决象征着集装箱运输的成熟。¹

1965年年初，地球上已经没有多少地方比越南更不适合于补给现代化军队了。整个国家从南到北有700多英里长，但却只有一个深水港、一家几乎不再运转的铁路公司和一个支离破碎的公路系统。既要提供民用援助，又要补给那些自20世纪50年代晚期就在越南工作的美国军事"顾问"（1965年年初，他们的人数是23 300人），仅仅是这些任务就已经够美国政府受的了。到了1964年，一支小规模的港口特遣部队开到了西贡，他们一周7天、每天12小时一班地努力工作着，以防止轮船积压。在这个国家里，各种美国武装有着16个不同的后勤系统，这种状况导致了各方对送货卡车和仓库空间等基本资源的无休止的竞争。这里没有一个中央系统来追踪到达的货物，海军的军事海运局（MSTS）负责租用商船向越南运送补给，但它们甚至没有在这里设立办事处。就华盛顿而言，在越南的整个军事行动是基于这样一个假定：所有的部队会在1965年全部撤出。这一政治遮羞布意味着，美军很难找到正当的理由花钱建造码头、仓库以及其他的永久性设施。²

1965年4月，当林登·约翰逊总统下令65 000名美国陆军和海军士兵以及几支空军飞行中队开赴越南时，这些后勤补给的难题已经很清楚了。然而，意识到了这些问题的存在不等于解决了它们。到了6月，当美军在越南境内的兵力达到了59 900人时，补给链已经不可救药地乱成了一团。来自加利福尼亚的轮船停泊在越南的港口外面，但是要想把它们运来的货物安全地弄到岸上，几乎是不可能的，因为这些港口太浅了，以至于远洋轮船无法靠近码头。作为替代，驳船或者坦克登陆艇（面积比一个足球场还大但吃水非常浅的两栖运输工具）将承担摆渡的任务。驳船或坦克登陆艇栓到较大的轮船上，船员们得非常辛苦地把轮船上的货物卸下，通常是利用网兜裹住板条箱或纸板箱，然后用绳索放下来。这个过程非常缓慢，以至于从芽皮港附近的轮船往岸上接运军用物资的驳船，往返一次需要 10 ~ 30 天的时间。在归仁港，坦克登陆艇可以直接把货物拉到海滩上，放下巨大的坡道让卡车和叉车开到艇内，但即便如此，卸空一艘登陆艇也还是要花 8 天时间。在岘港，远洋轮船必须在离岸 4 英里的海上把货物卸到驳船上。吃水深度小于 5 米的近岸轮船可以进入码头，但是当它们在没有预先通知的情况下到港时，港口会一次又一次地陷入混乱。在夏天的雨季里经常发生的暴风雨，也会让原本就非常复杂的卸船过程停下来。[3]

西贡的情况甚至更加糟糕。越南唯一的深水港坐落在西贡河上，它是美军补给运输的一个主要瓶颈。1965 年期间，货运吨数增长了 50%，这已经完全超出了港口的承受能力。这里没有起重机，叉车也很少，几乎所有的装卸和搬运工作都得靠人力。一艘艘运载着军用物资、商业货物、美国的对外援助以及食品救济物资的轮船，争抢着仅有的 10 个码头泊位。货物从一艘船上卸下来之后，往往要在码头上搁置好几天。军方的收货人往往不知道他们有货物运到了。进口商们已经习惯了尽可能长时间地把货物留在港口上，以拖延关税的支付。大多是由南越的将军们组织的货物盗窃非常普遍，以至于美军的宪兵队必须架着机关枪押运从码头到军用仓库的送货卡车。港口上的长时间延迟使得挂美国旗的轮船越发短缺，这迫使军事海运局调动了政府拥有的后备船队中那些最老旧的商船。1965 年 5 月，军事海运局的临时指挥官承认说："眼前的军用物资需求，必须要等几天后的货物运抵才能得到满足。"由于仓库空间不足，陆军和空军的指挥官们就把货轮当成了浮动的仓库，这使得海上运输的问题进一步恶化。"西贡几乎变成了一座墓地，"一位高级海军军官回忆说。"轮船会沿河而上驶入港口，然后就一直停在那里，卸货遥遥无期。陆军会辩解说，战事太紧张了，他们不能把船上的货物卸到岸上。空军甚至都懒得辩解，反正船在这儿，没什么好说的，我们还要用，等我们不用了，我们会让它离开。"[4]

参谋长联席会议决定实施"推式"补给系统，这一决定是混乱的根源。在"拉式"补给系统中，各作战单位会请求各自需要的补给，而在"推式"补给系统中，是由远在美国的补给专家来决定往越南送什么。陆军物资司令部运来了100多万件自动再补给包裹，所提供的设备和备件都是根据他们假想的作战单位的需求来拟订的。至于前方部队对食品、衣物、通信设备以及营建补给的需求，加利福尼亚的军需补给仓库也作出了类似的判断。陆军的一位将军抱怨说，补给专家"总是帮倒忙"，身在遥远的美国，他们既不了解瞬息万变的战场形势，也不了解越南。[5]

但是仅就把补给尽可能迅速地运到战场而言，"推式"补给系统是成功的。负责武器装备采购的陆军物资司令部在1965财政年度的支出是74亿美元，但随着弹药、武器、营建物资和车辆等输入到越南，这笔支出在第二年就飙升到了143亿美元。然而，最终运到战场去的东西总是出人意料，而且往往是不需要的或多余的。食品补给大量地运到了，但是当他们意识到那里已经有了非常多的积压时，补给就突然中断了。颇受军方喜欢的康乃克斯集装箱会混装着武器、靴子、工作服以及各种零零碎碎的东西运到，但军需官最后却发现，运来的任何一种物资都不够装备整个单位。战场上的部队往往缺少给养和必要的军需物资。[6]

在参谋长联席会议最终批准增派部队的一个月前，美军指挥官威廉·威斯特摩兰和美国对外援助代表团的团长詹姆斯·基伦一致认为，要想保证越战美军的补给，最好的办法就是扩建西贡以北430英里外的岘港。他们的设想是，岘港可以接纳直接从美国驶来的轮船，从而分流西贡的港口负担。这个计划无法很快地实施，因为岘港的水深不够，没有货物处理设备，而且为坦克登陆艇修建的登陆坡道大多就建在一条主要街道的中间。1965年4月，威斯特摩兰建议美国集中扩建岘港以南300英里外的金兰湾，将其作为"第二个主要的深水港口和后勤基地"。5月，国防部长罗伯特·麦克纳马拉同意了他的建议，而美军的工兵部队也迅速地开到了那里，开始加紧修建一座飞机场。码头、仓库以及一座综合维修大楼的建造也将随后展开。此前被派到一些小港口去的后勤部队很快就被调动到了金兰湾。7月,威斯特摩兰组建了一个全新的单位第一后勤司令部,负责整个南越的港口行动、供给以及维修,包括新的金兰湾建设。[7]

金兰湾是越南沿海最大的天然港口,但是要在这里建造后勤基地并不容易。这里没有基础设施,而且沿着海岸搬移沙子,既不适合动用掘土的机械设备,也不适合使用标准的建筑技术。除了港口以外,这里还有一个重要的特色:场地上没有南越的设施。越南人管理西贡港的糟糕表现已经让最高层的美国官员有了很深的成见,以至于在1965年7月,美国大使亨利·卡伯特·洛奇亲自会晤了南越的总理阮高其,专门商讨了那些港口问题。这些努力并没有取得多大进展:对南越的高级将领来说,港口的控制权太诱人了,所以他们坚决抵制美国的提议,不同意让一个新的港务局接管港口。因为将完全由美方来管理,不会受到越南人的腐败和低效率的影响,所以金兰湾的港口会缓解或消除这些问题。美国的一些高层政客甚至想到了要建一个模范社区,它的周围是工业区和住宅小区,而不是通常的栅栏和妓院。要让港口尽早开张,最快的办法就是引进"德龙"码头,在一艘300英尺的驳船上开很多的孔,穿过这些孔把桩钉入港口的海底,这样驳船就可以被桩托住,停在水面上方合适的高度上。海军在南卡罗来纳州找到了一个"德龙"码头;他们穿过巴拿马运河,越过太平洋,把它拖到了金兰湾。之后,他们把军舰停泊在港口里提供临时的电力,这样港口就开始运转了。到了12月,来自美国的商船已经可以直接驶入港口了,更多的"德龙"码头也在建造中。[8]

然而,补给问题还在继续恶化。每个月都会有17 000名新增的美国士兵登陆越南。每一个830人的步兵营上岸时,他们会携带着451吨的补给和设备;而每一个机械化营上岸时,他们会携带着1 119吨的补给和设备。给这些到达的部队提供食品、衣物和武器装备,这几乎已经动用了军事海运局能够找到的每一艘船。到了1965年的感恩节,有45艘美国轮船在越南的港口中等待装卸,还有75艘船装载着食品、武器以及弹药,停在离岸很远的地方或者是菲律宾,之所以被停到这里,是因为进入越南的水域后,政府就要向商船的海员支付更高的工资。"在美国本土,有10个一级港口正在尽可能迅速地向南越运送物资,而我们这里只有4个二级港口接纳这些物资。"军方的卡车运输分部的负责人抱怨说。1965年11月,当国防部长和参谋长联席会议的主席视察越南时,对后勤问题的抱怨让他们都听腻了。"我们的港口都被轮船和货物塞满了。"第一后勤司令部的负责人对他们说。12月,《生活》(*Life*)杂志刊登了西贡港拥堵的照片。一位到访的国会议员建议威斯特摩兰更加重视这些港口。在越南的后勤混乱正在演变成美国国内的政治困窘。[9]

华盛顿急需解决方案。在巨大的压力下,南越政府在1965年晚期同意美国在西贡建造一座新的深水港口,以便他们可以把军用物资从市区的码头上运走。通过驳回了海军的反对,并让陆军负责在越南的所有联军(包括以独立著称的海军陆战队)的补给,五角大楼简化了补给链。另外,根据直接来自国防部长的命令,军事海运局雇用了一家私营企业阿拉斯加驳船运输公司,让他们负责军方在越南的近岸航运。这家公司的主营业务就是向阿拉斯加的偏远港口运送货物;他们的老板设法让麦克纳马拉相信,他们能够解决美军在越南的后勤问题。阿拉斯加驳船运输公司很快就开始建造码头了;他们以驳船短程运输取代了越南近岸轮船没有规律的服务,沿着海岸往返运送补给。"要是没有他们,我们根本不可能有所进展。"军事海运局的指挥官回忆说。阿拉斯加驳船运输公司的成功,给那些习惯于在战区就以军人的方式来办事的军官们留下了这样的印象:或许,在越南还有别的工作是私营企业能比部队做得更好的。[10]

在越南,导致港口拥塞的原因不仅仅是货物过多。除了燃料之外,所有运到越南的货物,不管是军用的还是民用的,都装在散件货轮的船舱里。卸船的时候,必须把这些散装的货物逐件地吊出货舱,放到码头上。在更糟糕的情况下,这些货物要先转移到吃水很浅的摆渡船只上,运到岸边时还得再次卸船。有很多轮船要先后停靠多个港口；如果一艘船上的货物在奥克兰或西雅图时堆放得不好，那么到了一个目的港时，有些货物就必须先卸下再装上，之后才能接着去下一个港口。当货物终于卸到码头上时，往往已经无法识别了，负责分发的单位费了很大的劲也无法确定它们应该配给哪些部队。在调查了这种情况之后，军方的一个研究小组在1965年11月建议对运输流程作出一些根本的改变：在美国的后勤军官应该向越南单独的港口发送整船的货物，而不是让一艘船先后停靠多个港口，这样轮船就能够尽快返回美国；轮船在装载时就应该考虑卸载的便利；发给不同收货人的货物应该尽量分开，以减少码头上的分拣工作。在他们提交的建议列表中，第一条是最值得注意的：所有货物都应该"整体包装"。[11]

对军方的后勤专家来说，"整体包装"首先意味着普遍使用的、与其他货物一起在散件船上运载的康乃克斯集装箱。货盘装运在20世纪50年代早期就已经进入了商用；到了1965年晚期，位于加利福尼亚州的主要补给基地夏普军备仓库正在推广这种方法。然而麦克纳马拉知道，商业运输早已不再使用小型的集装箱和木制货盘了。航运界的主要决策者被请到了华盛顿，观看了水兵用绳索和吊网卸货的电影短片。之后，军方征求他们的建议。一位同事回忆说，当马尔科姆·麦克莱恩看过影片之后，"他就迷上了让集装箱船进入越南的想法。他一次又一次地去华盛顿游说，然而那些人告诉他，在越南你什么都干不了。"[12]

麦克莱恩最终说服了负责军队补给的四星上将弗兰克·贝森。1965年的圣诞节，贝森同意麦克莱恩可以研究一下越南的情况。麦克莱恩给他的总工程师罗恩·卡蒂姆斯和顾问工程师罗伯特·坎贝尔打了电话（他们俩刚刚赶到欧洲去安排海陆联运公司欧洲业务的启动），说他将乘坐泛美航空公司的航班在第二天上午飞抵巴黎，让他们去接他。又过了一天，这三个人已经穿着毛料套装和大衣出现在了热气腾腾的西贡。他们参观了岘港和金兰湾，传阅了军方的简报，并遇到了国际码头工人协会在12月16日派来西贡的一个代表。麦克莱恩他们认定，集装箱运输会大大地缓解美军在越南的后勤混乱。他们立刻就得到了国际码头工人协会的主席特迪·格利森的支持——在纽约，同样是这个特迪·格利森，七八年来却一直在抵制集装箱运输。当格利森在 1 月末离开越南时，他极力主张美国政府租用所有能找到的集装箱船。[13]

面对这样一种激进的流程改变，美国军方的司令部犹豫不决。一方面，要求他们引入私营部门的专业知识的政治压力非常大。1966 年 1 月，在一次于火奴鲁鲁召开的最高层会议上，参谋长联席会议宣布了一项新政策："允许军方签约雇用平民来执行一些他们能够完成的任务，比如港口作业。"但在另一方面，军方谁都没有集装箱运输的经验。军事海运局从来没有租用过集装箱船，也没有进行过包含集装箱的补给演习。国防部最初希望得到的"集装箱业务"的建议，只针对作为散件货物运载的康乃克斯集装箱，而不是可以用高速起重机直接吊运到卡车底盘上的大得多的铝制集装箱。到 1966 年早期，众多进行中的港口建设项目，包括金兰湾的深水港、西贡的新港以及岘港和其他港口的新码头等，都是作为传统的散件货物处理设施来建造的。不管集装箱航运在商业领域中是多么重要，军方对它却是一无所知。[14]

1966 年的冬天，麦克莱恩努力地想要让五角大楼相信集装箱运输能够解决美军在越南的后勤问题。4 月，他终于得到了一个立足点。作为麦克莱恩工业公司的一个新分支，设备出租公司得到了一份军方的合同，在西贡的码头从事卡车运输业务。这份合同与集装箱毫无关系，但麦克莱恩太想展示自己公司的能力了，因此设备出租公司提前两个月就开始运送货物了。5 月，贝森要求军事海运局再给海陆联运公司一份合同，让它们在奥克兰与日本的冲绳岛之间开航 3 艘集装箱船。海陆联运公司将每 12 天运送 476 只 35 英尺的集装箱。与此同时，因为传统的运输业者无力提供更多的船只，所以军事海运局请求招标雇用直接从美国驶往越南的集装箱船。海陆联运公司将必须与对手竞争这一业务，但是它们有优势，因为在当时的集装箱船经营者当中，它们的规模最大，它们是唯一跨太平洋航行的，而且也只有它们的集装箱船上配备了在越南卸货所需要的船上起重机。当几家竞争对手试图联合竞标时,军事海运局拒绝接受它们的投标。麦克莱恩似乎终于要如愿了。[15]

但是,越南仍然没有为集装箱航运做好准备。负责美军在越南的港口、仓库以及卡车运输业务的第一后勤司令部显然缺乏热情。1966年上半年,军用轮船所面临的港口延误已经有所缓解,从2月份的平均6.9天下降到了7月份的5.3天;对战场上的部队来说,港口的拥堵问题已经不那么紧迫了。另外,那里没有现成的集装箱堆场,也没有正在建设中的。但由于贝森在华盛顿的陆军物资司令部积极地推动集装箱航运,再加上海陆联运公司已经在奥克兰证明了集装箱业务相比于散件业务的效率优势,所以威斯特摩兰命令第一后勤司令部重新评价他们的反对态度。1966年7月,第一后勤司令部终于作出了让步,承认他们愿意采用集装箱船业务,但是不能早于1967年10月。海陆联运公司赢得了一份在苏比克湾(美军在菲律宾的重要海军基地)启动集装箱船业务的合同,但是对于通往越南的集装箱船业务,竞标却被搁置了。[16]

美军在越南的又一次后勤崩溃,总算让官僚们放弃了对集装箱的抵制。港口延误在1966年的上半年得到了缓解,但是到了8月,随着补给和作战物资的大量运抵,后勤形势急转直下:从1966年7月开始,一年内从加利福尼亚运往越南的货物将比刚刚结束的上一年度增长55%。轮船又开始出人意料地到达了,到了之后就只能停泊在港口里等待,而在这同时,基本补给严重缺乏,以至于空军不得不从冲绳岛紧急空运了50万吨肉类,因为各部队已经有些日子没见荤腥了。包括美国的援助物资在内的非军用货物,其卸载至少需要两周的时间;军用货物的积压越来越严重,尽管军方正在努力地应对这些棘手的补给问题,甚至把枝状大烛台和耶稣受难像等非必需的教堂用品都撤下去腾地方了。在西贡,卸船因为越南码头工人的抵制而进展缓慢。这些码头工人担心美国军方会接管码头,让他们失去工作。当国防部长麦克纳马拉在1966年10月视察越南时,他的大部分时间都花在了港口的问题上。军方报纸登出的大标题是"麦克纳马拉欲终结港口拥堵"。[17]

在这种情况下,军事海运局在 10 月 14 日重新开始为通往越南的集装箱业务招标。感兴趣的公司有三家,但海陆联运公司显然占上风。它们不仅愿意提供集装箱,而且还乐意提供底盘、卡车和站场。让政府感到惊讶的是,海陆联运公司提出了一个按吨计算的固定运价,而没有按照惯例在成本上加一个毛利。经过谈判,海陆联运公司在 1967 年 3 月赢得了一份 7 000 万美元的合同,要为军方提供 7 艘轮船。其中 3 艘最大的轮船将在 8 月开始在金兰湾与奥克兰和西雅图之间航行。海陆联运公司将在这些地方安装陆基起重机来处理货物。另外 3 艘装有船上起重机的小型轮船将在 6 月开始往返于西海岸与岘港之间的航线,这比第一后勤司令部预想的时间提早了 4 个月。剩下的第 7 艘船将在越南的各港口之间承担短途往返运输。海陆联运公司同意配备冷冻集装箱,负责自有船只的装卸,并用它们自己的卡车和底盘把集装箱送到离码头 30 英里范围内的任何地方。[18]

几乎是在一夜之间,金兰湾变成了一个大型的集装箱货港。众多"德龙"码头中的一个进行了重新设计,以支持大块头的集装箱起重机。韩国的焊接工在这个闷热的金属码头里面辛苦地工作,忙着加固它的木制甲板。起重机的铁轨被安装在了甲板上,与此同时,海陆联运公司在菲律宾用一大堆零部件组装了两台起重机。6 月,两艘驳船从菲律宾出发,穿越中国南海抵达金兰湾,随船运来了有差不多组装完成的起重机、用来拖运集装箱的卡车以及给工人居住的野营车,甚至还有一套污水处理设备。就这样,大规模的建设在战区中间展开了。岘港的作业在 8 月 1 日启动了,几周以前,第一艘向越南运货的集装箱船"比安维尔号"从奥克兰抵达了这里,用 15 个小时就卸下了船上的 226 只集装箱。然而,金兰湾的集装箱货港直到 1967 年 11 月才迎来第一艘集装箱船,比预定计划晚了 3 个月。当这艘长 685 英尺的集装箱船终于抵达金兰湾时,它运来了 609 只 35 英尺的集装箱,这么多的货物可以装满 10 艘向越南拖运军用物资的普通散件货船。[19]

另一艘巨大的集装箱船每隔两周要给金兰湾运来大约 600 只集装

箱,其中往往有 1/5 是装着肉类、水果蔬菜甚至是冰淇淋的冷冻集装箱。其余的集装箱装着几乎各种军用补给,除了弹药,那时,弹药还没有被批准用集装箱运输。海陆联运公司的卡车会把大约一半的食品送到附近的基地,剩下的会被装到那艘短途往返运输船上,运到西贡或者是沿岸其他的港口。在金兰湾,海陆联运公司先进的计算机系统利用打孔卡来追踪每一只集装箱,从它在美国装船,到它运抵越南,再到它运回美国。补给顺畅了,货物的积压消失了。"港口拥堵问题解决了。"军方 1967 年的历史记录得意地宣称。据军事海运局的指挥官劳森·拉梅奇估计,海陆联运公司的 7 艘集装箱船所运送的货物量,相当于 20 艘传统的轮船,大大地缓解了长期以来商船运输的运力不足。[20]

就像商业发货人一样,军方的发货人也需要学习怎样充分地利用集装箱。在一开始,他们只是简单地把集装箱看成是一个巨大的空盒子。在海陆联运公司的冲绳岛业务中,起初大集装箱中装的大多是较小的钢制康乃克斯集装箱。每只 35 英尺的大集装箱里装 4 只康乃克斯集装箱,这意味着里面有 1/4 的重量是康乃克斯集装箱的自重。对于一只非冷冻的集装箱,后勤军官们拿不准怎样才能同时高效率地利用其 45 000 磅的重量上限和 2 088 立方英尺的容积。结果,集装箱往往不够重量或者是还有一半空着。在通往冲绳岛和苏比克湾的航行中,政府已经承诺了运载集装箱的最低数量,但是,"为了达到所承诺的最低数量,把原本该散件装运的货物塞进集装箱来充数的做法已经变得非常普遍。"军事海运局的一个主管抱怨说。军方的追踪记录方式不能充分地利用集装箱的效率,1968 年早期,当军事海运局用麦特森公司的集装箱启动了从加利福尼亚到夏威夷的集装箱航运之后,他们一次又一次地发现,运抵火奴鲁鲁的集装箱往往与轮船的载货单对不上号。[21]

尽管有这样的适应过程,1968 年,也就是集装箱投入使用的第一年,装在集装箱里运过太平洋的军用物资还是占到了总量的 1/5。如果不算石油类货物,集装箱货物所占的份额大概接近 2/5。准时性方面的表现参差不齐:岘港那里的船上起重机经常出问题,修理往往会造成轮船延误。尽管如此，在开通集装箱航运的第一年里，海陆联运公司还是能够保证每个月给金兰湾运来 1 230 ~ 1 320 只集装箱。到了 1968 年 6 月，军方在岘港的补给作业要求军事海运局增加集装箱运力。10 月，海陆联运公司给它们在越南的船队增加了 4 艘巨大的 C-4 型集装箱船。由于其他的轮船公司都在叫嚷着要进入这一市场，参谋长联席会议试图在 1968 年年底把到越南的集装箱业务增加一倍，却没想到海陆联运公司控制着沿岸所有的深水集装箱码头。海陆联运公司也表示愿意修改它们与军方的合同，增加它们的业务量。"实现数百万美元成本降低的潜力……已经显现。"美国陆军负责后勤的副参谋长报告说。[22] 的确，成本降低和损毁减少的证据已经越来越多，令人印象深刻。麦克莱恩在 1967 年估计，使用集装箱船向越南运货的成本大约仅为使用海军自有商船的一半，而且这还不算损毁的减少。贝森在 1970 年估算后认为，如果他们在增兵之初就采用集装箱运输，那么在 1965 ~ 1968 年，陆海空三军就能够在航运、库存、港口以及仓储等成本上节约 8.82 亿美元。[23]

曾经对采用集装箱技术犹犹豫豫的军方，现在已经变成了这项技术的最大支持者，而集装箱运输也变成了一件改革的利器。军事海运局的指挥官拉梅奇在 1968 年 10 月警告说，除非补给机构和军方的货运主管们改革他们的处理流程，否则集装箱系统的潜力就无法充分发挥。陆军已经命令他们的补给基地不得再把到了越南需要分拣的货物合在一起，并要遵守"3C"原则：一只集装箱（container）、一个客户（customer）、一种商品（commodity）。1968 年，麦克纳马拉任命军方最热衷于集装箱运输的贝森领导联合后勤审查委员会，评价美军在越南的补给系统的表现。在麦克纳马拉的继任者梅尔文·莱尔德的支持下，贝森抓住机会推动一个更加集中的军事后勤系统。这个系统由陆军管理，并围绕集装箱的海陆联合运输来建设。神圣但已经过时的康乃克斯集装箱将被逐步淘汰。陆军购买了首批商业尺寸的集装箱，长 20 英尺，容量是康乃克斯集装箱的 6.5 倍，完全兼容于最新式的集装箱船和起重机。[24]

一旦作出了承诺，向集装箱运输的过渡就会非常迅速。到了1970年，运往欧洲的军用物资已经有一半是用集装箱装运的了。军方的工程师已经在设计移动码头了，使用它们可以在不发达的地方装卸集装箱。陆军和海军试验了弹药的集装箱运输，他们把弹药在工厂中装进集装箱，然后装到一艘专用的轮船上运送给在越南的作战部队。研究表明，集装箱是绝对安全的弹药运输方式，尽管炮弹实在太重了，以至于用超过20英尺长的集装箱装运炮弹时，里面会有很大的地方空着。"我们不能仅仅把集装箱运输看成是另一种运输方式，"贝森在1970年对国会说。"只有在设计后勤系统时就想着充分地利用集装箱，集装箱运输的全部好处才能实现。"私营部门的发货人也才刚刚开始得出这个结论。[25]

马尔科姆·麦克莱恩对集装箱运输不懈的推动，对美国在越南的战争努力至关重要。如果没有麦克莱恩的坚持，美国支持一场几乎跨越了半个地球的大规模战争的能力就会严重地受到限制。1969年年初，美军在越南的陆海空三军士兵就已经达到了540 000人。要为这么多人提供吃住以及其他的补给，美国军方将遇到极大的困难。另外，关于物资偷盗、补给短缺以及严重浪费的标题新闻会更频繁地见诸报端，从而引发国内更大的反战声浪，进一步削弱公众对战争的支持。有了集装箱运输，美国才得以在十多年的越战中维持了一支补给充足、装备整齐的军队，不然的话，越南将是美国的军队力所不及的地方。

集装箱运输对海陆联运公司的业务发展也至关重要。对运营国际航线的美国轮船公司来说，国防部的合同一直生死攸关。在1966年之前，当军方的运输机构还没有把它们的航运需求拿出来招标时，军方在特定航线上的货物一直是在所有服务于该航线的各轮船公司间分割，以保证每一家都能分到一块儿蛋糕。国防部的集装箱货运量一直非常少，而且它们也从来没有把货物交给海陆联运公司承运，即使是在通往波多黎各和阿拉斯加的国内航线上，因为军方没打算使用 35 英尺的集装箱，而越战打破了这一障碍。海陆联运公司从国防部赚到的营业收入在 1965 年几乎为零，而在 1967～1973 年，这部分收入一下子增长到了总共 4.5 亿美元。在最高的 1971 财年，越南相关的合同带来的收入是 1.02 亿美元，占公司当年总销售额的 30%。[26]

就像马尔科姆·麦克莱恩做的任何其他事情一样，进入越南的商业行动也是高回报附带高风险的。加固金兰湾的码头，装配起重机，把设备和车辆从菲律宾运到越南的港口，建造卡车站场，所有这些活动的成本和风险全都要由海陆联运公司来承担。美国政府只对敌方火力给海陆联运公司的卡车和设备造成的损毁负责，而不对它们的业务启动和运营提供人员和物资的帮助。在一个无法从附近的经销商那里订购替换零件的地方，设备出现故障并因此打破预算和成本估计的可能性非常大。马尔科姆·麦克莱恩是在战区进行商业运营，他坚信自己能够非常好地控制成本，从自己的固定价格投标中赚到利润。[27]

这次冒险带来了巨大的回报。正因为愿意承担成本方面的风险，所以麦克莱恩才赢得了为海陆联运公司保证收入的合同。军事海运局保证了通往冲绳岛和菲律宾的每一次航行中集装箱的最低数量。对于通往越南的航行，每一只集装箱的运价是固定的，但海陆联运公司的合同要求政府把西雅图和奥克兰发出的"所有可集装箱化的政府货物"都交给它们，这带来了非常高的利用率：1968 年，有 99% 的集装箱格槽都是装满的。

对于海陆联运公司从越南的业务中赚到的利润，没有确切的数字，但运力的高利用率必然会转化为强劲的盈利能力。从西海岸到金兰湾的每一次往返航行，都会给海陆联运公司带来每天超过 2 万美元的收入；驶往岘港的每一艘较小的轮船会带来每天大约 8 000 美元的收入，当时，军事海运局租用大型散件货轮支付的费用是每天 5 000 美元。另外，海陆联运公司还努力避免集装箱被越南的丛林吞没的风险。一个中央控制办公室负责追踪每一只集装箱，这些集装箱必须在规定的时间内空着返回港口，否则扣留它们的部队必须支付额外的费用。[28]

这些合同还让海陆联运公司有可能赚到一些额外的利润。菲律宾的业务原本要停靠马尼拉和苏比克湾两个港口，但在海陆联运公司威胁要对船只在马尼拉的港口延迟收取每小时500美元的费用之后，空军决定就在苏比克湾装运备用零件；合同没有改变，但是不在马尼拉停留可以让海陆联运公司的每次航行节约6 800美元。每当有作战部队把即将"退回"美国的物资装进集装箱时，海陆联运公司就可以得到额外的收入，因为它们与军事海运局的合同只涉及西向的货运。对海陆联运公司来说，军方为东向货运付的这些钱都是纯利润，而且数额非常大，以至于美军司令部在1968年3月不再允许用集装箱退回货物。他们委婉地解释说，这是因为海陆联运公司的收费"不能令人满意"。[29]

马尔科姆·麦克莱恩可不是一个愿意错过获利机会的人。现在，一个明显的机会到来了。他有6艘轮船（3艘大的和3艘小的）在美国西海岸与越南之间航行。西行时，这些轮船几乎会装满军用物资，但是东行时，它们运载的就几乎只有空集装箱了。美国政府为西向航行掏的钱足以支付往返航行的所有成本。如果海陆联运公司能够找到从太平洋运回美国的货物，那么这笔收入就将全部是利润。经过认真的思考之后，麦克莱恩又想到了一个好主意：为什么不在日本停留呢？

20世纪60年代，日本是世界上发展最快的经济体：1960～1973年，日本的工业产值翻了两番。到了20世纪60年代晚期，日本已经成为美国的第二大进口来源国，其服装、晶体管收音机、立体声音响系统、汽车以及工业设备等产品在美国市场所占的份额还在迅速上升，不难想象那里集装箱航运的潜力有多么巨大。1966年，当日本的航运和造船合理化委员会敦促运输省消除混乱和过度竞争，以从集装箱这项新技术中获得最大的国家利益时，日本政府运用了一项典型的工业政策。这个委员会要求在1968年开始日本与美国西海岸之间的集装箱业务，在1970年开始日本到美国东海岸、欧洲以及澳大利亚的业务。它们要求政府首先在东京或横滨以及大阪或神户地区建造集装箱站场。委员会认为，政府应该要求日本和外国的轮船公司组成公会来运营集装箱船和站场，但是也应该保证这种协作不会损害日本的轮船公司。这个委员会说，如果一切都按计划进行，那么到了1970年，日本的出口商品将有一半是用集装箱运输的，即使用12艘巨大的轮船，每艘装载1 000只集装箱。[30]

日本政府以不寻常的速度开始行动了。代表团参观了奥克兰以及其他的美国港口，学习应该怎样经营集装箱货港。新的港口立法在1967年8月获得通过；到了这一年年底，日本最早的两台集装箱起重机在东京和神户投入使用。陆地上的问题并不是那么容易解决，在日本，标准卡车的装载量不到11吨，而且除了在少数新的收费公路上，标准尺寸的集装箱都是公路管理规定所禁止的。日本国有铁路公司也没有为运载超过20英尺长的集装箱做好准备。北美和欧洲采用的联运模式，几乎可以让集装箱从轮船无缝转移到卡车或火车再到收货人的装载码头，但日本无法简单地复制这一模式。[31]

第一个到日本试水的是麦特森航运公司。1966年2月，麦特森公司获得了政府的批准，可以在西海岸、夏威夷和远东之间经营无补贴的货运业务。公司管理层的设想是，它们可以用高速轮船跨越太平洋把日本的电视机和手表运到美国，在奥克兰卸货后直接装上专门的列车运往东部地区。在回程时，这些船只或许可以承运军方为设在日本和韩国的基地准备的军事物资。关键的假定是在其他的轮船公司进入这一市场之前，麦特森公司会有两三年的时间来赢得日本主要出口商的货运业务。麦特森公司把两艘C-3型散件货轮送到了日本的一家造船厂，在那里把它们改装成可以运载464只集装箱和49辆汽车（因为日本的汽车出口正在快速增长）的自卸船。它们还在德国订购了两艘高速集装箱船，预计1969年交货。为了争取日本的客户，它们与一家日本的轮船公司日本邮船株式会社（NYK）组建了合资公司。1967年9月，在日本的第一台集装箱起重机投入使用之前，麦特森公司就开始了通往日本的集装箱货运业务。[32]

竞争对手并没有远远地落在后面。1968年1月，4家日本轮船公司签约租下了奥克兰的集装箱泊位。同年3月，当军方下令在越南的美军不得再通过海陆联运公司把货物退回美国之后，海陆联运公司也立刻宣布它们将提供每周一次从日本到美国的集装箱货运。

就像几乎每一件与马尔科姆·麦克莱恩有关的其他事情一样，海陆联运公司进入日本也更多的是出于直觉而不是分析。"本来已经让这些船空着从越南返回美国了，"海陆联运公司的前高管斯科特·莫里森回忆说。"后来我们开了个会，会上马尔科姆问：'你们谁在三井集团有认识的人？'"麦克莱恩让与会者传阅了这家日本贸易公司的年报，并宣布他要飞到东京去会见它们的总裁。两个星期之后，三井集团派出的一个大型代表团已经到了伊丽莎白港，参观游览了海陆联运公司在那里的码头。马尔科姆·麦克莱恩没有组建合资公司的念头，但他委托三井集团旗下的一家公司给海陆联运公司在日本建造一座货运站场。三井旗下的第二家公司同意做海陆联运公司的代理，而它们的第三家公司则同意负责日本国内的卡车运输。由于海陆联运公司与军方的合同足以补偿全部的轮船运营成本，所以哪怕在日本能装上的货物非常少，它们也肯定会赚钱。[33]

1968年9月，由麦特森公司的合作伙伴日本邮船株式会社拥有的第一艘日本集装箱船完成了从日本到美国的首航。6个星期之后，已经适时地加入了跨太平洋公会的海陆联运公司，也开始了从横滨到美国西海岸每月6次的集装箱货运，它们的船上装的都是日本工厂生产的电视机和立体声音响系统。其他的日本运输业者也加入进来了。1967年9月之前，日本与美国西海岸之间航线上还根本没有商业集装箱业务，但是突然之间，这条航线上已经挤满了等待装货的集装箱船。到了1968年年底，有7家不同的轮船公司在竞争每个月不到7 000吨东去的货物，而且还有更多的公司正打算加入战团。事实证明，业务的不足仅仅是暂时的。大量的货物很快就会像潮水一样涌来，其规模超出了任何人的想象。[34]

第 10 章

暴风雨中的港口

海岸轮船公司的创立是为了服务于造纸业。自20世纪30年代以来，它们的轮船一直是开到皇冠策勒巴赫公司（Crown Zellerbach）在华盛顿州安吉利斯港和卡马斯的造纸厂装上一卷卷的新闻纸，然后沿着海岸把它们拖运到加利福尼亚。在南太平洋铁路公司及联合太平洋铁路公司开始追求货运量之前，海岸轮船公司的新闻纸运输业务一直很可靠。20世纪50年代，这两家铁路公司把新闻纸排除在了普遍的运价上涨之外，并随后开始降低新闻纸的运价来抢生意。为了同它们竞争，海岸轮船公司不得不把其新闻纸的运价从每吨32美元降到了18美元。到了1958年，海岸轮船公司已经濒临破产，太平洋沿岸的新闻纸贸易也就此没了生气。[1]

棉花、柑橘、化学制品以及木材，这些货物也有着与新闻纸一样的遭遇。20世纪50年代，面对火车以及卡车（尤其是后者）所带来的竞争冲击，美国的近海航运急剧萎缩。除了油轮之外，从事近海贸易的货轮数量从1950年的66艘减少到了1960年的35艘，运营近海轮船的总吨数减少了1/3。随着进港停泊的轮船越来越少，一度对当地经济至关重要的码头区也日渐衰落。码头被废弃了，仓库的门都用砖封起来了。在1945~1957年的13年里，除了纽约港之外，北美所有港口用于建造和现代化的投资少得可怜，仅为每年4 000万美元。[2]

与集装箱运输联系在一起的两个事件唐突地唤醒了昏昏欲睡的港口业。1955年12月，纽约港务局决定把新泽西450英亩的盐沼地变成一个超前于时代的集装箱港口，这个计划完全超出了世界上任何其他港口的处理能力。在马尔科姆·麦克莱恩的集装箱业务中发生的改变，不那么引人注意但却更加有威胁。为了确保其公司在波士顿到加尔维斯顿的各个港口的经营权，麦克莱恩不怕麻烦地努力着；1957年，泛大西洋公司给引入的纯集装箱船装备了昂贵的船上起重机，为的就是让这些船能够停靠几乎任何一个港口。这个计划就是想让泛大西洋公司的船只能像传统的轮船一样，可以停靠航线上所有重要的城镇。但是，泛大西洋公司很快又调整了它们的业务，把注意力集中到了纽华克、杰克逊维尔、休斯敦以及圣胡安这4个港口上，削减或排除了其他的停靠港，这样，原来的计划几乎立刻就被抛弃了。

纽约港在兴起，坦帕和墨比尔被忽视，这两个看似不相干的事件却揭示了随着集装箱航运的发展，其经济规律将会对海港产生影响。对港口来说，争取集装箱货运量将是代价高昂的，所要求的投资跟从前比起来根本不成比例。对轮船公司来说，轮船沿着海岸蜿蜒而行到每一个港口去寻找货物，这样的时代很快就将结束了。每一次停靠都将意味着把一艘昂贵的集装箱船停泊到港口中，而这艘船只有在航行的时候才能创造收入和利润。只有那些能够可靠地提供大量货物的港口才值得集装箱船停靠，而所有其他港口都将由卡车或驳船来服务。

到了20世纪50年代晚期，公职人员应该记取的教训已经很清楚了。随着集装箱航运的发展，海上货运量将被吸引到少数非常大的港口那里。很多有些历史的海上贸易中心将被抛弃；为了成为幸存者，各个港口将必须展开竞争。最重要的是，发展集装箱航运需要广泛的投资（要填海来提供数百英亩的陆上码头区，要建造巨大的起重机和集装箱堆场，要建设道路和桥梁等码头外的基础设施），而这已经远远超出了轮船公司的出资能力。如果政府机构希望保住码头区的就业机会和税收收入，那么它们就必须非常积极地参与港口的融资、建设和经营，而且要比以往任何时候都更积极。[3]

美国西海岸的那些港口最先领会了这种新的经济现实。20世纪50年代，美国太平洋沿岸的港口基本上是一潭死水，发展停滞。除了在那些没有其他选择的地方，比如西雅图与阿拉斯加之间以及加利福尼亚与夏威夷之间，其他地方的国内海上贸易都在日渐衰退。美国的国际贸易绝大部分都是朝向欧洲的；1955年，除了石油以及其他的油轮货物之外，只有11%的进出口货物流经了美国西海岸的各个港口。即使把石油以及化学制品计算在内，所有西海岸的港口加在一起每年处理的货物量也还赶不上一个纽约市。[4]

最重要的是，西海岸这些港口都是地理分布的受害者。尽管这些港口城市本身都很大，而且也在快速地发展，但它们的腹地人口却非常稀少。1960年，除去洛杉矶和旧金山湾，加利福尼亚州的其他地方仅有 600 万居民；落基山脉周围的 8 个州向东延伸了上千英里，但它们加在一起的总人口还没有纽约市的人口多。西雅图内陆的首要城市是明尼阿波利斯，但它们之间的距离有 1 600 多英里。尽管西部的工业正在迅速地发展，但也只有洛杉矶到长滩一线的制造业基地能够与东部以及中西部的工业中心抗衡。巴尔的摩和费城可以处理匹兹堡和芝加哥的对外贸易，但西海岸的港口没有类似的国内市场；太平洋对岸潜在的贸易伙伴，比如韩国、中国以及印度等各个国家，都被战争或政治隔绝了。因为除石油之外的其他货物流量没有增长，所以这些港口没有发展的途径。1960 年，西雅图的货物流量比 1950 年减少了 10%。在普吉特湾南面几英里的地方，有一个主要处理木材的港口塔科马。同样也是在 1950～1960 年的这 10 年里，随着木材企业将其运输业务转向了铁路，塔科马损失了 1/3 的货物流量。波特兰的货物吨数也减少了 17%。20 世纪 50 年代，得到发展的西海岸港口只有洛杉矶，它们投资兴建了新的码头和仓库，以期挑战旧金山的区域优势。[5]

集装箱运输为西海岸的港口提供了一个摆脱这些地理限制的机会。麦特森公司对夏威夷集装箱业务的研究显示，西海岸的港口将成为丹佛和盐湖城的卡车货物的中心。受麦特森公司的启示，西海岸上下的城市领导者们开始重新审视日渐衰落的码头区。首先采取行动的是旧金山，在那里，有 96 座过时的码头是由加利福尼亚州政府管理的。这些码头当中有很多是狭窄的木制码头，自 20 世纪 20 年代以来就没有改变过；即使是那些结构还算合理的码头，也都不是面向大型卡车设计的。顾问们建议在市中心以南的军队大街修建一种新型的"超级站场"，它非常大，足以处理 8 艘远洋轮船。1958 年，加利福尼亚的投票者批准了 5 000 万美元的港口债券，这在当时可是相当大的一笔钱。[6]

西雅图也很快就跟随旧金山的脚步，聘请了一个顾问来帮助它们挽救港口。西雅图的所有 21 个码头都是第二次世界大战结束前就已经存在了，而且其中的大多数都是为 20 世纪早期的轮船设计的。到了 20 世纪 50 年代晚期，这些码头中只有 6 座还在部分时间内用来处理普通货物；港口的税惠对外贸易区变得非常安静，以至于西雅图港口委员会已经打算将其关闭。1959年，当地的一部电视纪录片描述了港口的凄惨状况，也扭转了政治局面。商业领导者们成立了一个港口委员会，1960年7月，这个港口委员会宣布了一项3 200万美元的重建计划，其中包括2座集装箱站场。西雅图港突然之间成了人们关注的中心，1960年11月，参选港口委员会成员的候选人多达17人。投票者批准为第一阶段的建设发行1 000万美元的债券。[7]

洛杉矶也不甘落后，他们新建了长滩至港口的免费高速公路，以便于卡车出入港口。市政官员们积极地努力着，想要让投票者们相信港口经济的重要性；在1959年的市民投票当中，他们的努力得到了回报，他们获得了发行收益债券的授权，这些债券的本金和利息将由轮船公司缴纳的租金来偿付。到了1960年，麦特森公司运营了两年的夏威夷集装箱业务已经让7 000多只集装箱流经了这些码头。同海陆联运公司在纽华克的基地比起来，麦特森公司的业务当然不算什么，但是这已经足以让洛杉矶成为西海岸最大的集装箱货港。在市政府的强力支持下，市立的港口部门立刻启动了一项五年计划，打算总共投入3 700万美元为集装箱船建造码头和起重机。[8]

然而，最富有戏剧性的转变发生在旧金山湾东面的奥克兰。20世纪60年代初期，奥克兰一直是一座没什么生气的农业港口，大小只有长滩、西雅图或者波特兰的1/3，跟旧金山那就更没法儿比了。奥克兰的码头区旁边就是工业区，有一家狗粮厂、一家干冰厂和一家闸瓦厂，但它们都早已不再是港口的重要客户了。奥克兰几乎没有流入货物量；通常情况下，欧洲的轮船会驶入旧金山卸货，然后越过旧金山湾来到奥克兰，装上罐装水果、杏仁以及核桃运回去。作为一个市立机构，奥克兰港口委员会在1957年发行了首批收益债券，修理了几座老码头，但是它们没有更宏大的计划。之后，一次出人意料的发展机遇降临了。麦特森公司已经将其夏威夷集装箱业务的基地设在了旧金山，但是旧金山的官员却拒绝了麦特森公司想单独拥有一座集装箱站场的请求，因为该市的港口主管认为，集装箱航运只是流行一时的狂热，持续不了多久。麦特森公司在1959年架起了世界上第一台陆基集装箱起重机，但不是在旧金山这座西部最大的航运中心，而是在离奥克兰的码头不远的小城阿拉米达。[9]

麦特森公司的运营让奥克兰港的官员把注意力集中到了集装箱航运上。1961年年初，他们得知美国夏威夷轮船公司正在申请一笔政府补贴，用以建立一支由大型集装箱船组成的船队。这些轮船将穿越巴拿马运河，主要是把来自加利福尼亚各罐头厂的水果和蔬菜运到东海岸的市场上去。这本来就是奥克兰应该抓住的货物。奥克兰的港口主管达德利·弗罗斯特和总工程师本·纳特赶紧收集了相关的事实和数字，装订成了两本册子，并给它们加上了印有"美国夏威夷轮船公司"字样的皮封面，随后就在1961年4月飞去了东部。在华盛顿，与政府以及行业官员的会谈改变了他们的计划。"有个重要人物说：'噢，别去理那帮家伙了，他们都是无用之辈。还是去找海陆联运公司吧。'"纳特回忆说，"我问道：'海什么？'"一本小册子很快就换成了印有"海陆联运公司"字样的封面，弗罗斯特和纳特也赶紧前往纽华克港。海陆联运公司的一位高管打断了他们的介绍，告诉他们公司已经决定开通从纽华克到加利福尼亚的集装箱船。如果奥克兰能够以合理的价格提供适合的场地，那么海陆联运公司就愿意在那里建立其北部地区的终点站。[10]

奥克兰从来没有接待过集装箱船，但它们立刻就把自身宣传成了一个未来的集装箱货港。纳特凭空想出了一个与按吨计算费用的惯例非常不同的租约：海陆联运公司起初将只支付建造站场的费用，以后随着其货运吨数的增加，租赁费用也将增加，但是在超过了特定的货运吨数之后，港口方面将不再收取更多的费用。对海陆联运公司来说，这一规定了"下限和上限"的租约很有诱惑力，因为一旦它们的货运吨数超过了上限，每吨货物的平均成本就会直线下降。奥克兰拿出60万美元改进了两个泊位，联邦政府也同意它们把港口从30英尺加深到了35英尺，以便将来更大的集装箱船可以驶入。在1962年9月，作为当时世界上最大的货轮，海陆联运公司的"伊丽莎白港号"

穿过巴拿马运河，先后停靠了长滩和奥克兰。[11]

在过去的两年时间里，西海岸各港口的年投资已经增加到了两倍以上，而它们之间的竞争战斗才刚刚打响。因为有两座紧邻港口的铁路站场，所以奥克兰似乎有优势。作为反击，洛杉矶在1962年再次发行了1 400万美元的收益债券。之后，邻近的长滩港再度出现。长滩港在20世纪50年代一直在苦苦地挣扎，因为港口附近发现了石油，而开采石油让港口的地面下沉了，码头也倒塌了。当这种混乱的局面终于平息之后，它们发现自身有着比洛杉矶更深的深水港口。1962年，它们暗中阻止了海陆联运公司修建南加利福尼亚的终点站，并拿出它们的石油收入平整出了一块310英亩的垃圾填筑地。两座邻近的港口马上就打起了价格战，这让没有石油、需要盈利的洛杉矶处于了不利地位。洛杉矶和旧金山要求管制机构联邦海事委员会阻止海陆联运公司在长滩和奥克兰的交易，理由是其中涉及了不公平的补贴；然而，它们的努力无济于事。1962年8月，在西海岸的北方，已经有两座集装箱站场在建的西雅图宣布，它们将再投资3 000万美元修建更多的集装箱站场，尽管阿拉斯加轮船公司的季节性业务是这里唯一的集装箱业务。这些港口突然之间热闹了起来，10多年来都没有增长的非军用货物流量，在1962～1965年却迅速增长了1/3。[12]

之后，奥克兰有了更大的野心。它们的目标是被称为"外港"（Outer Harbor）的区域。这个区域被一段铁路路基分成了两半，以前曾有旅客列车沿着这条线路开到一个渡口处的终点站。在扩建了奥克兰航空港之后，奥克兰港口委员会已经没有钱了，但是它们却遇到了一个救星，那就是在1963年开始设计其区域铁路系统的旧金山湾区捷运系统委员会。当港口方面允许它们在港口的地产下方开挖隧道之后，作为回报，这家铁路机构同意清理路基沿线的废弃建筑，修建一条9 100英尺的堤坝，并把围起来的区域用隧道中挖出的土填上。奥克兰计划建造一个庞大的站场，占地140英亩，有12个泊位，码头宽78英尺，足以架设起能跨骑铁轨的起重机，能够容纳几乎任何长度的轮船。最外侧的码头离旧金山湾60英尺水深的地方几乎有一英里，这可以保证随着轮船变得越来越大，港口将仍旧可以接纳它们。

1963年和1964年，奥克兰的代表团先后考察了日本和欧洲，并得知有几家轮船公司对集装箱运输感兴趣。这些公司都还不准备与奥克兰签合同，但就在这时，联邦政府的经济发展局划来了一笔1 000万美元的拨款，原本是用来在这个萧条的城市创造就业机会的，现在刚好可以用作港口的建设资金。尽管还没有承租人，新站场的建设还是在新的环境管制规章生效前开工了。在这项工程开工后，海陆联运公司在1965年认定它们需要更大的空间，因此与奥克兰港签订了一份新的合同，租用一座26英亩的站场以及两台大型的岸上起重机。几个月后，迄今还只经营国内业务的麦特森公司宣布，奥克兰的填筑地将成为它们在西海岸与亚洲之间经营无补贴集装箱业务的基地。[13]

在这些长期被忽视的港口疯狂扩张的背后，一种关于经济发展的全新思路正在形成。20世纪60年代，制造业几乎被普遍认为是地方经济健康发展的基础；除了码头上的就业机会，港口的大部分价值在于重视运输的制造商会在附近设厂。然而早在1966年，西雅图的公职人员就已经认识到，他们的城市很偏远，工业也不发达，但是或许可以发展一种基于配送而不是工厂的新经济。人口的稀少不会成为障碍，西雅图不仅可以成为华盛顿在西部的一个地方港口，而且可以成为从亚洲到美国中西部的配送网络的中心。"商品配送已经从一个连接生产和消费的从属部门，发展成了一个独立的部门，"港口规划师赵廷理（Ting-Li Cho）有先见之明地写道，"反过来，这个部门会决定生产和消费的经济。"同一年，几乎同样的信息从理特（Arthur D. Little）管理咨询公司传到了旧金山的市政官员那里，但这回却是对当地经济不利的消息。理特公司警告说，旧金山的大部分批发、卡车运输以及仓储企业很快就会迁移到旧金山湾东侧新兴的港口设施附近，因为它们已经不再需要靠近旧金山的其他商业活动了。[14]

因为对自身的经济前景越来越有信心，所以西雅图、奥克兰、洛杉矶以及长滩都处于持续建设的状态中。1964年，毁灭性的阿拉斯加大地震让那里出现了对建筑材料和救济物资的巨大需求，而就在地震发生的前几天，海陆联运公司开通了从西雅图到阿拉斯加的集装箱业务。美国在越南的增兵让大量的援助物资流经了洛杉矶和长滩。流经奥克兰的非军用集装箱货物在 1965 年仅为 365 085 吨，而随着日本和欧洲的轮船公司开始让集装箱流经这里，这个数字在 1968 年达到了 150 万吨，到 1969 年又增长到了 300 万吨。至此，流经奥克兰的货物有将近 60% 在用集装箱运输。洛杉矶的一座新站场吸引到了 4 家日本的轮船公司。因为预见到水深更浅的洛杉矶很快就会迫使轮船公司另觅他处，所以长滩开始建设一次可以处理 10 艘轮船的 3 座新站场，包括单独为海陆联运公司准备的 100 英亩的场地。西雅图也在尚未找好租客的情况下就开工了不下 3 座新站场；它们也是迫不得已：如果站场空间的供应不能满足集装箱航运的需求，这些轮船可能就到别的地方去了。[15]

有两个传统的航运中心没有加入到这种狂热中来。20 世纪 50 年代，波特兰处理的货物几乎与西雅图一样多，但是现在它们却拿不出建造集装箱货港所需的资金或资源。这一后果非常严重。1963～1972 年，西雅图的对外贸易增长了一倍以上，而波特兰的几乎没有增长。1970 年，当日本的集装箱船开始停靠西雅图之后，波特兰立刻就发现，进入波特兰的日本商品都是卡车从西雅图运来的，而不再是轮船从横滨运来的。旧金山面临着更严重的问题，因为它们处在一个拥挤的半岛上，只有南向的铁路连接，这非常不利于处理来往东部的货物。1968 年，当它们好不容易从州政府那里夺取了港口的控制权之后，市政官员们就一直在为启动港口疏浚而努力着，但是，集装箱码头的实际建设拖得太久了，以至于连在这里扎根了一个多世纪的美国总统轮船公司最后也跑到了奥克兰。就在西雅图、奥克兰、洛杉矶以及长滩已经目的明确地建成了一座又一座巨大的集装箱站场时，旧金山的计划还在变来变去。1969 年，一家瑞典轮船公司也离开旧金山搬到了奥克兰，它们在旧金山码头区安放了好几十年的大霓虹灯招牌自然也跟了过去。每到夜晚，这块招牌就开始闪亮，上面的字样似乎是在提醒海湾对面的旧金山人，他们的城市作为一个主要港口的时代已经结束了。[16]

美国的西海岸在20世纪50年代开始了大规模的港口建设，但在这个国家的另一边，也就是东海岸，却没有掀起相似的热潮。在格雷斯轮船公司放弃了它们倒霉的委内瑞拉集装箱业务之后，海陆联运公司成了东部唯一使用专门的轮船运载集装箱的公司。很多其他登广告宣传集装箱业务的轮船公司，都是把集装箱与混杂货物一起运载，因而不需要专门的起重机或集装箱堆场。更重要的是，西海岸各港口表现出了对集装箱运输的极度热情，而这在东海岸几乎看不到一丝迹象，只有海陆联运公司在新泽西的基地例外。除了洛杉矶，西海岸接受集装箱运输的港口在20世纪50年代后期都在衰落，但它们在新技术中看到了救星。大西洋以及墨西哥湾沿岸的港口有着更稳定的货物流，直到1966年，美国国际贸易的十大海运航线中还有9条经过东海岸或者墨西哥湾沿岸的港口，只有一条通到了西海岸。除了纽约之外，东部的港口能够从集装箱航运中得到的利益没有那么大，相应地，它们为此投入巨额公共资金的意愿也就没有那么强烈。[17]

随着集装箱航运变成了国际业务，纽约港务局在纽华克和伊丽莎白港的码头也在不停地扩建。到了1965年，有6家轮船公司宣布它们将在1966年启动从新泽西码头到欧洲的集装箱业务；这些轮船公司订购了很多艘新轮船。对集装箱航运的拥抱并没有在东海岸上下重现，原因就是几乎在任何地方都存在的两大障碍，即劳工和资金。

在劳工方面，纽约航运协会与国际码头工人协会已经在1964年就较小的班组以及被撤换工人的保障年收入达成了协议，但在除费城之外的其他港口，工会的地方分会并没有与资方达成这样的协议。在纽约，码头区委员会在20世纪50年代的努力已经消除了临时的码头工人，而在东部的大多数其他港口，大量兼职的码头工人一直到20世纪70年代都还存在。波士顿的码头工人平均每周只工作一天半，而新奥尔良的码头工人是两天。如果集装箱得到了许可，那么随着这个行业逐渐变成一支固定的、全职的劳动大军，这些兼职的工作就很有可能会消失。国际码头工人协会已经见识了集装箱航运怎样让他们在纽约的会员人数急剧减少，在收入保障到位之前，他们不会容许这种事情在别的港口再发生。[18]

不同工会之间的纠纷也是一个问题。在波士顿,马萨诸塞港务局在1966年花110万美元建造了一台集装箱起重机,以便海陆联运公司的轮船在往返纽约与欧洲时能够停靠这里。然而,因为国际码头工人协会先后与港口方面以及卡车司机工会发生了纠纷,所以这座站场一直关闭着。海陆联运公司及其竞争对手们很快就认识到,先把波士顿发往欧洲的集装箱用卡车运到纽约,然后再让它们从纽约起航的轮船绕过波士顿港,这对他们来说更有利可图。可是这样一来,波士顿港的货运量就再也没能恢复。在纽约和其他的港口,国际码头工人协会与资方达成的协议规定,其成员有权在陆内的仓库中把零散货物合并到集装箱里;而卡车司机工会反对这样的合同条款。在国际码头工人协会看来,随着传统的码头区职业渐渐消失,这些合同条款是帮助其成员保住工作所必需的;但是卡车司机工会却认为,这些条款侵犯了他们对仓储行业的控制权。关于哪个工会的成员有权从事这项工作的争论一直持续到了1970年。[19]

除了巴尔的摩以外,大多数港口都感到建造集装箱专用设施的成本太吓人了,以至于它们都犹豫不决。缺少资金的费城没有为集装箱运输作出任何努力,一直到了1965年,市政当局才在忧虑的商业领导者的敦促下,同意由企业与港务局合作成立一家港口公司来发行债券。后来的一项研究预测,费城很快就会每年损失100万吨的货物。在这一研究结论发布之后,新成立的港口公司才不情愿地投资建造了一座集装箱站场,而且到1970年才投入使用。迈阿密为滚装船建造了坡道,但却没有为集装箱船建造专用码头。墨西哥湾沿岸的墨比尔等港口决定不对集装箱运输投资,因为它们的出口对象是加勒比地区的岛屿,而这些岛屿中有很多都太小了,根本不需要很大的集装箱。长期以来都是墨西哥湾沿岸最大港口的新奥尔良,一直使用同样的码头混杂着处理集装箱和其他类型的货物;它们专门建造的第一座集装箱站场在一条运河上(后来证明那里的水深太浅了),直到1971年才投入使用。作为海陆联运公司当初的西部终点站,休斯敦的投资步伐要快一些,而且它们坚决地想把自身建设成墨西哥湾沿岸第一位的集装箱港口。[20]

这些决定的最终结果就是,纽约港务局在纽华克和伊丽莎白的综合港口统治了东部的集装箱航运。1970年,缅因与得克萨斯之间,只有弗吉尼亚州汉普顿港群的集装箱处理能力能够达到纽约港众多码头的1/9。集装箱航运的新兴经济意味着迟钝的落伍者将面临严重的后果。20世纪60年代后期出现的新型集装箱船,其运载能力要比被它们取代的普通轮船大得多;尽管货物总量增长了,运载货物所需的航行次数还是会减少。为了收回巨大的建造成本,船主们都希望让自己的船处于航行状态,所以他们都更喜欢每次航行只在海洋的两岸各停靠一两个港口,而不是四五个港口。次级港口将不会有跨越大西洋的轮船驶入,而只会获得一些向更大的港口转运的支线业务。一旦一个港口滑出了一级港口的行列,想要爬回来就会非常困难:一个不太活跃的港口将必须把资本密集型的集装箱站场的建造成本分摊到更少的轮船头上,而按轮船平均的更高成本会反过来吓跑业务。在集装箱竞赛中,来晚了的港口要么必须冒巨大的风险寄望于吸引到承租者,要么就必须找到一家大的轮船公司,帮他们承担增加沿途停靠港的成本。[21]

的确有些起步较晚的港口,凭着持续不断的投资,仍照成了重要的集装箱港口。第一批集装箱在1965年流经了南卡罗来纳的查尔斯顿,但是这个港口只有一个泊位,而且没有处理集装箱的专用起重机。之后在20世纪60年代晚期,海陆联运公司决定扩大它们在查尔斯顿非常平庸的业务。这座州政府拥有的港口启动了一项雄心勃勃的发展计划:到20世纪80年代早期,它们要把集装箱站场的数量由一座增加到三座,占地面积从15英亩增加到将近300英亩。在1970年还几乎没有集装箱货运量的查尔斯顿,到1973年排在了美国本土港口的第八位,到2000年上升到了第四位。离查尔斯顿不远的萨凡纳港也是一个迟到者,当它们在1970年才安装了第一台集装箱起重机之后,也经历了与查尔斯顿类似的发展轨迹。但是,随着集装箱航运从20世纪60年代的新兴技术变成了70年代迅速发展的行业,港口把自身建设成重要航运中心的机会正在迅速地溜走。"在每一座沿海的大城市都维持一个重要的港口，这种想法已经不再合理了。"20世纪70年代早期的一份政府报告强调说。波士顿、旧金山、密西西比州的加佛港以及加利福尼亚的里士满等，这些长期存在的港口将必须在集装箱时代找到各自的新角色。[22]

集装箱航运的头10年是美国人的事情。在这段时间里，全世界的港口、铁路公司、政府以及工会都在研究美国的集装箱运输怎样撼动了货物运输。他们知道，集装箱已经消灭了码头上数以千计的工作岗位，让一些港口整个荒废了，并且从根本上改变了企业选址的决定。尽管如此，集装箱征服全球贸易航线的速度还是让几乎每一个人都吓了一跳。有些世界著名的港口城市看到它们的港口几乎消失了，而有些原本微不足道的小港口城市却跨入了海上贸易中心的行列。[23]

最激烈的转变发生在英国。20世纪60年代，伦敦和利物浦是英国最大的两座港口，但它们的业务主要是在本土。为了最大限度地降低卡车运输成本，出口商和进口商往往会选择距离港口最近的地区设址。1964年，英国的出口货物中有大约40%产自港口25英里的范围内，而所有进口货物中有2/3的最终目的地距离卸货港不到25英里。伦敦本身就是一个庞大的工业中心，利物浦则是英格兰中部地区的工业重镇，两个港口处理的货物量各占英国贸易的1/4，而很多其他的港口都只占有很小的份额。[24]

伦敦和利物浦的码头都是由当地的政府机构来管理的，而这些机构自20世纪40年代以来就一直在走钢丝：既要改善业务，又要对抗强大的运输和普通工人联合会。一项精心的研究准确地描述了这种状况，说这些码头一直在以"不慌不忙的方式"进行着现代化。很多小的装卸公司要为装卸每一艘轮船相互竞争，而且它们是按天轮流雇用码头工人。这些暂时性的安排不会刺激港口对自动化进行长期的投资。尽管自20世纪50年代中期以来劳动生产率一直增长缓慢，但工资的增长却一直很强劲。在20世纪60年代中期的英国，全职码头工人的工资水平要比普通男性工人高出大约30%，而在10年前，这个差距大约是18%。[25]

政府的很多委员会都研究了让港口变得更加有效率的方法。1966年的一项调查提出，应该减少装卸公司的数量，以期幸存下来的公司会变得规模更大、更专业、更有能力为高效的货物处理购置设备。作为条件，政府承诺自动化将不会导致码头工人的过剩。如果再多给他们一些时间，或许就能够达成一项协议，在美国的东海岸和西海岸，为集装箱运输打开道路的劳资协议花了5年时间才达成。然而在英国没有耐心等待的时间，因为科技变革正在强行登陆码头。在1966年3月，美国轮船公司把第一批大型的集装箱从纽约运到了伦敦。在接下来的一个月里，海陆联运公司的纯集装箱船"仙境号"跨越了大西洋，先后到达了鹿特丹、不来梅以及苏格兰的格兰奇茅斯港。因为大约一年前就接到了通知，所以鹿特丹和不来梅已经加长了码头，加深了航道，并开始架设集装箱起重机。伦敦没有采取行动，"仙境号"也就没有前去打扰。[26]

很显然，伦敦让人为难的码头不太适合集装箱航运。这些码头都聚集在泰晤士河入海口的封闭地区，连传统的轮船都很难驶入；大型的轮船必须在河口处把货物卸到驳船上。撇开劳动纠纷不说，把巨大的货物集装箱从远洋轮船转移到驳船上就不具有经济合理性，更何况用卡车拉着40英尺的集装箱穿过伦敦东部狭窄的街道，那更是一场噩梦。利物浦上了年纪的码头也同样对集装箱经营者没有多大吸引力。作为政府的监管机构，英国运输码头管理局去向麦肯锡管理咨询公司寻求建议。麦肯锡公司预测，集装箱航运很快就会围绕少数使用大型轮船运载标准集装箱的公司成为一个整体。他们认为，为了实现规模经济，在轮船、火车以及卡车之间高速地转移集装箱，港口的规模将必须非常庞大。麦肯锡公司认为，集装箱运输能够把英国的航运费用减少一半，但前提是有一个庞大的港口可以处理来往于北美的所有货物，并用专编直达列车把港口与英国的其他部分连接起来。同一期间由阿瑟·利特尔管理咨询公司完成的一项研究预测，1970年，轮船每周从美国运到英国的货物将相当于 1 800 只 20 英尺的集装箱，而从英国运到美国的将相当于 1 580 只。这些结论的各个方面都代表着对运输和普通工人联合会拥有的权力的威胁，轮船和港口的数量都会减少，每个港口上的码头工人数量也会减少。作为传统码头工作的一个重要部分，货物的装卸将转移到离码头几英里远的陆内仓库中，而在那里码头工人肯定不会被雇用。[27]

英国运输码头管理局和当地的港口机构就一些重大投资达成了一致，预计在 1965～1969 年总共投入 2 亿英镑（相当于 1967 年的 5.5 亿美元），其中最大的一笔投资是伦敦港务局花 3 000 万英镑在蒂尔伯里修建的集装箱综合设施。蒂尔伯里港在泰晤士河下游 20 英里的地方，已经有很长的历史了。因为远离伦敦中心区的交通拥挤，而且门口就是人口稠密的英格兰东南部，所以蒂尔伯里很有潜力成为欧洲第一位的集装箱港口，至少政府是这样希望的。这里将为集装箱船建造 5 个深水泊位，每个都配有占地 20 英亩的集装箱堆场。另一座集装箱港口将建在伦敦西南的南安普敦；在接近爱尔兰海深水区的利物浦北部，墨济码头与港口委员会也开始在西弗斯修建一座集装箱站场。[28]

1967 年，在蒂尔伯里开始运营的同时，一项针对码头工人的"自愿"买断计划也启动了，所需的资金来自于各主要港口的货物处理收入。工会很快就指责雇主为了摆脱工人而滥用规则；他们反对政府鼓励永久雇用而不是按天雇用的新政策。回想起国际码头工人协会 10 年前曾在纽约尝试过的策略，运输和普通工人联合会也从 1968 年 1 月开始在蒂尔伯里强行禁止了集装箱。[29]

运输和普通工人联合会很有势力，但不是万能的。因为嫌麻烦，他们从来没有在费利克斯托这个小港口招收会员。费利克斯托在伦敦东北 90 英里的地方，处在北海的一个河口上。作为英国数百座沿海城镇中的一个，这里有两座由费利克斯托铁路及码头公司拥有的码头。这是一家私营公司，控股的是一家谷物和棕榈油进口商。这两座码头已经在 1953 年被暴风雨摧毁了，到了 1959 年，这里的 90 名长期工人唯一的工作就是把一些热带商品卸到储存箱和仓库中。费利克斯托没有需要保护的一般货物业务，没有好斗的工会，而且因为这里从来没有雇用过临时的码头工人，所以对轮船公司来说，也就没有必要向全国的码头工人买断计划交钱。

1966年，当英国政府还在努力地说服轮船公司让集装箱船停靠蒂尔伯里时，费利克斯托已经深谋远虑地与海陆联运公司达成了秘密协议。它们拿出350万英镑（比政府在蒂尔伯里的投入少多了）加固了码头，安装了一台集装箱起重机。海陆联运公司在1967年7月启动了这里的业务，用一艘小轮船在这里与鹿特丹之间往返运送集装箱。接着没过多久，它们就增加了从美国直驶这里的轮船。1968年，由于蒂尔伯里因罢工而关闭，到此时还没什么名气的费利克斯托港霎时间变成了英国最大的集装箱站场。在与工会达成了协议之后，美国的轮船公司终于能够使用蒂尔伯里了，但这里仍旧拒绝接纳大多数其他的集装箱运输业者，包括英国的轮船公司。到了1969年，费利克斯托每周会有2～3次北大西洋的航行，还有多项跨越北海到鹿特丹的支线业务，处理的普通货物达到了190万吨，而且全部都是集装箱货物。[30]

蒂尔伯里的长期关闭沉重地打击了英国的两家运输业者公会，他们原本计划启动跨越北大西洋和通往澳大利亚的两项集装箱业务，此时计划却泡了汤，于是他们以传统的方式进行了回击：设法遏制他们的竞争对手。海陆联运公司想要加入在美国与英国之间制定运价的航运公会，但在他们向英国的法庭提起反垄断诉讼之前，他们的请求一直被拒绝。集装箱海运轮船公司作为美国的一家小公司，为了赢得苏格兰的酒类生产商与美国港口之间的货运，报出了一个联运费率，其中包括了从苏格兰到费利克斯托的陆上运输。但是航运公会反对他们这样做，说联运费率会导致"管制的崩溃"。后来，美国联邦海事委员会威胁要限制该航运公会制定运价的权力，这才迫使他们同意接受更多的竞争。[31]

费利克斯托的成功直接牺牲了伦敦的利益。伦敦的港口直到20世纪60年代中期都还很繁忙。在仅仅4年的时间里，向集装箱航运的转变就让每工时的平均货物处理吨数提高了66%。其他港口货物处理成本的骤然下降把伦敦的码头推向了深渊。在蒂尔伯里开业后，著名的东印度码头在 1967 年一声不响地关闭了。随着费利克斯托的发展，邻近伦敦塔的圣凯瑟琳码头群在 1968 年关闭了，离这里不远的伦敦码头群也紧跟着关闭了，1970 年，河对岸的萨里码头群也关闭了。在 1967 年初，伦敦的运营码头有 144 座，而到了 1971 年年底，这些码头中已经有 70 座关闭了，而且不久之后，几乎所有剩下的码头也都跟着关闭了。在不到 5 年的时间里，伦敦的码头工人数量从 24 000 人减少到了 16 000 人。因为已经没有必要再挨近泰晤士河了，所以工厂和仓库开始带着它们的进出口业务跑到了别的地方，依赖于港口的码头区社区也开始解体了。[32]

1970 年 4 月，运输和普通工人联合会终于解除了在蒂尔伯里实行了 27 个月的集装箱禁令。但是好景不长，工会很快又发动了一次历时三个星期的全国码头罢工，港口也随即再次关闭。工会的这次罢工是为了抗议装卸公司优先雇用长期的熟练工人操作昂贵的设备，而不愿意雇用按日计酬的临时工。当罢工平息时，全国范围内的码头工人争取到了 7% 的加薪，但是在伦敦，一份特殊的协议允许雇主用双倍工资来换取集装箱运输。蒂尔伯里终于能够对集装箱航运开放了，但一再的拖延让他们付出了沉重的代价，即到蒂尔伯里重新开放时，大伦敦地区已经丧失了欧洲航运中心的地位。[33]

新的欧洲航运中心是荷兰的鹿特丹。作为一座在 15 世纪就存在的港口，鹿特丹曾经在 1940 年毁于德国人的轰炸。这座古老的港口一直表现平庸，到港的货物有 2/3 要先卸到驳船上，因为深水轮船无法靠上码头。战争的破坏给荷兰的规划者提供了一张干净的画布，让他们可以在 20 世纪 50 年代开始沿着马斯河勾画出一座现代化的港口。随着荷兰和德国都加入了欧洲共同市场，连接德国的公路、铁路和驳船促进了鹿特丹的繁荣。到了 1962 年，巨大的进口帮助鹿特丹在货物吨数上领先于纽约，成了世界第一大港。鹿特丹早就为集装箱留出了地方，而且与英国的码头工人不同，当集装箱船在 1966 年开始停靠鹿特丹时，荷兰的码头工人并没有提出反对。在英国的工会阻止集装箱进入的两年半时间里，鹿特丹花 6 000 万美元建造了有 10 个泊位的欧洲集装箱枢纽站场，并为更多的泊位预留了空间。现在，原本经伦敦流到英国其他港口的货物都在鹿特丹转运了，鹿特丹也因此渐渐地成了全球最大的集装箱中心。[34]

与此同时，墨济码头与港口委员会已经变成了利物浦的财务灾难，其状况因货物向集装箱港的转移而日益恶化。1971 年，议会被迫批准了一笔紧急财政援助。因为费利克斯托现在被当成了典范，所以中央政府接管了利物浦的码头。政府的资金注入帮助利物浦买断了冗余的码头工人，在西弗斯建成了新的码头综合设施，包括三座集装箱站场。当皇家西弗斯码头在 1972 年投入使用后，利物浦的 10 座历史悠久的码头（有些已经 200 多年了）就被永久地废弃了。利物浦，曾经是一座国际都市，曾经是大英帝国的著名航运中心，这里的棉花贸易曾经推动了工业革命，这里的丘纳德与怀特之星轮船公司曾经统治了北大西洋，但是现在，这座城市却陷入了一场将要持续 30 年的经济休克。

集装箱促使英国港口的地理布局发生了根本性的转变。在前集装箱时代，伦敦和利物浦统治着英国的国际贸易，它们的码头上和仓库里堆满了来自或者要运往附近工厂去的货物。在这两个港口装船的货物各占英国出口货物的 1/4，而其他任何一个港口处理的货物都不超过 5%。集装箱夺走了利物浦的竞争优势。这里的每吨货物处理成本太高了，而且在这个重新让贸易朝向欧洲大陆的岛上，它们所处的地理位置也很不利。1970 年，英国快速增长的集装箱货运量只有 8% 流经了利物浦，它在英国制造商品的海上贸易中所占的份额正在滑向 10%。在 5 年之内，港口相关的制造业的大批撤离，将让这座城市的经济遭受毁灭性的打击。[35]

英国在 1973 年加入了欧洲经济共同体，这让它们的贸易又重新朝向了欧洲。同利物浦和格拉斯哥等北部和西部的港口相比，这种转变对伦敦以及其他的南部港口更有利。尽管如此，伦敦还是在苦苦挣扎。"伦敦曾经是仅次于鹿特丹和纽约的世界最大港口，但现在它已经被安特卫普、汉堡以及勒阿弗尔超过了,"英国的航运杂志《公平竞争》(*Fairplay*)在1975年警告说,"如果任由当前的形势继续下去,伦敦将继续下滑,直至退出与强手的竞争,沦为欧洲大陆的支线运输港口。"与此同时,费利克斯托却在向前猛冲。1968年,这座新的集装箱港总共处理了18 252只载货集装箱;到了1974年,流经这里的载货集装箱达到了137 850只,费利克斯托正在日渐成为英国与北美贸易的重要港口。随着集装箱运输的规模经济开始站稳脚跟,流经英国各港口的所有集装箱将很快就会有超过40%流经费利克斯托,而在集装箱时代的黎明时期,这里的货运量还小得甚至不值得计入统计数字。[36]

美国和欧洲为集装箱航运所做的准备给亚洲政府提供了一个教训。在美国,各港口对集装箱运输的响应没有什么道理,纽约和旧金山等城市把大量的税收资金浪费在了几乎不可能收回投资的码头和起重机上,而有些本可以成为重要集装箱港的城市,比如费城,则未能及时地进行投资。在英国,政府被码头区的工会吓怕了,因此在第一批集装箱船已经到港之前,它们没有采取多少有力的措施为迎接集装箱做准备。在欧洲大陆,那些有远见并为集装箱航运制定了计划的港口,尤其是鹿特丹、安特卫普和不来梅,都抢先一步夺取了货运量。在亚洲的环太平洋地区,集装箱运输显然将带来重大的改变,而这种改变必须要有计划。[37]

时机似乎站在了亚洲人一边。从散件航运到集装箱航运的转变已经降低了船只装卸的成本,但这根本没有对船只离港后的运营成本产生任何影响,这意味着向集装箱航运的转变所带来的好处在短途航线上最显著,因为在这些航线上,货物处理以及港口时间的节约在一次航行的总成本中所占的比例最大。专家们认为,对于海上航行长达数周的长途航线,比如从美国到日本或者从英国到澳大利亚的航线,能够实现的成本节约较少。有些人甚至认为,集装箱运输在太平洋和澳大利亚的贸易中根本行不通,因为昂贵的船只将停泊很长时间,而且在海上跨越7 000英里把空集装箱运回来的成本也将被证明是非常高昂的。[38]

到了1966年冬天，在北大西洋上航行集装箱船的竞赛引起了亚洲人的注意。在1966年早期，当海陆联运公司正准备向美军在日本冲绳岛的一个基地运送集装箱时，日本运输省成立的一个委员会下达了推动集装箱业务的指示。当海陆联运公司在横滨建造码头时，运输省很快就拿出了一个计划，将在东京以及大阪附近的神户修建22个集装箱船泊位。澳大利亚航运委员会也很快就抛弃了在悉尼修建传统码头的计划，并在1966年9月开始为一座集装箱站场的建设招标，尽管当时还没有国际轮船公司表示有兴趣在悉尼提供集装箱业务。服务于远东的第一艘纯集装箱船属于麦特森公司，它在1967年9月从东京航行到了旧金山，大规模的集装箱航运在第二年到来了。国际集装箱船在1969年来到了澳大利亚，而悉尼、横滨和墨尔本也很快就跃入了世界集装箱港的前列（见表10-1）。[39]

表10-1　1969年按货运吨数计算的最大集装箱港口

港　口	集装箱货物（吨）	港　口	集装箱货物（吨）
纽约/新泽西	4 000 800	安特卫普	1 300 000
奥克兰	3 001 000	横滨	1 262 000
鹿特丹	2 043 131	墨尔本	1 134 200
悉尼	1 589 000	费利克斯托	925 000
洛杉矶	1 316 000	不来梅	822 100

资料来源：Bremer Ausschuβ für Wirtschaftsforschung, *Container Facilities and Traffic* (1971).

其他国家和地区也没有落后很远。在英国对香港进行殖民统治期间，港英政府在1966年8月成立了香港集装箱委员会；这个委员会着眼于西太平洋地区的其他发展，并在同年12月发出警告说："除非香港有集装箱站场可以服务于这些轮船，否则香港的贸易地位将受到损害。"在为集装箱时代做准备这一点上，新加坡政府最积极。[40]

新加坡是在20世纪60年代才出现的一个新国家，即1965年，在马来西亚与印度尼西亚的武装冲突中，新加坡被撵出了马来西亚。就其重要性而言，新加坡的港口更多的是作为军事基地而不是航运中心。英国在这座226平方英里的岛上驻有35 000名士兵，还有25 000名平民在基地和海军的船坞工作。这座商业港口包括少数的码头以及新加坡公路。新加坡公路是离岸停泊地，在那里货物会从一艘小型的贸易轮船转移到另一艘船上。实际流经这些码头的普通货物量大约是纽约港的1/5。新加坡港务局成立于1964年，负责新加坡的大多数码头，但供它们发挥的空间很有限，包括公寓楼、办公楼以及码头和仓库在内，其所有资产的原始价值还不到5 000万美元。[41]

独立之后，新政府立刻启动了紧急计划来吸引外资以发展经济，尤其是在制造业方面。在政府对异议普遍采取严厉手段的过程中，新加坡港务局得以把码头工人班组的人数从27人缩减到了23人，设立了第二个班次，让每个工时的货物处理量提高了一半。他们在1965年提出了一个计划，要在被称作"东礁湖"的地方为传统轮船修建4座泊位。在当时，那里只有一道防浪堤，没有重要的码头。没过几个月，这个计划就被弃置一边，跨越大西洋的集装箱船引起了港口官员们的兴趣。他们在1966年宣布，不再修建传统泊位了，而是要建设一座集装箱港口。[42]

新加坡的战略是利用集装箱来成为东南亚的贸易中心。有了世界银行提供的1 500万美元贷款（几乎占建设总成本的一半），新加坡港务局开始建造一座集装箱站场，来自日本、北美和欧洲的长途货轮可以在这里把集装箱转交给服务于地区港口的小轮船。站场于1967年开工建设；同一年，第一批集装箱（3 100只，主要是空箱）也卸到了这个岛屿的码头上。当英国在1968年宣布它们的基地和海军船坞将在3年内关闭时，新加坡政府提出了更加雄心勃勃的轮船制造、工业发展以及港口扩建计划。尽管其第一个集装箱项目才刚刚开工，但新加坡港务局还是建议说："我们或许有必要依靠航运以及集装箱货运量的发展来启动更大规模的建设。"[43]

1970年，当大规模的集装箱航运终于来到日本之外的其他太平洋港口时，关于集装箱航运在长途航线上是否可行的问题很快就变得可笑了。耗资3 600万美元的东礁湖集装箱设施在1972年6月投入使用，比原定时间提前了3个月，这也进一步巩固了新加坡"效率之岛"的美名。作为这个地区唯一有足够长的码头可以接纳900英尺集装箱船的港口，新加坡成了一个重要的转运港。在这里，第三代轮船可以把集装箱转交给较小的轮船，然后再由这些较小的轮船运到泰国、马来西亚、印度尼西亚以及菲律宾。由于码头工人的班组人数减少到了只有15人，而且在120英亩的新站场上滞留超过3天的集装箱会被收取非常高的费用，所以这个港口运转的流畅性不亚于世界上的任何其他港口。[44]

新加坡集装箱港的发展之快超出了所有人的预期。1971年，在新的站场投入使用之前，新加坡港务局预计集装箱的流量将在10年后达到19万只。然而实际上，新加坡港在1982年就处理了100多万只集装箱，成为世界第六大集装箱港。到了1986年，新加坡港的集装箱流量已经超过了法国所有港口的总和。1996年，流经新加坡的集装箱数量超过了日本。2005年，新加坡超越香港成了世界上最大的普通货物港口，有大约5 000家国际企业在把这个岛国作为仓储和配送中心，这也证明了运输有能力改造贸易流。[45]

第 11 章

繁荣与萧条

1969年1月10日，一条意想不到的消息震动了航运界：集装箱航运之父马尔科姆·麦克莱恩正在出售海陆联运公司！这一次，他的时机选择仍旧恰到好处。

三年前，也就是1966年年初，集装箱航运还是一个新生产业。只有海陆联运和麦特森这两家轮船公司在运载大量的集装箱。两家公司都只服务于美国的国内货运，使用着当初为另一类业务设计的旧轮船。当时，全球的国际贸易与集装箱航运几乎没有任何关系，而且在美国之外没有任何港口具备用专门设备装卸集装箱的能力。世界上大多数制造商品和粮食的运输方式仍旧与100年前一样，要由工人们辛苦地把货物一件一件地装进散件轮船的货舱。1966年，重要航运企业的高管仍旧可以坚持这样的观点："我认为，现在乃至今后10年发展纯集装箱船都还不是时候。"[1]

然而三年时间过去了，世界已经改变。1968年，每周有相当于3 400只20英尺集装箱的集装箱进出口货物流经美国的港口，而在1965年这个数字还是零。㊀ 鹿特丹、不来梅、安特卫普、格拉斯哥、蒙特利尔、横滨、神户、西贡以及金兰湾，这些地方都具备了处理集装箱的现代化设施。麦克莱恩的海陆联运公司拥有31艘集装箱船，这让他们理所当然地成了全球最大的集装箱经营者。随着他们向越南、西欧以及日本的扩张，他们的营业收入从1965年的1.02亿美元迅速增长到了1968年的2.27亿美元。集装箱航运已经变成了一个热闹的行业，也是一个非常昂贵的行业。1968年年底，海陆联运公司的债务达到了1.01亿美元，其中有2 200万美元是年内应支付的。1969年，海陆联运公司打算再花3 900万美元购入6艘改造过的轮船，同

㊀ 散件货运的数量以重量或者"容积吨"（一种把容积换算为吨数的标准方法）来计量，而这些惯例最初都沿用到了集装箱货物上。然而，集装箱船的容量和起重机的处理能力是由集装箱的数量决定的，而不取决于它们的重量。到了20世纪60年代中期，港口和轮船公司开始强调其处理的集装箱数量。原始数字被证明是有问题的，因为它们没有区分空集装箱和满集装箱，也没有区分大集装箱和小集装箱。1968年，海事管理局开始以标准的20英尺集装箱或者说"标准箱"（Twentyfoot Equivalent Unit，TEU）为单位报告集装箱货运量。一只40英尺的集装箱相当于2个标准箱，也就是2个TEU，而一只麦特森公司的24英尺集装箱被登记为1.2个TEU。

时还要花 3 200 万美元添置配套的集装箱和设备。²

这些财务需求只会越演越烈,因为像军备竞赛一样的航运竞赛已经开始了。

第一代集装箱船定期来往于东海岸与墨西哥湾沿岸,给波多黎各、夏威夷、阿拉斯加和欧洲带去了集装箱革命。这些集装箱船几乎全是些很老的轮船,当初都是为其他的用途制造的。其中的大多数轮船都很小,大约有 500 英尺长,航速很慢,大约有 16 ~ 17 节。这些早期的集装箱轮船,很多都只运载两三百只集装箱,同时还装载着散件货物、冷冻货物甚至是乘客。当时在全世界只有三艘轮船配备了足够多的集装箱格槽,可以装载超过 1 000 只 20 英尺的集装箱。第一代集装箱船几乎没有让轮船公司付出什么成本;1968 年年底,悬挂着美国旗、用来运载集装箱的轮船有 77 艘,其中有 53 艘是第二次世界大战的遗存。大多数的轮船公司没有带集装箱格槽的轮船,为了满足客户的需求,他们只好把集装箱塞进传统的散件货轮中。然而,散件货轮难以与高速的集装箱起重机很好地配合,每次装卸一只集装箱时,码头工人必须爬到集装箱的顶上,把起重机的吊钩穿进箱角的金属环中,而当集装箱被放下之后,工人们还得爬上去把吊钩摘下来。因为丝毫不具备格槽式集装箱船的操作效率,所以大多数运输业者运载集装箱是亏本的。³

第二代集装箱船与第一代完全不同。到 1969 年年底,这些新的集装箱船有 16 艘已经下水,还有 50 艘正在建造中。这些轮船从一开始就是为了流畅地与码头上的集装箱起重机配合而设计的。它们体积大、速度快,价格也非常昂贵。

这些新型轮船中的第一艘是"美国枪骑兵号",其拥有者是海陆联运公司在北大西洋上最大的竞争对手美国轮船公司。1968 年 5 月,"美国枪骑兵号"从纽华克出发进行了它的首次航行,先后停靠了鹿特丹、伦敦和汉堡。在当时,这艘轮船要比已下水的任何其他集装箱船都大得多。它能以 23 节的航速运载 1 210 只 20 英尺的集装箱,这个航速是海陆联运公司那些改造船的 1.5 倍。1968 年 8 月,美国轮船公司向海事管理局申请一笔9 500万美元的补贴，想要再建造6艘这样的庞然大物。美国、欧洲和日本的其他轮船公司也在赶着下订单。一艘轮船几乎总是面向特定的航线设计的，大西洋上的轮船通常运载1 000～1 200只集装箱，因为轮船太大就意味着在相对较短的航行之后，轮船在港口停留的时间会太长。打算进入亚洲贸易的轮船往往更大一些，可以运载1 300～1 600只20英尺的集装箱，因为从欧洲或美国到日本是相对较长的海上航行，可以创造出足够多的额外收入来补偿额外的建造成本。[4]

建造和装备这些第二代的集装箱船，其巨大的支出让那些最大的轮船公司都感到犹豫。一位顾问在不久之后经过计算认为，1967～1972年年底，全球集装箱化的总成本将达到大约100亿美元，几乎相当于2005年的400亿美元。如果各自为战的话，欧洲的轮船公司根本没有可能拿出数额如此巨大的资金，1966年，英国所有37家轮船公司的税后利润总合还不到600万英镑。无奈之下，英国组建了像海外集装箱有限公司这样的航运公会，其成员共同分担在1967～1969年建造6艘集装箱船并购置配套集装箱所需的1.85亿美元。在比利时、法国以及斯堪的纳维亚地区，规模较小的运输业者也试图形成联合优势。如果4家轮船公司联合起来，每家建造一两艘集装箱船，那么他们合起来就足以成为颇有影响力的竞争者。[5]

由于有政府的补贴以及军方的货物，美国的运输业者要略微阔绰一些，但他们也不是在钱堆里打滚儿。1965～1967年，海陆联运公司创造的总利润为3 000万美元，几乎全都来自国内航线。作为美国最大的轮船公司，美国轮船公司在这三年里赚到了400万美元的利润。不过，美国的轮船公司没有被迫结成联盟，因为与欧洲的轮船公司不同，他们还有另外一个选择。20世纪60年代后期，美国一些渴望改造商业界的大企业集团在传统上低利润的航运业中发现了机会，都想涉足集装箱的繁荣。当然，利顿工业公司已经对海陆联运公司进行了投资。1969年1月，沃尔特基德公司掏钱购买了美国轮船公司的股份。另一家集团企业城市投资公司赢得了入股穆尔－麦科马克轮船公司的竞标战，但当这家轮船公司在1968年报出了巨额的亏损之后，双方的交易流产了。航运业的一位高管在1968年抱怨说，集团企业"冰冷、实际的思维方式"给这个行业带来了威胁："作为新来者，这些集团企业根本不拿海洋的浪漫以及铁路和公路的传统当回事儿。他们只关心财务报告上的盈亏数字，别的一概不管。"[6]

没有哪家集团企业的领导者比马尔科姆·麦克莱恩更关心财务报告。他知道竞争成本会有多大，他也知道资产负债表已经紧张到了极点的海陆联运公司，根本没有希望再借到钱。作为先前的集团支持者，持有海陆联运公司10%股份的利顿公司已经拿不出钱来了。麦克莱恩去求助于一个完全出人意料的资金来源：雷诺兹工业公司。雷诺兹公司是全美国最大的烟草企业，总部设在北卡罗来纳州的温斯顿－塞勒姆。公司的香烟生意带来了大量的现金收入，而管理者正在利用这些钱把公司变成一家集团企业。美国的香烟消费量在1968年已经下降了，而且政府将在1971年年初禁止美国的电视台播放香烟广告，这些迫近的营销限制对雷诺兹公司的核心业务来说都是不祥之兆。海陆联运公司的巨大投资需求将会给雷诺兹公司提供一条规避企业所得税的方便途径。另一个让雷诺兹公司动心的因素在于麦克莱恩是当地的一个天才，他在第二次世界大战后把麦克莱恩卡车运输公司搬到了温斯顿－塞勒姆，而且在那里住了10年。雷诺兹公司同意拿出5.3亿美元购买海陆联运公司的股份，而麦克莱恩工业公司的股东可以选择把持有的股份兑换成雷诺兹公司的股份，也可以选择按每股50美元的价格变现。利顿工业公司带着巨大的利润变现退出了，丹尼尔·路德维格也是：他在1965年对海陆联运公司投资了850万美元，现在这笔投资值5 000万美元。很多对公司出售的消息感到震惊的高管一下子变得非常富有了。[7]

如果有谁怀疑麦克莱恩的时机选择，那么他很快就会看清麦克莱恩的英明。1968年10月，他委托造船厂设计了全新的SL-7型集装箱船。SL-7型将让美国轮船公司新下水的"美国枪骑兵号"看起来就像"自由级"轮船一样过时。SL-7将有近千英尺长，只比著名的"玛丽女王号"短几英尺。它将能够运载 1 096 只海陆联运公司的 35 英尺集装箱,相当于 1 900 多只 20 英尺的集装箱,这一装载量比当时下水的任何其他轮船都大多了。然而,它最引人注目的特征是航速:SL-7 将以 33 节的速度航行,这要比海陆联运公司现有的轮船快一倍。以这个速度航行,它用 56 天就可以绕地球一圈。这样,由 8 艘该型号的船只组成的船队,就可以每周提供一次从各主要港口出发的环球航行。美国轮船公司夸耀说,"美国枪骑兵号"及其姐妹船可以在 6 天半的时间里把集装箱从纽华克送到鹿特丹。SL-7 型集装箱船将只用 4 天半的时间,而且还能在 5 天半的时间里从奥克兰跨越太平洋抵达横滨。在当时已造好的所有商用船只中,只有神圣的"美国号"客轮有这么快的速度。[8]

　　行动胜于夸口。麦克莱恩再一次想到了夺取战略优势的方法。他打算把这些新的轮船部署在太平洋地区。海陆联运公司在太平洋地区是航运公会的成员,遵守着与竞争对手一样的运价。SL-7 型轮船更短的越洋航行时间将帮助海陆联运公司吸引到更多的货物,而竞争对手由于受到公会协定的约束,将不能靠降低运价来反击。1969 年夏天,雷诺兹工业公司的海陆联运子公司公布了他们的 SL-7 计划,从欧洲的造船厂订购了 8 艘新型的轮船。这些新轮船每艘的价格是 3 200 万美元,再加上配套的集装箱以及其他设备,总成本将达到 4.35 亿美元。对麦克莱恩工业公司来说,尽管他们已经能筹到资金了,但一下子把将近 5 亿美元的资金砸在这些船上,仍将是一次赌上了公司生死命运的冒险。而对雷诺兹公司来说,这点儿钱几乎是九牛一毛。这家烟草巨头太有钱了,以至于就为了给海陆联运公司日益扩大的船队提供便宜的燃料,他们居然在 1970 年买下了美国独立石油公司。[9]

　　集装箱繁荣的第一阶段完全发生在北大西洋,而第二阶段则发生在太平洋。1967 年 9 月,与日本轮船公司合作的麦特森公司开航了第一艘从日本出发的纯集装箱船。在熟悉了这个行业之后,日本人很快就把麦特森公司甩在了后面,并在 1968 年 9 月启动了他们自己的到加利福尼亚的集装箱业务。当时,海陆联运公司的集装箱船要从越南返回美国，为了赚取额外的收入，他们在1968年10月开始绕道日本的横滨和神户，从那里运载装上了货物的35英尺集装箱回美国。如果说曾经有人怀疑日本的出口商是否会接受集装箱运输，那么这种疑虑也很快就消失了。在一年内，日本与加利福尼亚之间的集装箱吨数就达到了跨越北大西洋的集装箱吨数的2/3，这对贸易流的影响立刻就显现出来了。1967年，日本的海上出口量是2 710万吨；由于在1968年后期集装箱运输开始了，所以当年的海上出口量增长到了3 030万吨；而在1969年，通往加利福尼亚的集装箱业务经历了第一个整年，日本的海上出口量就猛增到了4 060万吨。仅在1969年这一年，日本对美国的出口额就急剧增长了21%。[10]

当然，激增的出口货物中有很大一部分是小汽车，而当时小汽车还没有用集装箱装运。不过，大部分的贸易增长是受到了集装箱运输的刺激。在三年的时间里，日本对美国的出口有将近1/3是用集装箱运输的，而日本对澳大利亚的出口则有一半使用了集装箱。[11]

电子产品制造商是首先发现集装箱航运有优势的日本出口商之一，他们的产品易损且招贼。自20世纪60年代早期以来，日本电子产品的出口量就一直在增长，但集装箱航运进一步降低了运费、库存成本以及保险损失，这让日本的产品很快就先后在美国和西欧变成了日常用品。电视机的出口量从1968年的350万台攀升到了1971年的620万台。同样是在这三年时间里，磁带录音机的年出口量从1 050万部增长到了2 020万部。集装箱运输甚至让日本的服装和纺织工厂重获新生。1967年，工资的上涨已经终结了日本服装出口的增长，但航运成本的直线下降很快就让日本的服装制造商又可以向美国出口产品了。[12]

1969年，当美国轮船公司正准备为其美国－日本的业务增加8艘快速集装箱船时，日本政府把航运摆在了其经济发展战略的中心位置。日本新一轮的五年计划要求日本的商船队扩大50%，同时增加油轮、矿砂船以及集装箱船的数量。政府拿出了4.4亿美元资助日本的轮船公司，让他们用日本造的轮船启动了通往纽约、太平洋西北区以及东南亚的集装箱业务。这些补贴划算得令人难以置信——一家轮船公司只需要承担新轮船建造成本的 5%，其余的绝大部分资金由政府的开发银行提供。在头三年里，轮船公司不用还一分钱；三年后，轮船公司将在 10 年内按 5.5% 的利率还清这笔贷款—这个利率要低于日本政府从其开放银行借贷的利率。建造成本的其余资金来自于商业银行，政府还为这部分借贷承担 2 个百分点的利率。由于有这样的优惠条件，到了 1970 年年底，日本的轮船公司在日本的造船厂中订购或在建的轮船已经不少于 158 艘。[13]

纯集装箱船第一次到访中国香港是在 1969 年 7 月，当时香港的集装箱站场甚至还没有竣工。第二年，随着海陆联运公司开通了到韩国的集装箱业务，麦特森公司也开始每隔两周到访一次中国台湾、中国香港和菲律宾，跨太平洋航线上运载集装箱的轮船达到了 73 艘，运载能力将近 25 万只标准箱。其他的新增业务把澳大利亚与欧洲、北美和日本连接了起来。欧洲与远东之间的纯集装箱船定期航行开始于 1971 年。[14]

新的订单让全世界的造船厂都应接不暇。当这些新轮船在 1971 年和 1972 年下水时，经过多年的学习和摸索，东亚的港口已经做好了接纳它们的准备。当日本的故事在环太平洋地区重演时，这里的贸易额迅速飙升。韩国的海上出口量在 1969 年是 290 万吨，在 1973 年则达到了 600 万吨。在这三年里，由于更低的航运成本，让韩国的服装在美国的市场上更有竞争力，所以韩国对美国的出口增长了两倍。中国香港的发展过程大致相同，在通过填海造出一座集装箱港口之前，这里的航运非常原始，以至于远洋轮船都要在港口外很远的海面上抛锚停泊，然后再由一些小船往返于这些轮船和陆地之间搬运进出口的货物。在新的站场建成以后，集装箱船就可以直接从码头上装货了，这让中国香港的服装、塑料制品以及小型电子产品等货物的年出口量，从 1970 年的 300 万吨增长到了 1972 年的 380 万吨，对外贸易额增长了 35%。

中国台湾的出口额在 1970 年是 14 亿美元，在 1973 年就增长到了 43 亿美元，同时其进口额也增长了一倍多。新加坡的发展模式也大体相同。在澳大利亚，集装箱航运的开始带动了制造产品出口的猛增，其增长幅度大大超过了肉类、矿石以及羊毛等传统出口货物。从 1966～1967 年度到 1969～1970 年度，除矿石和农产品之外的其他货物的出口量平均每年增长了 16%。在 1968 年之前，澳大利亚的工业出口额通常不到谷物和肉类出口额的一半。到了 1970 年，澳大利亚的大部分普通商品贸易已经用集装箱运输了，其工业出口也几乎与农产品出口持平了。在这个过程中，澳大利亚抛弃了过去以资源为基础的经济，开始建立更加平衡的经济结构。[15]

我们不能把这次国际贸易的激增完全归功于集装箱，但集装箱无疑是一个非常重要的推动因素。国际咨询公司麦肯锡在 1972 年完成了一项调查，列出了集装箱运输对欧洲与澳大利亚之间的贸易产生促进作用的一些方式。在欧洲与澳大利亚之间的贸易航线上，使用混装船运载集装箱开始于 1967 年，而使用纯集装箱船的业务开始于 1969 年。以前，开往澳大利亚的轮船在开始向南航行之前，都要先在欧洲的某个港口中停留好几个星期；现在，集装箱船只在蒂尔伯里、汉堡和鹿特丹等大型的集装箱港装货，这些港口的庞大规模让每一只集装箱的处理成本都很低。以前，货物从汉堡运抵悉尼最少要花 70 天；现在，集装箱船让运输时间缩短到了 34 天，消除了至少 36 天的运输成本。在使用了集装箱船之后，欧洲与澳大利亚之间航运业务的保险索赔比散件货运时代减少了 85%。另外，包装成本也降低了很多，海运费率本身也直线下降了。集装箱航运所带来的总体节约非常显著，以至于传统轮船几乎立刻就舍弃了澳大利亚航线。[16]

新集装箱船的大量建造改变了全球的商船队。1967 年，除了美国拥有的 50 艘集装箱船，全球就没有多少在运营的纯集装箱船了；而且，美国的这 50 艘船还大多是第二次世界大战期间的产物，在 50 年代和 60 年代期间才改造成了集装箱船。1968～1975 年，有不下 406 艘集装箱船投入了使用（见图 11-1）。这些新轮船大多数都比 1967 年使用的集装箱船至少大一倍。除了这些纯集装箱船，轮船公司还添置了200多艘半集装箱船（有些船舱安了集装箱格槽，有些则没安）以及大约300艘滚装船（服务于货物量不够满足集装箱船的航线）。随着这近千艘新轮船的加入，集装箱航运渐渐进入了全盛期。[17]

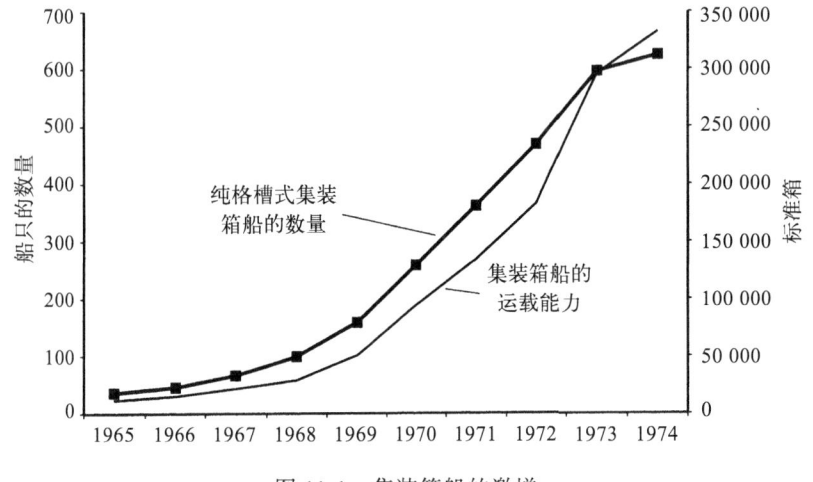

图11-1　集装箱船的激增

资料来源：UNCTAD.

美国的商船队几乎在一夜之间就改变了。1968年，悬挂美国旗的普通货轮仍然还有615艘。在接下来的六年里，这些轮船有一半以上离开了悬挂美国旗的业务：要么被丢给了一些落后国家弱小的轮船公司，要么被当作废品卖掉了。取代它们的是数量更少，但更大、更快的新轮船。美国的海员公会习惯于把船队的缩小看成航运业衰退的标志，但事实上这几十艘新集装箱船能够运载的货物量，要远远多于那几百艘被取代的老轮船。尽管美国的商船数量几乎减少了一半，但运载量超过15 000吨的轮船却从1968年的49艘增加到了1974年的119艘。新的蒸汽轮机引擎让悬挂美国旗的大型货轮的平均航速从1968年的17节提高到了1974年的21节，而这足以让一次横渡大西洋的航行缩短整整一天的时间。[18]

这么多新轮船的下水带来了运载能力的飞跃。这正是集装箱运输的基本经济规律所要求的。一旦一家轮船公司决定在一条特定的航线上引入集装箱船，其他的竞争对手通常会迅速跟进，以免被甩在后面。集装箱航运的资本密集特性鼓励经营者增大规模;在散件航运中,轮船的航线和航期都不确定的经营者可以到各处去找货物,从而维持一定的利润,而在集装箱航运中,为了定期地在各主要港口间提供高频率的服务,一家轮船公司需要有足够多的轮船、集装箱以及底盘。当一家轮船公司决定进入某一航线时,他们大体上也必须扩大规模,这意味着在每一条主要航线上,都是各有几艘船的几个竞争对手在争夺。在那些货运量最大的国际航线上,运载能力从1968~1974年增长了14倍。在美国与北欧之间,1966年之前只有少量的小集装箱在流通,而到了1974年,这条航线上新增加的轮船每年可以运载将近100万只集装箱。日本与美国东海岸之间的集装箱船航线在1970年才开通,而到了1973年,服务于这条航线的船只已经达到了30艘。[19]

尽管需求一直很强劲,但也不可能跟得上供给的这种爆炸性增长。结果,航运业就有了一次痛苦的新经历价格战。

在远洋航运中,运载能力过剩不算什么新鲜事儿。受经济增长、关税和贸易限制的变化以及战争和禁运等政治因素的影响,货物流一向是波动易变的。尽管如此,20世纪50年代和60年代,散件货轮的容量与普通货物的数量之间的不平衡往往不会成为一个致命的问题。战后剩余船只满足了大多数商船队的需求,而获得这些船只几乎不用花多少钱,所以船主不用负担巨额的抵押还款。他们的主要支出是运营成本,即货物处理费、码头使用费、船员的工资、燃料费等。如果生意不好,船主可以让船暂时停泊在港口里,这样大多数的成本就消失了。

集装箱航运的经济规律完全不同。借来购买船只、集装箱以及底盘的巨额资金,要求经营者定期地偿还利息和本金。先进的集装箱站场要么意味着偿还债务(如果是借钱建的),要么意味着支付租金(如果是向港口租的)。这些固定成本占到了集装箱业务经营总成本的3/4,而不管有多少货物可运,轮船公司都必须支付这些成本。仅仅因为货物太少就把一艘集装箱船停在港口里不用,这是任何一家公司都负担不起的。只要每次航行运载货物的收入足以支付运营成本,轮船就必须出海。与散件航运完全不同的是,在集装箱航运中,当船主暂时让船停航时，运载能力过剩不会因此而减轻。相反，当运输业者为了赢得每一只集装箱而竞争时，运价会降低，运载能力过剩会一直持续下去，直到对运力的需求终于赶上了供给。[20]

运载能力过剩引起了与集装箱运输有关的每一个人的注意。英国政府在 1967 年的一项调查中警告说："既然集装箱的标准已经确定，'赶时髦'的热潮很可能会导致严重的过度扩张。"根据一项早期的估计，以 25 节的速度航行、各运载 1 200 只集装箱的 5 艘轮船，就能够运送英美贸易中所有能用集装箱装运的货物。根据另一项估计，只要 25 艘集装箱船就能够承担欧洲和北美之间的整个贸易。还有一项估计预测说，美国的法雷尔轮船公司（Farrell Line）订购的 5 艘轮船将足以承运澳大利亚对美国的所有出口货物。考虑到已订购但尚未交货的集装箱船还有数百艘，专家预计到了 1974 年，横越大西洋和太平洋的集装箱船将有一半的集装箱格槽空着。美国政府委托进行的一项研究在 1968 年预言："到了 20 世纪 70 年代早期，北大西洋将出现集装箱运载能力的过剩。"[21]

很多人在喊"狼来了"，而"狼"来得甚至比预期的还要快。1967 年早期，也就是纯格槽式集装箱船进入航线还不到一年的时候，北大西洋航运公会就把集装箱的运价降低了 10%，这一动作被美国航运界一位颇有影响力的高管称为"灾难"。但这才仅仅是开始。由于有太多的轮船公司在追逐太少的货物，存在了很长时间的海运运价体系开始崩溃。[22]

与国内航运不同，国际航运的运价通常不是由政府的管制机构确定的，而是由各航线上的经营者自发成立的航运公会来制定的。在往返于美国的各条航线上，制定运价的不同航运公会不下 110 个，而在世界上的其他地方，也有类似的航运公会在控制着各条航线。公会的成员们会坐在一起商议出一个运价表，而且往往会给各成员公司分配一定比例的货运量。从名义上说，只要是使用了公会成员的航运服务，发货人就应该按照规定的运价支付费用，没有任何特殊待遇。但实际上，作弊的现象很常见：轮船公司往往会给发货人"回扣"，也就是暗地里把一部分运费退还给发货人；这种做法虽然是违规的，但却很普遍。服务于美国的航运公会被要求公布他们的运价，并且得保持"开放"，也就是说，要接受愿意加入公会的新成员。但是在全球的很多其他航线上，公会拒绝接受新成员，并且其运价也是保密的。在大多数的航线上，政府并不要求轮船公司成为公会的成员，但是如果一家公司开始"独立"经营，那么它就很可能会发现公会指使其成员大幅度地降价和增加运力，以消灭入侵者。在那一时期的大多数时候，所有的运输业者都愿意维持这个系统。[23]

就像铁路公司一样，公会把运价定得非常细。每种商品都有一个单独的运价，有时候甚至是两个：一个按重量计算，另一个按体积计算。对散件航运来说，这样定价是有道理的：有的商品更难装卸，有的更占地方，而不同的运价是体现不同处理成本的方式。但是，如果应用到集装箱上，基于商品的定价系统就毫无道理可言了：对轮船公司来说，两只40英尺的集装箱，一只里面装着自行车轮胎，另一只里面装着台灯，运送其中一只的成本与运送另一只的成本完全相同。然而，当集装箱出现时，因为被仍旧经营散件货轮的公司控制着，所以航运公会仍旧依赖于基于商品的运价系统。在北大西洋，一种产品用集装箱装运的每吨运价与散件装运的运价相同，只是一满箱的单种商品可以打5%~10%的折扣。混杂货物的运价甚至更不合理。1967年，也就是集装箱船业务开通的一年前，当欧洲－澳大利亚的航运公会制定集装箱运价时，他们裁定混装在一只集装箱中的不同商品将按各自的每吨运价收费。这样一来，要想知道正确的运费，唯一的办法就是打开集装箱，并给里面的每一件商品称重。[24]

这种经济上不合理的系统不可能长久。轮船公司没有理由关心自己运载的集装箱里面装的是什么；由于运载能力严重过剩，只要运费能超出运载成本他们就愿意接受。到了1967年早期，沃特曼轮船公司开始对从美国运到欧洲南部的集装箱货物实行统一定价：不管里面装的是什么，每只发货人自有的20英尺集装箱收费400美元，每只40英尺的集装箱收费800美元。当时的沃特曼公司还没有集装箱船，他们的运价体系也还没有效仿者，但他们的这一举措揭示了价格所承受的压力。轮船公司开始威胁说，除非公会降低运价，否则他们就退出。公会极力地想让运价体系保持原封不动，但他们的努力是徒劳的。1969年夏天，跨大西洋航运公会瓦解了。八家轮船公司组建了一个新的公会，目的就是抛弃基于商品的运价，建立起对集装箱航运来说合理的运价体系。[25]

当人为的高运价土崩瓦解时，轮船公司面临着利润压缩。建立新的运价体系是唯一的出路。1969年7月，也就是集装箱航运成为国际业务刚满三年的时候，德国两家最大的轮船公司同意合并成为赫伯罗特轮船公司，于是北大西洋的航线上又增加了一个庞大的竞争者。三个月之后，马尔科姆·麦克莱恩以同样的方式作出了回应。麦克莱恩一向喜欢合并而不是竞争；要不是美国政府的阻挠，他就已经在1959年和1962年先后并购了海陆联运公司在东海岸的唯一竞争对手（火车轮渡公司，以及他们在波多黎各的主要竞争对手）布尔轮船公司。现在，他以海陆联运公司的名义，拿着雷诺兹公司的12亿美元向美国轮船公司提出了一笔大胆的交易。美国轮船公司正在建造16艘集装箱船，它们全都能够运载1 000多只集装箱，航速超过20节。他们很快就将拥有最大的集装箱运载能力。海陆联运公司打算租借整个船队的所有16艘集装箱船，租期20年。美国轮船公司将放弃获得补贴的资格，这将让海陆联运公司可以把那些船部署到任何航线上，无需等政府的批准。一个主要的竞争对手将退出竞争，而海陆联运公司将在大西洋和太平洋上成为当时最大的轮船公司。[26]

竞争对手一开始都疾呼这是不正当的，但随后他们迅速地作出了反应。1970年早期，格雷斯轮船公司被保诚轮船公司并购。麦特森公司在1970年卖掉了他们的船只，放弃了进军国际航线的雄心以及要把火奴鲁鲁变成跨太平洋贸易中心的努力。穆尔－麦科马克轮船公司卖掉了他们新购入的4艘货轮，退出了北大西洋。英国的边行轮船公司和埃勒曼轮船公司在英国－远东的航线上结成了联盟，而斯堪的纳维亚地区的三家轮船公司合并成立了运营国际航线的斯堪服务轮船公司。

这些转变还远远不能让这个行业安定下来。在澳大利亚的贸易中，海外集装箱有限公司在1969～1971年损失了3 600万美元。赫伯罗特轮船公司在这三年里也是连续亏损。在北大西洋，有1/3的集装箱船运力得不到利用，而美国伊斯布兰德森出口轮船公司更是在1970年和1971年亏损了太多的钱，以致其母公司的股票在纽约证券交易所被停牌，其总裁也被赶下了台。美国轮船公司同时在大西洋和太平洋上运营，他们在1970年亏损了1 400万美元，而在第二年亏损得更加严重。在政府阻止了海陆联运公司与美国轮船公司合并的努力之后，海陆联运公司也经历了一段困难时期，其利润从1969年的3 900万美元减少到了1970年的2 100万美元，而在1971年更是只有1 200万美元。像其他对轮船公司投资的集团企业一样，雷诺兹公司也渐渐地认识到，集装箱航运并不是他们原先想象的金矿。[27]

无奈之下，一些重要航线上的领先公司尝试了一个老式的解决办法，即减少竞争。在欧洲－远东的贸易航线上，5家竞争对手（2家英国的，2家日本的，还有就是德国的赫伯罗特）结成了他们的太平洋利益集团，即一个名为"TRIO"的联盟。这5家公司同意一起建造19艘大型的集装箱船，每家公司在每一艘船上都可以分得一定数量的集装箱格槽。没多久，第二个欧洲－太平洋航线上的联盟也紧跟着成立了：瑞典的几家轮船公司与荷兰的渣华轮船公司合并了他们在亚洲的业务，组建了讯航轮船公司。这两个联盟的成立大大地减少了欧洲与日本之间的竞争对手，促进了运价的稳定。1971年6月，一个甚至更加强大的企业联盟诞生了，它就是北大西洋货运联营协议组织。这个组织得到了6个欧洲国家的政府的强有力支持，可以把来自这些国家的15家轮船公司联合起来。这个组织清楚地规定了每一个成员将承运多大比例的货物量，所有的成员公司都同意执行相同的运价，并分享来自北美－欧洲业务的收入。这个企业联盟总算守住了运价的底线。一位公司高管在1972年承认说："如果没有这份联营协议，我们当中的很多公司都会破产。"[28]

全球的经济增长在1972年重新开始加速，贸易流也随着迅速增长。1971～1973年，集装箱吨数几乎增长了一倍。当运输业者终于找到了足够多的货物来填满自家的轮船时，他们再一次开始盈利了。但是，从第一轮的集装箱运输价格血战中幸存下来的航运企业，完全不同于1967年时的航运业。独立的航运企业已经所剩无几，而且它们对未来已经不抱任何幻想了。价格战显然将是集装箱航运的一个永久特征，每当世界经济减速或者轮船公司扩大船队的时候，价格战就会重演。发货人将根据集装箱运送的距离支付费用，而不管集装箱的重量或者是箱内货物的种类。在艰难时期，运价会降得非常低，以至于轮船公司只能勉强赚回运营成本。为了降低处理每一只集装箱的成本，轮船公司将必须不断地建造更大的轮船和更快的起重机，因为在某个时候运力过剩可能会再次发生，而当运价崩溃时，成本最低的经营者才能最有机会幸存下来。[29]

运价的再次崩溃很快就要来了。

事实证明，在经济动荡的20世纪70年代，1972年和1973年代表着一段宁静的间歇。美国的工业生产指数增长了18%，加拿大的增长了19%，日本的增长了22%，欧洲的增长了12%。国际贸易的增长非常强劲，足以让集装箱航运的运力过剩变成运力短缺，尽管在这两年的时间里就又有143艘集装箱船陆续下水。从1973年开始的油价暴涨让集装箱船相对于残余的散件货轮有了更大的成本优势（因为油耗相同的情况下集装箱可以运送更多的货物），所以在一开始，这对航运业来说是件意想不到的喜事。仅在1973年这一年，全球的集装箱海运货物量就增长了40%。轮船公司要求各自的船只降低航速以节约燃料，而这使他们在一年中能够完成的航行次数减少了，进而让市场上的运力变得更加紧张。运费急剧增加，因为各航运公会强行实施了数百次涨价，并且收取额外的附加费来补偿汇率波动、更高的燃料成本以及港口延误。美国的一份报告声称："面对超过15%的运价上涨还有附加费，很多发货人肯定会发现他们的运费增加了多达25%～30%。"[30]

这次繁荣一直持续到了1974年，当时相对疲软的美元让美国工厂的出口量在一年里就增长了42%。运价上涨，再加上全球各种各样限制运载能力、实行收入共享或者合作的协议，这些最终对航运业的财务结果施加了魔力。1974年，海陆联运公司报告了1.42亿美元的利润，而在1973年他们的利润仅为1 600万美元。连美国轮船公司也在1974年公布了1 600万美元的利润，尽管在这之前他们的16艘新集装箱船带来的几乎都是赤字。大西洋集装箱航运公司总裁评论说："如果一个经营者现在不能在北大西洋赚到钱，那他就永远也不会赚到钱。"31

然而，石油危机最终摧毁了航运业。1974年下半年，随着各国的中央银行紧缩货币政策以抵消油价上涨所导致的通胀后果，世界经济陷入了衰退。工业生产崩溃了，贸易流也随之锐减。1975年，全球的制造产品出口量自第二次世界大战结束以来首次减少了，海上贸易的贸易额也减少了6%。尽管贸易流减少了，造船厂却还在交付新的集装箱船，而且每一艘新船都会进一步削弱轮船公司维持运价的能力。来自苏联的集装箱船加入了大西洋和太平洋的竞争，而且它们处在航运公会的体系之外，这给运价带来了更大的压力。各航运公会被迫降低运价或者取消了附加费，这样的无奈之举在1974～1976年总共发生了600多次。32

经营者自身的抉择让集装箱航运的第二次危机进一步恶化了。在20世纪70年代的头5年建造的数百艘集装箱船，都是为20世纪60年代晚期的世界设计的。因为苏伊士运河在1967年的阿以战争中关闭了，这迫使欧洲到亚洲和澳大利亚的海上运输必须绕道非洲的最南端，所以集装箱船的高航速很重要。高航速自然意味着高油耗，但这并不要紧，因为当时石油很便宜。20世纪70年代中期的世界则变得完全不同了。燃油的价格翻了两番。在北大西洋，燃油在运营成本中所占的比例从1972年的1/4增长到了1975年的一半。在欧洲-远东航线上，由于苏伊士运河在1975年6月又出人意料地重新开放了，所以让高油耗的高速集装箱船绕行非洲就没有必要了。有很多运输业

者被这些不合时宜的轮船弄得进退维谷。³³

在这些经营者当中，最突出的就是雷诺兹工业公司的海陆联运分公司。马尔科姆·麦克莱恩一贯是根据直觉而不是谨慎的分析来行事；1968 年，他不顾海陆联运公司董事会的反对，坚持要建造 SL-7 型集装箱船。1969 年，当雷诺兹公司收购海陆联运公司时，他们同意建造 8 艘 SL-7。这些当时造价最昂贵的商船也是最能喝油的，一艘船每天可以消耗 500 吨燃油。在全速航行时，这些船平均的油耗是其他集装箱船的 3 倍。当船用燃油的价格在几个月里就从 22 美元飞涨到了 70 美元时，这些 SL-7 型轮船就变成了极其沉重的负担。尽管雷诺兹公司向其股东吹嘘说这些轮船 "可以提供世界上最快的集装箱航运服务"，但实际上，这些船一直未能完成他们野心勃勃的时间表，也没能赚到钱。³⁴

清算旧账已经不可避免。因为不满雷诺兹公司的官僚作风，麦克莱恩在 1975 年卖掉了自己的股份，并在 1977 年离开了董事会。因为无力应对航运业异乎寻常的波动性，心灰意冷的雷诺兹公司重组了海陆联运公司，对其实施了更严密的财务控制。这些改变没有什么帮助。1980 年，雷诺兹公司最终接受了 8 艘 SL-7 型集装箱船造成的 1.5 亿美元亏损，把这些服役不到 8 年的大家伙卖给了美国海军，改造后用作了快速的补给船。4 年之后，雷诺兹公司彻底退出了航运业，而剥离出来的海陆联运公司变成了一家独立的企业。正如雷诺兹公司的新管理层向投资分析师解释的："可能有兴趣拥有雷诺兹公司股份的投资者，通常不会对一家资本密集型的、周期性的运输企业感兴趣。"³⁵

的确是这样。对雷诺兹以及其他为追逐快速增长而在 20 世纪 60 年代晚期进军航运业的公司来说，他们的投资带来的几乎只有失望。海陆联运公司及其竞争对手完全不同于宝丽来或施乐，因为这两家公司的专有技术以及持续创新，在几十年的时间里一直提供着超常的高利润。轮船公司的最终产品基本上是一种日用品，就像农场和钢铁厂一样，轮船公司总是要受制于外部因素，他们的价格和利润率主要取决于经济增长以及竞争对手建造新船的决定。狂热投机的年代已经过去了。到了1976年，在集装箱航运变成国际业务还不到10年的时候，《金融时报》（*Financial Times*）已经可以宣告："集装箱运输的革命性影响，几十年以来货物运输的最大进步，基本上已经接近尾声了。"[36]

只是，《金融时报》的断言是错误的。事实证明，集装箱运输的革命性影响尚未到来。

第 12 章

"大规模"情结

马尔科姆·麦克莱恩卖掉了自己的股份,并在1977年安静地离开了雷诺兹公司的董事会。根据各种流传的说法,双方的合作都是不愉快的。烟草巨头的官僚作风让麦克莱恩感到沮丧,而其战略上的一变再变也让他不知所措。然而最要命的是,他是一个不安分的人。"我是一个创建者,而他们是管理者,"麦克莱恩解释说,"你不能把一个创建者安插在一帮管理者中间。那样做,你就等于是在破坏他们的正常秩序。"[1]

当麦克莱恩在1970年放弃了海陆联运公司的日常职责之后,他花900万美元买下了派恩赫斯特(Pinehurst)。这座著名的高尔夫球场在北卡罗来纳的中部,离麦克莱恩在麦克斯顿的出生地不远。他还收购了一家规模不大的人寿保险公司和一家贸易公司,并在亚拉巴马州购置了一处地产。接着在1973年,他在北卡罗来纳东部的44万英亩沼泽地上创建了福康里农场(First Colony Farms)。仿照其好友丹尼尔·路德维格在亚马逊河的种植园,福康里农场可能是美国历史上规模最大的农业开发项目。麦克莱恩花数百万美元抽干了沼泽地里的水,开始大规模地采掘泥炭,并随后建立了一家工厂来把泥炭变成甲醇。他打算附加再建一个世界最大的养猪场,用机械化的方法把肉猪饲养到宰杀重量之后,直接运到他在那里建立的屠宰场去宰杀和加工。然而,他的泥炭计划被当时最早期的一次环保运动所阻,而能够每年饲养10万头家畜的养猪场也从来没有赚到钱。1977年,当有人表示愿意接手他的养猪场时,他接受了,换来的是1 200万美元以及持续20年、每年40%的利润。在这之后,他又开始到处寻找新的项目。[2]

1977年10月,他找到了新的目标。让几乎所有的人都感到意外的是,他打算买下美国轮船公司。

美国轮船公司绝对不是一块香饽饽。它曾经是美国最大的轮船公司,但这个地位早就已经被海陆联运公司取代了。作为它的拥有者,沃尔特基德集团公司几乎是从把它买到手的那一天起,就一直在尝试着尽快地卖掉它。作为公司的旗舰,豪华的客轮"美国号"已经廉价卖给了美国政府。在20世纪70年代的大多数时间里,美国轮船公司一直在亏损。尽管如此，麦克莱恩还是发现了它的价值。他用1.6亿美元的投资（其中有5 000万美元用来清偿债务了）换到了很多东西：30艘轮船、5 000万美元的现金、斯塔滕岛上一座巨大的新站场以及一个通往欧洲和亚洲的重要的航线网络。与海陆联运公司不同，美国轮船公司有资格申请美国政府对国际航线的运营补贴。这些补贴是福也是祸：有了补贴，轮船公司就有了一个可靠的收入来源，但海事管理局也因此有权控制公司的航线以及船期。

1978年，当他的新轮船公司勉强可以维持非常微薄的利润时，麦克莱恩想出了一个大胆的计划。美国轮船公司将建造一系列庞大的集装箱船（其体积要比当时最大的商船大一半），并让它们环绕地球航行。麦克莱恩选择的时机是正确的，因为在20世纪70年代的盲目扩张过后，造船厂接到的订单渐渐减少了，轮船的造价正在日益滑落。麦克莱恩认为，一条环球的航线将会解决航运业固有的一个问题，那就是货运流量的不平衡。由于这个问题的存在，有些轮船只好在航线的一个方向上满载航行，而在另一个方向上半空着航行。同已有的轮船相比，这些新船将具有最低的单位建造成本（按集装箱格槽平均计算）以及最低的单位运营成本（按集装箱平均计算）。美国轮船公司将实现集装箱航运的成功所必须具备的一个要素——规模。

到了20世纪70年代晚期，规模就是海运业的"圣杯"。更大的轮船可以降低运载每只集装箱的单位成本；更大的港口在配备了更大的起重机之后，就可以降低装卸每艘船的单位成本；更大的集装箱（20世纪70年代早期，受发货人青睐的已不再是20英尺的集装箱，而是40英尺的）可以减少起重机移动的次数，从而减少一艘船在港口内停留的时间，让资本的利用变得更有效率。这样就形成了一个良性循环：更低的单位成本让经营者可以实行更低的运价，更低的运价则可以吸引到更多的货物，而更多的货物会激励经营者投入更多的资金来进一步降低单位成本。如果说当时有哪一个行业取决于规模经济，那就是航运业。

轮船公司通过扩大势力范围来应对规模的要求。老式的散件航运企业往往满足于运营唯一的航线。1960年，北大西洋上运营的航运公司多达28家，既有实力非常强大的丘纳德轮船公司，也有美国独立轮船公司和爱尔兰航运有限公司这样只有一艘船的小角色。在集装箱时代，规模很小的轮船公司没有生存空间，而像海陆联运公司、美国轮船公司以及赫伯罗特轮船公司这样的大公司，他们都希望涉足每一条主要的航线，要么是用他们自己的船只，要么就是与其他公司签署联营协议。他们拥有的轮船和服务的港口越多，他们就可以把运营的固定成本分摊得越广、越薄；他们的业务所及的范围越广，他们就会越容易找到用来填满轮船的集装箱和货物；他们的航线网络越广，他们就越能高效率地与世界范围内有货运需求的跨国制造商建立起良好的合作关系。[3]

1976~1979年，海上运输业者为他们的船队补充了272艘集装箱船。20世纪70年代，全球范围内的集装箱海运能力增长了4倍，每年增加超过20%。集装箱船的总载货能力在1970年是190万吨，在1980年则达到了1 000万吨，这还不算那些把集装箱和其他货物一起混载的轮船。[4]

对规模的追求不仅让轮船的数量增加了，而且也让轮船的体积增大了。作为海陆联运公司在1966年跨越大西洋的第一艘轮船，"仙境号"只有469英尺长。20世纪60年代晚期，定制集装箱船的长度大约是600英尺；1972~1973年度，下水的快速集装箱船已经长达900英尺，宽80英尺，吃水深度40英尺。在那时，集装箱船的设计似乎快要达到极限了。在亚洲与北美的大西洋沿岸之间，几乎所有的海上运输都必须通过巴拿马运河上的船闸，而这些船闸长1 000英尺、宽110英尺，太大的轮船将无法通过。石油危机给轮船公司造成了非常多的财务问题，但也意想不到地带来了解脱。为了节约燃油，轮船公司决定建造航速较慢的船：新下水的集装箱船，平均航速渐渐地从1973年的25节下降到了1984年的20节。船舶设计师们不必再为追求航速而必须设计流线型的轮船了；现在，他们可以把注意力集中在净载重量上。尽管没有变得更长，但轮船还是变得更大了。1978年下水的轮船可以容纳多达 3 500 只 20 英尺的集装箱，而在 1968 年，平均每个星期进入美国所有港口的集装箱加在一起也没有这么多。

这些巴拿马级（Panamax）轮船（巴拿马运河允许通过的最大尺寸）能以更低的单位成本运载集装箱。相对于容量来说，这些船的单位建造成本也更低了：同一艘可以运载 1 500 只集装箱的轮船相比，建造一艘可以运载 3 000 只集装箱的轮船并不需要两倍多的钢铁和两倍大的引擎。考虑到这些新轮船上的自动化程度，一艘更大的轮船并不需要更多的船员，所以分摊到每只集装箱上的船员工资要低很多。油耗也并不是随着轮船尺寸的增加而成比例地增加。到了 20 世纪 80 年代，可以容纳 4 200 只 20 英尺集装箱的新轮船，其运载一吨货物的成本要比可以容纳 3 000 只集装箱的轮船低 40%，比可以容纳 1 800 只集装箱的轮船低 2/3。[5]

轮船还在变得越来越大。规模经济如此清晰、如此重要，以至于在 1988 年轮船公司开始订购宽得无法通过巴拿马运河的轮船了。这些号称"超巴拿马级"（Post-Panamax）的轮船需要更深的航道以及更长的码头，这些都是当时很多港口无法提供的。在全球的大多数航线上使用这些轮船都是不经济的。它们缺乏机动性，但有一件事它们可以做得非常好。在香港与洛杉矶或者新加坡与鹿特丹这样的两个深水大港之间的航线上，它们能以最低的成本往返运输货物并在两端的港口短暂停留。到了 21 世纪初，轮船公司已经开始定购能运载 10 000 只 20 英尺集装箱或者 5 000 只 40 英尺集装箱的轮船，甚至更大的轮船也已经进入了设计阶段。

随着轮船变得越来越大，港口也变得越来越大。1970 年，纽华克和伊丽莎白无疑是当时全球最大的集装箱港口，流经其码头的装货集装箱相当于 292 000 只 20 英尺的标准箱。1980 年，包括美国轮船公司在斯塔滕岛上的新站场在内，纽约港的码头所处理的装货集装箱的数量是 1970 年的 7 倍，尽管纽约在全美的集装箱流量中所占的份额已经下降了。从英国发往欧洲以外其他地区的集装箱，几乎都要流经费利克斯托或蒂尔伯里，其流量在 10 年内增加了两倍多，尽管这期间英国的经济疲软。20 世纪 70 年代后期，从鹿特丹、安特卫普和汉堡，到香港、横滨和高雄，流经这些深水港口的集装箱数量都增长了一倍多。这些最大的港口越来越多地在相互间进行贸易：1976 年，美国以集装箱运输的对外贸易有将近 1/4 流经了日本的神户或荷兰的鹿特丹，还有 1/4 流经了亚洲或欧洲的仅仅 5 座其他港口。[6]

港口吞吐量不断扩大与轮船变得越来越大的驱动因素是相同的，那就是为了降低分摊到每只集装箱上的单位成本。20 世纪 70 年代晚期，每艘新集装箱船的售价高达 6 000 万美元，尽管这期间造船业很不景气。为了补偿抵押还款，轮船公司必须尽可能地缩短轮船停泊在港口中的时间，最大限度地让他们的轮船装着创造收入的货物在海上航行。道理很简单：港口越大，港口能够处理的轮船就越大，装卸这些轮船的速度就越快，这些轮船在港口中停留的时间就越短。更大的港口很可能有更深的泊位、更多更快的起重机、更先进的集装箱追踪技术以及更好的进出港公路和铁路服务。一个港口预期要处理的集装箱数量越多，其处理每只集装箱的成本就很可能会越低。正如一项研究直言不讳地断言："规模很重要。"[7]

规模很重要，但一个港口的地理位置却变得越来越不重要了。传统上，港口从贸易流的中断里获得好处。就像在纽约那样，报关代理、批发以及经销都集中在港口城市里，因为所有进港和出港的货物都会在那里停留。一个港口往往与其腹地有着千丝万缕的财务和商业联系。从前，地理学家都把内陆地区标为特定港口的"附属地区"。

而在集装箱航运中没有附属地区。集装箱让港口变成了纯粹的"装卸中心"，大量的货物几乎没有停顿地流经这里。为了最大限度地减少其造价高昂的轮船停靠港口的次数，每一家轮船公司都围绕少数的装卸中心来组织业务。客户并不关心那些装卸中心在什么地方：一个要把机械设备从伊利诺伊州发往韩国的制造商，并不关心自己的货物是先用卡车运到长滩还是先经铁路运到西雅图，更不关心这些货物是运抵韩国的釜山还是仁川。承运的轮船公司将自己作出这些决定，完全根据轮船的运营成本、港口费用以及陆上运输费用怎样组合才会保证最低的总成本。[8]

这种新的航运地理分布无疑促成了非传统的贸易模式。来自法国南部的出口货物经勒阿弗尔和英吉利海峡发出可能最便宜。进口到苏格兰的货物可能要在英格兰的东南部装上火车。从日本运往旧金山湾的货物，可能最好先运到西雅图而不是奥克兰，因为这样轮船公司可以节省下往返共两天的航行成本，而这笔钱要多于用火车把货物从西雅图运到加利福尼亚的成本。墨西哥湾沿岸的港口城市在越来越多地通过查尔斯顿或洛杉矶来完成他们与欧洲和亚洲的贸易，因为轮船公司觉得航行到墨西哥湾不划算。弗吉尼亚的汉普顿港群取代巴尔的摩成了重要的装卸中心，而这仅仅是因为如果从这里出发，服务于欧洲的轮船公司就能让每艘船每年多进行 4 次航行，当这涉及的是一艘造价 6 000 万美元的轮船时，这 4 次航行可能就决定了是盈利还是亏损。[9]

一个成功的港口给当地经济带来的利益仍然非常巨大。港口城市的市区将成为卡车运输、铁路运输以及仓储等就业集中的地区，将需要报关代理以及货运代理公司，将从港口相关的业务中得到大量的税收。然而，这些就业机会出现在什么地方，这更多的是取决于地理分布方面的商业因素。一项研究认为，像西雅图这样的港口，尽管当地市场很小，但它们却很有希望成为重要的集装箱关口，"最终收获丰厚的经济利益"。而像东京和伦敦这样的港口，尽管附近就是人口稠密的市场，但它们却未必一定会繁荣。因为指挥棒握在轮船公司的手中，所以港口不得不争着讨好轮船公司。[10]

竞争所卷入的投资规模令人眩晕。20 世纪 70 年代，世界银行和亚洲开发银行在发展中国家的港口项目中注入了 13 亿美元。1973～1989 年，美国的港口为集装箱处理设施花掉了 23 亿美元。轮船公司利用他们的谈判实力，把建造新的泊位、购买新的起重机以及加深航道等诸多风险都丢给了政府的港口管理机构。港口会坚决要求轮船公司签订租约，但租约往往并不能保证货物流量。当其战略改变时，轮船公司可以将其装卸中心从一个港口转移到另一个港口（他们往往就是这样做的），而被抛弃的港口只能得到数额非常小的补偿。曾经在一年之中，就有 30 家轮船公司转移了他们在北美各港口的业务，让有些港口的货物流量遭受了沉重打击。拥有最豪华的设施也不能保证成功；20 世纪 70 年代后期，奥克兰把大部分的收入都花在了集装箱站场的建设上，但他们巨大的市场份额还是被长滩抢走了。1983 年，在他们进行了数额更为巨大的投资之后，一起环保诉讼让他们的航道疏浚工程陷入了停顿，而美国总统轮船公司随即就背叛了他们，把大部分的货运量转移到了西雅图。接着在 1985 年，当普吉特湾南面几英里的塔科马港口花 4 400 万美元建了一座新站场，并以此为诱饵挖走了海陆联运公司时，西雅图也损失惨重。[11]

不可避免的是，用在港口设施上的大部分投资都被浪费了。1979 年和 1980 年，巴尔的摩的新码头带来了货物量的猛增，但是在 2000 年，这个港口处理的货物量还不如 20 年前。高雄耗资巨大的集装箱港口是一个极大的成功，但在台中也建设港口的决定却是一个代价高昂的错误。有很多港口在订购了价格昂贵的集装箱起重机后却发现很少能用到，圣迭戈就是其中之一。事实证明，诸如码头铁轨等全套技术都是无底洞：为了让起重机能够把货物从船上直接转移到等候的列车上，港口在码头上铺设了铁轨，但是后来他们却发现，在起重机装载每一节车厢时，让列车向前移动所需的时间会延误船的离港，降低劳动生产率。很多码头上的铁路线都被废弃了，但失败的成本大部分要由港口来负担。[12]

港口业越来越大的风险并没有被忽视。20 世纪六七十年代，政府在港口的投资对集装箱航运的发展至关重要。在那个时代，除了费利克斯托和香港之外，所有重要集装箱港的发展都是由公众来承担投资和风险的。当时的港口没有其他选择，资本不足的轮船公司和装卸公司根本没有能力独自负担港口发展所需的资金。随着投资需求变得越来越大，公职人员开始对经营港口失去了热情。西雅图的港口负责人在 1981 年评论说："现在，越来越高的成本令人愕然。"一家轮船公司的离去或消失就极有可能让港口机构为闲置的起重机和寂静的集装箱堆场付出代价，这种风险实在太高了，很多政府都不敢去冒这个险。[13]

1981 年，英国首相玛格丽特·撒切尔把 21 座港口廉价卖给了一家私营企业，从而打破了港口发展的僵局。其他国家的政府也效仿了英国的做法。1986 年，马来西亚将巴生港的集装箱站场租给了一家私营集团；从墨西哥到韩国再到新西兰，许多港口很快就都落入了私营企业的手中。这些投资者不仅包括装卸公司和运输公司，而且还包括居于领先地位的航运公司。到这时，集装箱船运输公司已经成了庞大的企业，有能力筹集到港口开发所需的大量资金。作为港口的使用者，他们当然希望港口的设施能够快速地处理他们的轮船。与政府机构不同，私有的港口经营者没有义务为了当地的经济发展而扩张；在银行或抵押的支持下，他们可以坚持长期的合同，以确保他们能够收回所有的投资。政府后退到了地主的角色，把码头区的土地出租给了私营企业。到 20 世纪末，全球的集装箱贸易将有一半流经私营企业控制的港口。[14]

1977 年，集装箱航运的发展写下了划时代的一笔。集装箱船开始服务于南非与欧洲之间，这是最后一条仍旧由散件货轮承运的重要海上航线。集装箱绝对还没有遍及全球；在很多贸易量较小的航线上，尤其是通往非洲和拉丁美洲的航线，传统的轮船仍旧占有支配地位。然而从商业的角度来说，这些航线都是利基市场，不是什么重大的机会。主要的海上航线已经变成了马尔科姆·麦克莱恩所设想的"流动高速公路"。1980 年，每周从美国到日本会发出 17 艘集装箱船，总运载能力达到了 20 000 只 20 英尺的集装箱。从北欧到北美大西洋沿岸以及五大湖的各个港口，每周会发出 23 艘轮船，而从欧洲到日本每周会发出 8 艘轮船，运载能力超过 15 000 只集装箱。甚至是在澳大利亚与美国东海岸之间的长途航线上，平均每周在每一个方向上也都会有 2.5 艘集装箱船，把澳大利亚的肉类运到美国，把美国的制造商品运到澳大利亚。[15]

在对规模无止境的追求中，轮船公司瞄准了一个把他们服务的港口连接起来的新方法，即环球航行。

在散件航运时代，环球服务基本上是一个想都不必想的概念。一次从纽约出发的环球航行，要跨越北大西洋，穿过直布罗陀海峡和苏伊士运河，先后停靠新加坡、香港、横滨和洛杉矶，最后经过巴拿马运河返回纽约；由于船速慢、停靠港口的时间长，这样的一次航行在当时恐怕最少得花上 6 个月的时间。更快的轮船和更短的港口停靠时间让三个月的环球航行成了可能。1978 年，也就是麦克莱恩离开后的第二年，雷诺兹公司花 5.8 亿美元定购了一批由 12 台柴油机驱动的新轮船，并承诺说海陆联运公司将很快就启动"每周一次的环球服务"。[16]

这个想法并不完全是疯狂的。大多数的轮船公司都因非常不平衡的贸易量而遭受了损失。例如，海陆联运公司在北大西洋是一个重要的运输业者，但日本对美国巨大的贸易顺差意味着，他们从日本运往美国的货物要远远多于从美国运往日本的。他们在中东的问题恰好颠倒过来了：靠石油收入富得流油的中东国家会进口大量的制造商品，但他们那里却没有多少适合用集装箱运输的货物出口。东向航行的环球服务将有助于解决这种不平衡：先让轮船在中东的港口卸下装满的集装箱，然后装上前几次航行在这里留下的空集装箱，运载着它们前往日本。在途中，这些轮船可以停靠新加坡和香港，在那里装上来自印度和泰国等发展中国家和地区的货物，因为这些地方的贸易量还不够大，不值得开通直接通往日本或美国的集装箱航线。

然而，环球服务也有很大的风险。不同的两港航线有着天壤之别；一艘对纽约与鹿特丹之间的货运量来说非常合适的轮船，对新加坡与香港之间的货运量来说很可能就太大了。由暴风雨、码头罢工或者机械故障造成的延误，可能会打乱原定让轮船在每周的同一天停靠各港口的时间表。这可不是小问题：以色列的以星轮船公司运营从美国东海岸经苏伊士运河到美国西海岸的航线，这在 1980 年最接近于环球的集装箱服务。在他们的历次航行中，船期延误在一天之内的航行仅占 64%，船期延误超过一周的航行占 1/7。如果发货人认定标准的点对点服务在准时性方面比环球航行更可靠，那么经营环球服务的公司就要承受吸引客源的巨大压力。面对这些风险，海陆联运公司放弃了环球航行的计划。

不过，他们的两大竞争对手却没有放弃。一个就是长荣海运公司。它是志向远大的中国台湾企业家张荣发（Chang Yung-fa）在1968年创立的，起初是一家不定航线的轮船公司。如今，通过压低运价来赢得货运量，长荣海运已经成了跨太平洋以及远东－欧洲航线上的重要经营者。1982年5月，长荣海运花10亿美元从日本和中国台湾的造船厂订购了16艘集装箱船，并宣布他们将启动东西两向的环球货运服务。这些轮船最初计划每艘可以运载2 240只20英尺的集装箱，但不久就重新设计为可以装载2 728只。张荣发把这些船称为"G级"（G-class）集装箱船，并据此把它们依次命名为Ever Gifted、Ever Glory、Ever Gleamy，等等。它们将以21节的速度航行，这个航速足以保证将要停靠的19个港口，在东西两向上都是每隔10天就会迎来一艘长荣航运的船。这些船完成东向的环球航行要花81天，完成西向的要花82天。[17]

环球竞赛的另一个参赛者是同样自信的航运巨头马尔科姆·麦克莱恩。1982年，他的美国轮船公司订购了14艘庞大的集装箱船。他们把订单交给了韩国大宇造船厂；这样一来，他们就丧失了从美国政府获得造船补贴的权利，但却赢得了自主地部署这些轮船的自由，不再受政府的干涉。每艘新轮船可以运载4 482只20英尺的集装箱，比长荣航运的"G级"集装箱船多一半。这些船又宽又扁，很实用，用设计师查尔斯·库欣的话说就是，"看起来非常像一只漂在海面上的鞋盒子。"麦克莱恩的战略与张荣发不同。他的轮船将只进行东向的环球航行，而且航速会较慢。麦克莱恩已经从他在快速的SL-7型轮船上犯下的错误中吸取了教训，即那些船的燃油账单耗光了它们赚来的利润。这些新的轮船是面向石油昂贵的时代设计的。以18节的速度航行将让它们节约不少燃油；当然，它们完成一次环球航行需要的时间也会比长荣航运的船长一些。[18]

麦克莱恩把他的这些新船称为"经济型"(Econship),因为它们的油耗经济划算,而且它们的庞大尺寸也带来了规模经济,这些会让分摊到每一只集装箱上的成本降到最低。购买这些船花掉了5.7亿美元。麦克莱恩新创立了一家公开上市的控股公司,还和以前一样取名为麦克莱恩工业公司;有了这家上市公司,筹集资金就没什么困难了。当他把美国轮船公司变成了"环球公共汽车服务公司"时,人们都渴望给这个集装箱航运的创始人投资。[19]

这些新业务的利润潜力从一开始就值得怀疑。几乎整个集装箱航运业都在苦苦挣扎:火车轮渡公司在1981年破产了;德尔塔轮船公司和穆尔-麦科马克轮船公司在1982年投入了美国轮船公司的怀抱;中国台湾的东方海外集装箱航运有限公司被迫重组了27亿美元的债务;海外集装箱有限公司拥有英国的摆渡业务,还有15艘集装箱船和一家集装箱租赁公司,但他们也濒临破产了。1984年和1985年,当长荣航运公司和美国轮船公司启动了各自的环球服务时,集装箱航运业的状况甚至变得更加糟糕了。新的运载能力涌入了市场。从1983年4月到1984年4月,北太平洋地区的集装箱装货容量增长了20%,这让从北美开往日本的轮船几乎都是半空着的。《劳埃德航运经济学家》(Lloyd's Shipping Economist)报告说,"为了争夺市场份额,运输业者普遍采取了降低运价的行动。"[20]

这项业务也完全不像预期的那样。每一次港口停靠都不仅仅是在码头停一下,而是偏离了环球航行的正轨,因此代价高昂,耗费时间。除非这些停靠的时间被严格地缩短,否则航行就会长得不切实际。结果,大多数与环球业务联系起来的港口都用支线轮船把集装箱转运到主要的装卸中心,这使得货物的总运输时间拉长了。长荣航运的环球轮船最终不再停靠英国的各个港口了,而是把法国的勒阿弗尔作为地区装卸中心,每年用支线轮船在那里与英格兰、苏格兰和爱尔兰之间转运20万只集装箱。对很多港口来说,麦克莱恩的"经济型"集装箱船要求的航道太深了,有时候必须等到涨潮水位时才能靠上码头装货。无论是长荣航运公司还是美国轮船公司,都没有正视这样一个事实：他们的轮船可能不是运输货物的最佳方式。尽管把航运集装箱摞成两层，用火车运往全国各地，要比途径巴拿马运河的航运成本更高，但美国总统轮船公司的轮船－铁路联运业务，可以只用14天就把一只集装箱从日本运到纽约，这么短的运输时间是长荣航运和美国轮船公司都没法比的。准时性也是一个永恒的问题，当一艘轮船环球航行时，比斯开湾恶劣的天气或者迪拜出了故障的起重机，都可能彻底打乱轮船公司在横滨和长滩向客户承诺的时间表。[21]

灾难很快就要降临了。油价并没有像麦克莱恩预料的那样从每桶28美元上涨到50美元，而是在1985年暴跌到了14美元。美国轮船公司缓慢、节油的集装箱船一下子变得不适合于市场了，而中东的石油酋长国也无力再负担不限量的进口了，这就让那些"经济型"集装箱船失去了货源。竞争也更加激烈了：20世纪70年代，由于管理不当，散件航运企业还没有受到集装箱航运的猛烈冲击就一家接一家地崩溃了；而在20世纪80年代，竞争者在管理上都很专业，不会轻易缴械投降。麦克莱恩工业公司在1984年公布了6 200万美元的利润，但紧接着在1985年就报告了6 700万美元的亏损。1986年年初，当麦克莱恩努力地想重组他的贷款时，公司未能及时地支付利息。麦克莱恩的努力已经无济于事了。在1986年的头9个月里，麦克莱恩工业公司亏损了2.37亿美元，尽管其营业收入有8.54亿美元。欧洲的集装箱站场开始要求他们预付现金，否则就不允许他们的船进港装货。各债权人都收紧了他们的还款期限。11月24日，背负着12亿美元债务的麦克莱恩工业公司暂停了所有业务，提出了破产申请。[22]

那时，美国轮船公司的崩溃是美国历史上规模最大也最复杂混乱的一桩破产。总共有52艘轮船被扣留在了从新加坡到希腊的各个港口中，手中握有这些轮船的抵押单据的7家美国银行，争抢着想要从这些其他公司都不愿意要的轮船中收回些损失。16个月之后，这些轮船被廉价卖给了海陆联运公司，买船时花的1美元现在只能换回28美分。以每天几美元的单价租来的10 000多只集装箱和5 500多架底盘，也被送还给了弗莱克西万租赁公司。美国轮船公司在斯塔滕岛上租用新站场的 1 200 万年租金被勾销了，没有拿到钱的纽约和新泽西港务局只能自己承担疏浚和建设的 6 000 万美元支出。福康里农场落入了银行的手中，大部分最终沦为了野生动植物的乐园。那些总共借出了 2.6 亿美元但却没有拿到抵押或担保的债权人，最后几乎是空手而回。马尔科姆·麦克莱恩的股权（占麦克莱恩工业公司普通股的 88%）都用来还债了，他和他担任副总裁的儿子小马尔科姆·麦克莱恩都被撵出了管理层。数千人因此失去了工作。[23]

"马尔科姆一直没能摆脱美国轮船公司破产的阴影。"一位与他共事多年的同事后来说。他开始深居简出，躲避着记者以及公众的视线。失败的阴影一直纠缠着他；他知道自己伤害了好几千人，这让他一直感到羞愧。然而，他仍旧是一个有紧迫感的人。1991 年，也就是美国轮船公司破产 5 年后，对无所事事的厌烦让 77 岁的他再次出山，又创立了一家航运公司。在海陆联运公司以前的高管当中，如今有很多人已经成了航运界的重要人物；他们说服麦克莱恩重新回到航运界，至少应该偶尔出现在公共场合，接受那些他应得的奖励和荣誉。2001 年 5 月 30 日，在为他举行葬礼的那个上午，全世界的集装箱船都拉响了汽笛来表示哀悼和怀念。[24]

尽管美国轮船公司的破产对很多个人来说是一场灾难，但对马尔科姆·麦克莱恩所创建的集装箱航运来说，这根本算不上是惨重的失败。到了 1986 年，也就是美国轮船公司破产的那一年，为了用集装箱运送货物，全球的港口、运输企业以及发货人总共投入了 760 亿美元。据当时预测，到 20 世纪末，相关的企业和机构还会再投入 1 300 亿美元，用于建造更大的集装箱船、能够在 12 小时内装卸完一艘船的港口以及能够更快地吊运集装箱的起重机。集装箱航运正在变成一个非常庞大的行业；随着集装箱航运的发展，运送一集装箱货物的成本正在稳步下降。[25]

第 13 章

发货人的反击

尽管让投资者感到失望，但初期的国际集装箱航运还是给沉闷的货运行业注入了新的活力。正如赫伯罗特轮船公司的总裁卡尔·海因茨·扎格尔后来评论说，长达10年的价格战"让船主蒙受了巨大的损失，但从另一方面来说，价格战给发货人带来了'集装箱'这一重大突破。"新的集装箱技术广泛普及，并且很快就会深深地渗透到世界经济当中。[1]

集装箱最初的影响让人觉得主要是局限在轮船公司、港口机构以及码头工人构成的航运业内。航运业者承担了向集装箱航运转变的巨大成本，有些公司因为不堪重负而倒下了。为了处理大批量的集装箱，港口必须承担起站场开发和投资的全新职责，以前所未有的规模进行改造和建设。几乎世界各地的码头工人都大量地失业了，尽管在很多情况下他们的工会进行了足够顽强的抵抗，并用接受那些很快就会改造码头区的变革换回了一定的补偿。

起初，这些发生在航运界内部的大规模变革几乎没有产生什么更广泛的影响。海上运输本身只占世界经济非常小的一部分，而且除了在码头附近的社区里，码头就业在总就业中所占的份额也微乎其微。这场货运革命的真正意义不在于它对轮船公司以及码头工人的影响，而是在于集装箱运输对成千上万有货物要运送的工厂、批发商、贸易商以及政府机构的影响。或许除了政府机构，对大多数的发货人来说，货物的运输成本是一个决定性的因素，将决定他们生产什么产品、在什么地方生产和销售、进口或出口是否值得，等。只有当集装箱显著地改变了发货人的成本时，它才会改变世界经济。

这一天并没有很快到来。一直到了1975年，当越洋集装箱船已经定期地航行了近10年之后，联合国的一个机构才只敢宣称"已经有少数的发货人从航线运输成本的长期下降中受益了"。然而再过10年之后，局面将完全不同。[2]

20世纪70年代早期，国际集装箱航运的初期给轮船公司带来了巨大的成本降低。最重要的是轮船装卸方面的节约——在前集装箱时代，轮船装卸成本是最大的一笔支出。尽管集装箱船的资本成本要高于传统轮船，但还不算过分，因为大多数的集装箱船都是老轮船加装了格槽后改造而成的。港口上集装箱船泊位的建设成本要比传统泊位高9倍，但它们每工时能够处理的货物量是传统泊位的20倍，所以集装箱泊位分摊到每吨货物上的建设成本要比传统泊位更低。如果按货物吨数来平均，早期的集装箱船要比散件货轮更划算，因为集装箱船可以运载更多的货物。联合国贸易和发展会议（UNCTAD）在1970年得出结论认为，综合考虑上述因素，轮船公司使用集装箱船的货运成本仅为使用传统轮船的一半。[3]

集装箱运输最初带来的这些成本降低，发货人分享到了一部分。虽然按商品种类定价的运价体系使得平均运价难以估算，但一些逸闻性的证据强烈地表明，国际集装箱航运的引入立刻就带来了比散件航运更低的运价。然而，运价降低的幅度很可能与轮船公司的巨大节约并不相称，因为给集装箱航运定价的航运公会也在为传统航运定价。在他们的新集装箱船投入使用之前，很多公会成员是在用散件货轮运载集装箱，效率很低。为了保护自己的利润，并在自己的新集装箱船下水前延缓集装箱航运的发展，这些轮船公司希望让集装箱货物的运价接近于散件货物的运价。

这样一来，早期的集装箱运价就不是根据集装箱货运的成本来确定的，而是根据散件货运的成本来确定的。如果一只集装箱装有混杂货物，那么每一件货物被收取的运费将只比散件运输略低一点儿。只装有单一产品的集装箱会得到更大但也并不慷慨的折扣。例如，当从欧洲到澳大利亚的集装箱业务在1969年开通时，威尔士的一家电冰箱厂如果使用满集装箱运送其产品，那么相对于散件航运，他们只能节约11%的运费；如果是与其他的货物混装在集装箱里，那么运费就与散件航运相差无几。相对于散件航运，用冷冻集装箱装满澳大利亚的肉类运到英国，运费仅能勉强省下8.65%。[4]

从集装箱船经营者的角度来说，相对于装有混杂货物的集装箱，对装有单一产品的集装箱收取更低的费用是绝对合理的。一只装有单一产品的集装箱在工厂就封口了,而且直到运抵最终目的地时才会被打开,因此,这种货物处理起来最经济。相反,混装的货物必须先由货运代理或轮船公司分拣合并,这就得雇用工资不低的码头工人。然而在20世纪60年代,制造商还不习惯以整集装箱的货物量做生意。通常,他们会按照接到的订单进行生产,并在每一张订单完成时就发货。1968年,有人研究了北美与西欧之间235个发货批次的制造产品,结果发现其中有40%的发货批次重量不到1吨,80%的批次重量不到10吨。这些货物根本装不满一整只集装箱,因此就没有资格享受最便宜的运价。[5]

当第二代集装箱船在1969年开始投入使用时,成本结构发生了显著的变化。设计师在设计这些新轮船时首先注重的是易于装卸,它们处理货物的成本非常低。然而,与散件货轮和第一代集装箱船完全不同的是,第二代集装箱船的到来伴随着不管经营状况如何都得支付的债务。为购买轮船、集装箱和底盘而欠下的债务,其利息和本金像阴云一样压迫着经营者。过去随码头使用时间以及装卸货物量而变化的港口费消失了,取而代之的是码头、起重机以及集装箱堆场的长期租约,还有即使货运量减少了也得支付的租金。跨越大洋把空集装箱运回去,这是散件航运中不会有的一个负担,而且这个负担可能很沉重:1969年,流经安特卫普港的10万只集装箱有一半以上是空的。用于跟踪集装箱和编制装船计划的计算机系统,也是一笔数额巨大的固定成本。[6]

更大的容量和更快的速度让这些新轮船在一年的航程中运送的货物量远远超过以前的轮船。例如,20世纪70年代,欧洲的轮船公司买了一批新轮船用于通航中东,它们的载货能力是散件货轮的4倍,更快的速度和更短的港口停靠时间让它们每年可以完成6次往返航行,而以前这条航线上每年的往返航行仅为 $3\frac{1}{3}$ 次。在一年的航程中,这些新轮船每艘能够运送的货物量是传统轮船的6～7倍。盈利能力要求集装箱格槽的装载率至少为75%;如果装载率超过了75%,固定成本就可以分摊得更广、更薄,分摊到每只集装箱上的成本就会很低。因此，利润不仅取决于争夺货物的轮船的数量，而且还取决于经济周期。一次全球性的经济衰退会给轮船公司造成双重打击——货物的缺乏会让分摊到每只集装箱上的固定成本增加，同时还会削弱轮船公司把运价维持在盈利水平上的能力。[7]

20世纪70年代早期，正是这样的货物缺乏导致了运价的降低。一家银行在1971年完成的一次调查发现，用集装箱船把机械设备从德国南部运到纽约的费用，要比使用散件货轮低1/3。在定期的集装箱服务能够满足他们的需求之后，从苏格兰的威士忌酒厂到澳大利亚的苹果种植园，这些国际航运的主要客户立即就抛弃了散件货运。除非他们发现集装箱航运是有利的，否则他们没有理由作出这种转变。发货人一边倒的选择[用经济学术语来说就是"显示性偏好"（revealed preference）]非常有力地证明了，贸易航线上的集装箱运输降低了运输费用。1971年，轮船公司想要通过北大西洋货运联营协议组织这样的企业联盟来分享收入；他们的这种意愿表明了面对运价下跌时他们的绝望。[8]

接着石油危机到来了。油价在1972年开始上涨，并且在1973年10月的赎罪日战争（Yom Kippur War）之后加速上涨。油价的这次大幅上涨给所有的运输企业造成了不相称的冲击。世界市场上原油的平均价格从1972年的每桶3美元出头，上涨到了1974年的每桶超过12美元。不管是卡车、铁路还是海上运输，货运成本相对于制造成本都上升了。

新型集装箱船遭受的打击尤其沉重，它们的高航速意味着它们的油耗是散件货轮的两三倍。这在轮船设计的时候根本就不用担心：20世纪70年代早期，燃油成本仅占集装箱船运营成本的10%~15%。然而到了1974年，燃油成本已经成了一个沉重的负担，最终占到了总运营成本的一半。各航线上的航运公会提高了运价，并把燃油附加费和货币贬值附加费统统塞进了客户的账单中；随着燃油成本不断地升高，美元不断地贬值，他们收取的附加费也一再地上调。在燃油成本对总成本影响最大的长途航线上，集装箱航运的成本上升得格外显著。进口商和出口商采取的应对之策是大幅缩减制造产品的长途贸易。对全球的货运客户来说,集装箱航运看起来已经不那么划算了。[9]

对历史学家来说,要确定从1972~1979年航运成本究竟发生了怎样的变化,这是一个难以克服的挑战。在这一时期的大部分时间里,只有短途海运航线(比如横越北海的那些航线)保持了按集装箱计算的固定运价。除了这些航线之外,所有其他航线上的运费都不是按集装箱计算的,而是按里面的商品收取的。我们根本找不到计算平均成本的可靠方法,更不用说追踪平均成本随时间的变化了。[10]

除了实际运价,还有三个来源一直被用来估计航运成本的变化趋势。一个就是租用"不定航线、不定期"轮船的成本,即这些轮船是被租用的,不提供定期服务或"班轮"服务。20世纪六七十年代,就像航运出版物普遍报道的那样,这类轮船按吨计算的包租价格急剧地上涨了。然而,大多数这类轮船运送的是谷物或其他散货,而不是制造产品,所以其租金并不能很清楚地反映集装箱航运的价格。随着集装箱航运变得越来越重要,这类不定期轮船的地位日益下降,只能运载一些无法高效率地用集装箱运输的低价值货物;这就使得这类轮船的运价与集装箱航运的成本没有多大关联性。[11]

航运成本数据的第二个主要来源是德国交通部汇编的班轮指数(Liner Index)。这些数据表明,当集装箱航运在1966开始时,运价是持平的,但随后就急剧上升,从1969年到1981年上涨了两倍。然而,把班轮指数作为全球运输成本的衡量标尺是非常值得怀疑的。班轮指数追踪的是流经德国北部、荷兰以及比利时北部各港口的货物,而不是流经全球港口的货物;另外,它的追踪对象还包括了很大一部分的非集装箱航运。德国马克的汇率变化似乎也对班轮指数的变动有着巨大的影响。德国马克对美元的汇率在1966年是4∶1,在1972年是3∶1,到了1978年仅为2∶1。对以美元结算的发货人来说,根据班轮指数计算出来的海运运价,其涨幅大大低于20世纪70年代的通货膨胀率。[12]

第三个来源是汉堡租船经纪人威廉·汉森在1977年对集装箱船

标准租金的估计。与班轮指数不同的是，汉森的估计表明在 1978 和 1979 年运价是降低的。然而，他的数据来自非常小的集装箱船的包租。我们还不清楚，这些数据是否准确地反映了经营者为更大、更有效率的轮船确定的运价。[13]

要想估计 20 世纪 60 年代和 70 年代期间的航运运价，所涉及的技术问题太多了，以至于我们不太可能准确而可靠地对集装箱的价格影响作出评估。国际运价往往是以美元来计算的；对所在的国家不依赖于技术变革的企业来说，汇率的显著波动会对航运成本产生很大影响。有些特殊的发货人，他们与航运公会签订了"忠诚协议"（loyalty agreement），承诺只使用公会成员的轮船。很多航运公会为这些特殊的客户提供了高达 20% 的折扣，所以公会公布的运价未必就是重要发货人支付的。作为照公布价格付钱的条件，很多大客户要求轮船公司私下里返还回扣，而轮船公司基本上都会同意；尽管在通往美国的航线上回扣是非法的（就因为在 1971～1975 年间偷偷地向客户返还了总共 1 900 万美元的回扣，海陆联运公司在 1977 年被罚款 400 万美元），但这种做法在别的航线上却很普遍。当然，回扣也会使发货人实际支付的价格大大地低于轮船公司声称的价格。[14]

甚至更为复杂的是，在集装箱航运开始了很长时间后，传统的散件轮船仍旧在运营。1973 年之前，散件货轮运送的普通货物一直多于集装箱船。一直到 20 世纪 80 年代，在通往亚洲和拉丁美洲的发展中国家的航线上，散件货轮仍然很重要，因为在很多贸易中，货物流量太小，不值得投入大量的资金建造集装箱船和集装箱港。因此，对于国际集装箱航运头十年里的总体海运成本，任何估算都包含了大量的散件航运。另外，其中还包含了通货膨胀。20 世纪 70 年代，所有工业化国家的消费物价都上涨了一倍以上，如果集装箱化真的降低了航运的名义成本，那么这将是一项非凡的成就。[15]

由于发货人是以不同的货币记账，而且是在数百个不同的公会运价体系下运送各种货物，所以想要估算出集装箱运输在多大程度上影响了"平均的"海运运价，这种努力将是徒劳的。总的来说，现有证据强烈地暗示，当集装箱运输在 1968 年或 1969 年前后变得重要时，每吨国际货物的航运成本已经开始下降了，而且下降的趋势一直持续到了 1972 年或 1973 年。随着油价急剧上涨，货运成本开始上升，而且上升的趋势一直持续到了 1976 年或 1977 年。除油轮之外悬挂美国旗的轮船绝大多数都是运送普通货物的，它们的运价显示出了同样的趋势：直到石油危机在 1975 年暂时终结了运价降低之前，美国各轮船公司的收入相对于所运货物的价值一直是下降的。[16]

那么，假如集装箱航运没有全面攻占运输界，情况又会怎样呢？20 世纪 70 年代，码头工人的工资急剧上涨。在散件航运中，劳动生产率的提高微乎其微。作为一项劳动密集型的任务，装卸一艘散件货轮的成本在 1976 年肯定要比 10 年前高多了。即使是在油价达到顶峰的 1976 年，当燃油附加费正把海运运价推向云霄的时候，似乎也没有多少发货人抱有回归散件航运的念头。[17]

当然，海运运费不是进出口运输涉及的唯一成本。总的运输费用不仅包括海运运费，而且还包括来往于港口的陆上运输费用、包装费用、仓储以及其他港口费用、损毁和保险费用以及赋存在所运商品中的资本成本。在散件航运时代，这些不同成本的相对重要性在很大程度上取决于特定货运的细节。例如，1968 年把一船包装材料从美国运到西欧，每吨货物会给轮船公司创造 381 美元的收入，而卡车公司或铁路公司只能拿到 34 美元。相比而言，如果是运送一船汽车零件，并且两端的陆上运输距离都很长，那么陆运运费每吨要花 152 美元，而海运运费仅为每吨 20 美元。对于包装材料来说，海运运费的变动会对总的运费造成显著影响；但是对汽车零件来说，这几乎没有影响。[18]

海上运输的集装箱化最初并没有降低陆上的成本。在很多国家，卡车公司和铁路公司的运价是根据商品和距离来确定的，就像海运运价一样。美国的法规甚至禁止轮船公司为陆内的目的地报出单一的联运费率，更不用说代表客户为陆上运输争取特别折扣了。因此，把一集装箱电视机从广岛运到芝加哥，这需要出口商支付标准的日本卡车运费，还有适当的海运运费，还有美国国内向电子产品收取的卡车或铁路运费，还有货运代理安排这一切应得的服务费。20世纪70年代，受油价以及工资上涨的推动，陆运运费急剧飙升。向美国出口产品的发货人越来越偏爱海上运输较长、陆上运输较短的运输路线，这表明陆运运费相对于海运运费在增加。[19]

那些被集装箱经营者忽视的港口，其附近的企业在20世纪70年代所花的运输费用可能格外地高，因为他们的产品运输必须要经过更长的陆上距离。在散件航运时代，参与新西兰贸易的港口有17个，但是在集装箱航运时代，集装箱只流经其中的4个港口，这使得肉类或羊毛加工商必须另外付钱把他们的产品运到奥克兰或惠灵顿。曼彻斯特附近的企业也有同样的遭遇，20世纪70年代，由于集装箱船为了节省时间而不再停靠这里，这座英国第五大港口就被废弃了，而当地的发货人只好支付额外的陆运运费，把货物运到利物浦或费利克斯托去装船。在新英格兰北部，当传统港口波士顿几乎被集装箱船抛弃之后，那附近的制造商就只好出钱雇卡车把他们的出口货物运到纽约去。[20]

随着集装箱航运的发展，很多非货运成本无疑是降低了。在工厂就装满集装箱，这让发货人不用再为了保护货物免遭偷盗或损毁而自己做板条箱了。集装箱本身就起到了移动仓库的作用，所以在中转货棚中的传统仓储费用也消失了。货物偷盗急剧减少，损毁索赔居然减少了95%。当保险公司确信集装箱航运确实很少发生财产损失时，保险费最多下降了30%。更快的航速以及更短的装卸时间也减少了装船货物的库存成本。[21]

正如马尔科姆·麦克莱恩在1955年就已经认识到的，发货人关心的是这些成本的总和，而不仅仅是轮船公司或铁路公司公布的运价。从理想上来说，我们希望全程追踪同一批货物的运输成本，这样我们就能够准确地评估集装箱运输的影响。如果有了100种不同消费品和工业产品在这方面的相似信息，我们或许就能够综合出一个合理的货运成本指数。然而不幸的是，面对这项任务，即使是最坚定的研究者也会望而却步。全程的运输成本数据在1965年没有被收集，甚至是今天这样的数据也不存在。即使是粗略地估计国际贸易中集装箱运输对贸易成本的影响,这种估计也只能是纯粹的推测。

我们的确知道的是,直到20世纪70年代中期,即使是利用集装箱运输,运输国际货物的总体成本仍旧相对较高。海事管理局曾经详细地研究了1976年的一次货运。这次货运的货物是价值25 000美元的车圈,从密歇根州的兰辛运到法国的巴黎,运费是5 637美元,占货物价值的22.6%。这笔运费包括了从底特律到勒阿弗尔3 600美元的海运运费、600多美元的卡车运输费用以及1 300多美元的保险费和其他费用。再加上法国7%的进口关税,这批车圈在法国要比在密歇根贵1/3。[22]

进入20世纪70年代后期,运价的走势似乎发生了转变。尽管燃油费还在继续上涨,但运输国际货物的实际费用已经开始迅速地下降了。[23]

是什么让航运变得更便宜了?为什么这种情况发生在1977年前后,而没有发生在10年前国际集装箱航运刚刚开始的时候呢?这些问题的答案牵涉到一个不怎么引人注意的群体,即发货人。集装箱运输要求发货人学会控制其运费的全新思路。随着他们变得越来越懂行、越来越精明、越来越有组织,他们开始压低运输的费用。

在散件货运时代,发货人不是一支重要的力量。很多政府支持由航运公会确定的运价,反对运价竞争,甚至在有些航线上完全禁止低运价的独立运输业者。即使在有些航线上政府允许不属于公会的轮船公司参与竞争,但这样做的轮船公司也相对很少,因为这些航线上往往没有足够多的货物。发货人通常会许诺把他们在一条航线上的所有货物都交给公会的成员,以换取"忠诚"折扣,这让不属于公会的入侵者更加难以有生意可做,从而进一步巩固了公会的地位。发货人、轮船公司和政府对待海运公司的态度,与他们对待卡车公司和铁路公司的态度基本相同,因为每当成本上升时,公共服务的提供商就有权提高资费。英国一家轮船公司的一位高管在1974年说:"我们的未来取决于得到强大的商业发货人群体支持的强大公会。"就好像轮船公司与其客户的利益完全是一回事一样。[24]

集装箱航运巨大的资本需求减少了各条航线上的轮船公司的数量，这使得公会变得更加强大，而发货人则变得更加被动了。举一个最极端的例子来说，1971年的北大西洋货运联营协议实质上就是把原本互为竞争对手的15家轮船公司联合了起来。1967年，欧洲－澳大利亚航线上有13家轮船公司，而到了1972年，他们合并成了7家。随着这些新的集团开始抑制竞争，发货人也越来越紧密地团结起来进行了反击。到了1976年，在35个国家里都出现了积极活跃的私营发货人的理事会。[25]

在农场主几乎完全依赖于出口的澳大利亚，发货人开始显示他们的力量。1971年，代表牧场主和羊毛采购商的四个群体成立了一个共同组织，联合起来反对运价的上涨。一年之后，新加坡的橡胶贸易商对公会收取各种附加费的做法进行了回击，找了一家不属于公会的轮船公司来把他们的产品运到欧洲，从而可以节省40%的运输费用。澳大利亚的乳制品生产商与一家不属于公会的轮船公司签订了合同，从而可以把到日本的运费节省下10%。到了1973年，发货人在东亚－欧洲航线上的力量已经非常强大，足以迫使公会低头谈判；马来西亚棕榈油生产商协会甚至赢得了史无前例的两年的运价冻结。"在某些贸易中，运价的上涨遭遇了发货人的强烈反对。"联合国贸易和发展会议在1974年报告说。1975年，澳大利亚肉类理事会与四家轮船公司展开谈判，要求大幅降低运价，而作为回报，他们会将其所有运往美国东海岸的肉类货物都交给这4家轮船公司。[26]

在美国，发货人的组织没有法律地位，所以发货人都不愿意联合起来与轮船公司谈判，以免被控触犯反垄断法。然而，就像当初为了利用集装箱他们改变了自己的工作方式那样，那些最重要的发货人开始独自施加影响。[27]

在集装箱运输的早期，发货人处理货运的方式与散件货运时代大致相同。运输管理是分散化的，每一间工厂或仓库都有自己的安排。即使整个企业可以通过向个别客户发送满载的40英尺集装箱来节省费用，但那也不关负责个别生产或储存场所的货运经理的事，因为他们的工作主要是把产品送出门。大多数的发货人喜欢20英尺的集装箱，因为他们不能很好地协调不同订单的生产，无法让他们的待运产品装满一只40英尺的集装箱。作为其中最大的发货人，美国军方把运输任务分别交给了两个机构：一个负责陆上运输，另一个负责海上运输。他们就常常为运输花冤枉钱，因为他们常常选错集装箱的尺寸。[28]

在企业里，设在工厂后院、靠近装车平台的运输部门会负责把制造部门生产出来的东西发出去。在一个运价核算员的桌子上，堆满了不同的航运公会、卡车运输公会以及铁路公司发布的货物分类指南，而这个核算员会千方百计地把他们的货物归到运价最低的类别中去。然后，一个出口经理会给各轮船公司打电话选择一艘轮船，既要追求较快的发货，也要顾及不能太依赖特定的轮船公司。由于组织是分散的，而且计算机系统也相当原始，所以即使是相对老练的大型跨国公司，也会因运价核算员以及出口经理每次工作成果的不同，而最终为同一类货物支付大不相同的运价。"在北大西洋，我们有的时候会为发送一只40英尺的集装箱支付1 600美元，而有的时候则要为同一只集装箱支付8 000美元。"一家化工企业的前任高管回忆说。[29]

重要的发货人往往与航运公会签订了很多覆盖不同航线的忠诚协议，借此来获得运费折扣，然后再与公会下面的数百家轮船公司打交道。结果往往只是尚可，但不能令人满意。忠诚协议并不保证船上的空间；如果制造商有货物要发往印度，但公会成员的船上却没有可用的空间，那么这批货物就必须一直等下去，直到公会的另一艘船上有了合适的空间。如果制造商使用独立的班轮或不定航线的轮船发送这批货物，那么他就违反了忠诚协议，会受到航运公会的重罚。如果公会唯一可用的轮船要在起航前先到很多别的港口去装其他的货物，那么制造商的这批货物也只能干等着。处理好与轮船公司的关系，把自家的产品发送出去，这对很多制造商来说都是管理上的噩梦，需要大量的人手。[30]

当轮船公司联合起来想要掌握市场支配权时，制造商们积极地进行了反击。第一步就是放眼于航运公会之外。

不属于航运公会的轮船公司一直在主要的贸易中发挥着作用,但作用很小,那些最重要的发货人很少把货物交给他们承运。独立的轮船公司的运价要比公会的运价低 10%～20%,但他们大多数都太小了,无法在他们定期往来的航线上提供航次频繁的服务。如果一个发货人使用了一家独立的轮船公司,而后来这家公司却无法提供他们需要的服务,那么他们最终就还得去找一家属于公会的轮船公司,而且付的钱要比一开始就与公会签订忠诚协议更多。有些发货人的货物流量具有很大的可预测性,他们还可以应对这种风险;但是有些制造商可能需要为意外的订单安排紧急货运,对于他们来说,同属于公会的大轮船公司保持良好关系就是更安全的策略,即使运费更高。[31]

当集装箱登上运输舞台时,集装箱航运的经济规律被认为不利于独立的轮船公司。集装箱航运所需的投资太大了,小规模的经营者不可能一时兴起就进入到这个行业。一位经济学家在 1978 年估计,在美国－亚洲的贸易中,建立可持续的集装箱业务将需要投入 3.74 亿美元,用于购买 5 艘集装箱船以及配套的集装箱、底盘和起重机。常识告诉我们,任何一家能够拿出这么多钱的轮船公司都会加入公会,以期维持足够高的运价,好收回成本。但是事实证明,在 20 世纪 70 年代后期,那些阻止新来者进入的门槛并不像看起来的那样不可逾越。从 1970 年年末到 1975 年年末,造船的费用上涨了 400%,但是油轮市场的崩溃让造船厂失去了大量的订单,造船的费用也开始下降了。造船厂大幅削减价格,并延长了购船贷款的还款期限,只求能让他们的造船厂有活儿可干。新轮船的便宜价格让丹麦的马士基以及中国台湾的长荣海运等传统的轮船公司有机会挤进集装箱航运。马士基和长荣海运在大多数航线上都以独立的身份运营,他们的运价远远低于公会的运价。随着他们不断地添置新轮船,他们变成了可靠的经营者以及公会成员的竞争对手,抢走了很多曾经忠于公会的发货人。在 1973 年之前,这两家公司连一艘集装箱船都没有,但是到了 1981 年,马士基公司已经拥有了 25 艘集装箱船,这让他们成了世界第三大集装箱船经营者,而长荣海运以 15 艘集装箱船排在第八位。[32]

其他独立的轮船公司也迅速增加，尤其是在太平洋上。1972年，中国台湾航运巨头董浩云（C. Y. Tung）拥有的东方海外成了首家在亚洲和纽约之间运营集装箱船的独立轮船公司，其运价比公会的运价低10%～15%。韩国航运公司是另一家不属于公会的经营者，他们在1973年拿出8 800万美元购买了8艘集装箱船。作为一家俄罗斯的独立经营者，远东航运公司每个月从横滨向长滩和奥克兰发出两艘集装箱船。随着发货人陆陆续续地背弃公会的运输业者，公会的运价簿变成了漫画书。20世纪70年代后期，以集装箱为单位计算的运价揭示了航运公会市场支配力的削弱，这在按商品种类定价的情况下是不可能发生的。把一只20英尺的集装箱从费利克斯托运到香港，公会在1980年的运价是3 645美元，仅仅三年之后就降到了2 136美元，而在1988年的运价要比80年代初更低。把一只40英尺的集装箱从欧洲运到纽约，在1979年中期的运价是2 000美元，而到1980年夏天就下滑了1 000美元。到了1981年1月，在菲律宾－北美航线上参与竞争的非公会轮船太多了，居然致使该航线上的公会崩溃了。[33]

除了他们积极自发地公然对抗航运公会之外，发货人在20世纪70年代形成新势力还有另一个重要的结果，那就是他们乐意接受一个长期以来被视为异端邪说的主张，即解除对运输的管制。

20世纪70年代早期，卡车运输几乎在任何地方都受到严格的管制，只有澳大利亚是一个显著的例外。大多数的铁路公司都是国有的，这抑制了一切竞争冲动。只要政治权力依赖于运输企业及其工会，而不是取决于他们的客户，那么管制体系就会很强硬。如果说管制体系的崩溃可以追溯到某一个事件的话，那么这个事件就是美国最大的铁路公司宾夕法尼亚中央铁路公司在1970年的破产。之后不久，又有6家铁路公司陆续破产了。这些铁路公司的破产，引起了人们对限制卡车运输与铁路公司竞争的管制法规的注意。代价高昂、饱受争议的政府救济方案改变了政治平衡，共和党人和民主党人都开始呼吁放松管制。1975年11月，杰拉尔德·福特总统建议废除州际商务委员会对州际卡车运输的大部分管制权。在第二年，国会开始采取措施放松对铁路公司的管制。[34]

一场激烈的全国性争论紧跟着发生了。一方面，除了铁路公司在等着以更大的灵活性与卡车运输公司竞争之外，发货人和消费者保护群体也认为解除管制会降低运价。有些卡车运输公司，尤其是处理小批量货物的那些，他们也渴望摆脱管制。另一方面，承运整卡车货物的卡车运输公司强烈地反对这些鼓励小批量货物的改变，而代表铁路工人和卡车司机的工会也拒绝接受这些削弱工会的权力、让工会成员失去工作的改变。正在缓慢而逐步放松管制的管制机构警告国会，不要仓促行事，州际商务委员会的主席坚持认为，为了保护卡车运输公司和铁路公司免受客户的打压，政府需要保留控制权；他警告说："有些发货人掌握着相当大的谈判能力，有时甚至是一边倒的优势。"[35]

在这场激烈的运动中，集装箱变成了张贴海报的小孩，揭露着过时的管制造成的低效率。

集装箱的基本概念是货物可以在火车、卡车以及轮船之间无缝地转移。然而，在麦克莱恩的第一艘集装箱船的首航过去了20年之后，集装箱航运仍根本没有实现无缝运输。在原则上，一家卡车公司或铁路公司可以向出口商报一个圣路易斯与西班牙之间的"联运费率"，但这个联运费率只不过是从圣路易斯到某个港口的卡车或铁路运价，再加上跨大西洋的轮船运价。在国内，卡车运输公司不太喜欢跑长途往港口运送集装箱，因为他们很可能得把这些集装箱空着拉回来；国内的发货人宁愿使用不能从底盘上分离的传统拖车，而不愿使用可卸下的集装箱。铁路公司的确有在平板车上运载卡车拖车的"背负式运输"业务，但这项业务只对相对长途的运输有吸引力，例如从明尼阿波利斯到芝加哥，400英里的拖车背负式运输要花18～22个小时，而以卡车运输只需要8个小时左右。另外，背负式运输往往还不便宜。铁路公司故意把运价定得很高，以期发货人会转而使用普通铁路运输，所以经铁路运输卡车拖车往往要比走公路费用更高。[36]

铁路公司对待集装箱的态度也同样很消极。当海陆联运公司在1975年与铁路公司商谈一项横贯大陆的集装箱业务时，铁路公司的索价比海陆联运公司愿意接受的价格高出了两倍；双方的谈判就此没有了下文。1972年，轮船公司和铁路公司再次就一项叫做"小陆桥"（minibridge）的业务展开合作谈判。在这项业务中，轮船公司和铁路公司将通力合作运送集装箱，比如从东京经奥克兰到纽约。合作的双方将就整个运输行程的单一运价达成一致，然后同时提交给州际商务委员会（铁路的管制机构）和联邦海事委员会（轮船的管制机构）审核，并确定怎样分配联运所得的收入。轮船公司声称，小陆桥可以避免穿过巴拿马运河耗费燃油的长途航行，从而有助于削减成本。但很少引起人们注意的真正的优势在于，在西海岸的港口装卸轮船要比在东海岸便宜很多，所以几乎没有人很麻烦地利用小陆桥从加利福尼亚经纽约向欧洲出口商品。铁路公司对这个概念根本没什么兴趣，所以他们也就没有费心去为这项业务设计比标准平板车更有效率的设备。发货人往往省不了多少钱，利用小陆桥把电视机从日本运到纽约，所花的时间要比全走水路少7天，但所需的费用并不少。美国政府在1978年完成的一项研究发现，同把货物用卡车运到休斯敦然后装船相比，利用小陆桥从得克萨斯经洛杉矶把合成橡胶运到日本，所花的费用要高出两倍。[37]

解除管制改变了一切。在1980年通过的两部法律中，国会批准州际的卡车运输公司可以自由地以他们接受的任何价格、在几乎任何地方承运几乎任何货物。除了对煤炭和化学制品等少数商品，州际商务委员会基本上失去了审核铁路运价的权力。过去，卡车和列车车厢往往被迫空车返回，而现在它们可以为回程装载货物。另一个决定性的突破被证明对压低国际航运的费用至关重要，那就是铁路公司与他们的客户第一次可以就运价以及服务条款签订长期合同。长期以来，所有的客户都要为运输同样的产品支付同样的价格，而如今，这个原则不再适用了，取而代之的是那些最重要的客户会得到巨大的折扣。在5年之内，由铁路公司与发货人签订并提交州际商务委员会备案的合同有41 021份。美国境内的货物运输发生了戏剧性的变化。运输费用下降得如此迅速，以至于到了1988年，美国的发货人（最终是美国的消费者）节省了将近 1/6 的陆上运输费用。[38]

或许，货运行业改变最大的部分就是集装箱运输。可以与客户签订长期的合同，这既给了铁路公司发展已经被他们冷落了 20 年的集装箱业务的动力，也给了他们投资肯定不会白白浪费的保证。设备制造商也开始致力于可以快速装卸集装箱的专用铁路车，1967 年，麦克莱恩试图说服铁路公司使用的就是这种铁路车，但他失败了。解除管制意味着这些新型的铁路车可以在一个方向上运出到港的国际集装箱，而在另一个方向上把装有国内货物的集装箱运到港口，这样国际货运就不必再承担把空集装箱运回港口的费用了，这在 1980 年之前是不现实的。

1983 年 7 月，美国总统轮船公司资助了第一趟仅由双层集装箱铁路车编组而成的实验列车。在几个月之内，轮船公司与铁路公司就签订了为期十年的合同，专门的双层集装箱列车将把进口货物迅速地从西雅图、奥克兰以及长滩直接运到中西部地区专门设计的货运站场，交货时间因此缩短了好几天。经协商确定的运价远远低于从前，而且是货物量越大越优惠。平均来说，在 1982 年用铁路运送集装箱货物，每吨每英里收费 4 美分。扣除通货膨胀的影响，这个运价在之后的 6 年里下降了 40%。铁路的运价下降得如此迅速，以至于到了 1987 年，从亚洲到美国东海岸的集装箱有超过 1/3 都是先用船运到西海岸，然后再经铁路转运到东海岸，而不是完全走海上。国际贸易的一个主要障碍被克服了。[39]

随着美国的卡车运输和铁路运输解除了管制，发货人的利益集团开始把注意力转向了航运业。他们再一次赢得了彻底的胜利。美国在 1984 年通过的《航运法案》（*Shipping Act*）修订了政府机构对经过美国港口的国际航运进行管制的法规。现在，发货人可以与轮船公司签订长期合同。以保证最低货物量为条件，发货人可以通过谈判获得较低的运价以及特定的服务条款，比如轮船的航次。这些"服务合同"必须公开，这样其他有类似货物的发货人就可以要求同样的待遇。尽管公会仍旧被允许制定运价，但属于公会的轮船公司可以随时脱离公会的运价体系，只要他们发布公告。

发货人的新势力对航运企业施加了巨大的降价压力。由铁路公司和轮船公司发布的官方运价并没有下降；如果以《劳埃德航运经济学家》上发表的不大可信的数字为依据，那么1980～1988年，把一只20英尺的集装箱从英国运到纽约，公会的运价反倒上涨了一倍。但是官方运价毫无意义，对于真实的市场状况，一个更可靠的指标来自于美国军用物资的运价招标。军用市场只对悬挂美国旗的轮船公司开放；这些轮船公司每隔6个月进行一次密封竞标，并保证使用至少长32英尺的集装箱为军方运送普通货物。轮船公司并不负有竞标的义务，因此可以推测竞标运价会高于经营者认为他们能够从商业货物中赚到钱的运价。1979年10月，最低投标人为跨太平洋双向运输报出的运价是40立方英尺的货物收费40.94美元。到了1986年，西向跨太平洋运输的运价已经暴跌到了2.39美元，从亚洲到美国西海岸的运价也下降到了15.89美元。尽管在1979～1986年，美国的生产价格上涨了将近1/3，但海运运费却在直线下降。[40]

20世纪70年代中期之后，非公会轮船公司的增长以及发货人势力的壮大，使得官方的运价表无法体现进出口商接受的真实运价。世界银行证实："实际收取的运价相差很大，而且往往大大地偏离所公布的官方运价。"《纽约时报》就没有那么婉转了，他们在1986年直言不讳地报道说，"5年来，一路下跌的运价、上涨的成本以及旧轮船的沉没价值，这些已经颠覆了航运界。"发货人和消费者得到的节约无法准确地计算，但其数额非常巨大。过了几年，美国总统轮船公司在研究了这个问题之后得出结论认为，由于使用了集装箱，从亚洲到北美的运价下降了40%～60%。[41]

第 14 章

及 时 生 产

芭比①被认为是地地道道的美国女孩儿,但实际上,她从来就不是。在她诞生的1959年,美泰公司就把她的生产安排在了日本的一家工厂。几年之后,美泰公司在中国台湾增加了一间工厂,同时还有大批的台湾妇女在家中缝制芭比的衣服。到了20世纪90年代中期,芭比的"公民身份"变得更加难以确认了。中国的工人制造了她的身材样貌,但所使用的模具来自美国,其他的机器设备则来自日本和欧洲。芭比的尼龙头发来自日本,铸成其身体的塑料来自中国台湾,染料来自美国,棉质服饰来自中国大陆。尽管芭比只是一个简单的玩具娃娃,但她已经拥有了自己的全球供应链。[1]

类似于芭比娃娃这样的供应链,是集装箱航运的兴起所促成的那些变化带来的一个直接结果。无论是在马尔科姆·麦克莱恩把第一批集装箱装上"理想X号"的1956年,还是在高油价引发的运价飞涨严重抑制了全球贸易流的1976年,这样的供应链都是前所未闻的。在那之前,垂直一体化是制造业的标准:一家企业会获得原材料(有时是从自有的矿山或油井获取),然后把原材料运回自家的工厂(有时是利用自有的卡车、轮船或铁路),经过一系列的生产流程把原材料变成产品。随着货运成本在20世纪70年代后期开始直线下降,而且货物在不同运输业者之间的移交也渐渐变得平常,制造商发现他们已经不必再事事亲为了。他们可以与其他的企业签订原材料和零部件的供应合同,然后再与运输业者签订运输合同来确保供应可以在他们需要的时候运达。一体化生产让位给了分散化生产。各有专长的供应商可以利用本行业内最新的技术进展,在其特定的产品线上形成规模经济。利用来自日本的头发、中国台湾的塑料以及美国的染料,在中国大陆的一间工厂里生产芭比娃娃,然后再把成品运往世界各地,送到那些喜欢芭比的小女孩儿手中,这个过程能够具有经济上的合理性,全都有赖于较低的运输成本。

20世纪80年代早期,当世界发现了及时生产之后,这些潜在的美好前景第一次引起了人们的注意。"及时生产"(just-in-time)是日本

---

① Barbie,此处指风靡全球的玩具芭比娃娃。——译者注

的丰田汽车公司最先提出的一个概念,它涉及通过消除大量的库存来提高质量和效率。和竞争对手自己生产大部分零部件的做法不同,丰田公司与外部的供应商签订了长期合同。这些供应商与丰田保持着紧密的联系,帮助丰田设计产品,了解丰田的生产计划的细节。他们要采纳严格的质量标准,保持非常低的差错率,这样丰田公司就不必在使用零部件之前进行检测了。供应商同意根据丰田的装配线的要求,小批量地生产零配件,并在非常严格的时间范围内交付使用,因此就有了"及时生产"的说法。最大限度地压缩库存,这让整个生产流程变得更加严格、有序。由于库存的零部件很少,所以允许差错的余地也很小,这迫使供应链中的每一家公司都得按照要求履行合同。[2]

1981年之前,"及时生产"的神奇效果在日本以外从未被提及。1984年,当丰田同意在通用汽车设于加利福尼亚的一间工厂组装汽车之后,美国的商业出版物刊登了34篇关于"及时生产"的文章。1986年,论述"及时生产"的文章达到了81篇,全世界的企业都在努力地效仿丰田引人注目的成功。到了1987年,美国的《财富》500强制造商有2/5都已经启动了"及时生产"计划。这些企业几乎都发现,"及时生产"要求他们以极为不同的方式处理运输。制造商将不再向某个卡车运输公司的推销员提供一辆卡车的货运量,现在,他们希望与能够严格地按照要求准时交货的少数运输业者建立大规模的合作关系。客户要求把延误惩罚白纸黑字地写进合同,即使是来自另一个大陆的货物也需要准时到达。这样,拥有庞大航线网络和先进货物追踪系统的铁路公司、轮船公司和卡车公司更有优势。[3]

20世纪80年代之前,"logistics"(后勤)是一个军事术语。到了1985年,"logistics management"(物流管理),即安排生产、储存、运输和交货的任务,已经变成了一项常规的商业职能,而且不仅仅是对制造商。零售商发现,他们也可以管理自己的供应链,抛弃挡在制造商与客户之间的批发商。由于有了现代的通信手段和集装箱航运,零售商可以自己设计衬衫,并把这些设计传送到泰国的一间工厂,让他们利用当地的劳动力来加工衬衫,而所用的材料包括美国的棉花纺织而成的中国棉布、中国的塑料做成的马来西亚纽扣、日本的拉链，还有在印度尼西亚完成的刺绣装饰。完成的订货会装进一只40英尺的集装箱，在不到一个月的时间里运到美国田纳西州的一个分销中心或者是法国的一家大型超级市场。全球供应链已经变得如此普遍，以至于在2001年9月，当美国的海关机构在"9·11"恐怖袭击过后加强了入境检查时，密歇根州的汽车制造厂不出三天就因进口零部件的短缺而开始停工了。

从统计上来看，物流的改善体现在了降低的库存水平上。库存是一种成本，拥有库存的企业必须要为库存付钱，卖掉库存他们才能拿到钱。更高效、更可靠的运输使得企业可以不再要求待用的货物提前几周或几个月运抵，大大缩短这些货物成为库存的时间，从而大量地节约压在这些库存上无法流动的资金。在美国，随着及时生产的概念在企业中扎根，库存在20世纪80年代中期开始减少。像戴尔这样的制造商以及像沃尔玛这样的零售商都把这个概念发挥到了极致，都围绕着以最短的时间把产品从工厂运到顾客那里设计整套的经营战略。在2004年，美国的非农产品库存约为1万亿美元，相对于销售额而言，低于20世纪80年代的库存水平。假设支持那些库存的资金必须以8%~9%的利息借贷，那么库存的减少每年可以为美国的企业节约800亿~900亿美元。[4]

如果没有集装箱运输，这种精确性将是无法实现的。只要货物是逐件处理的，只要码头上的延误以及卡车、火车、飞机和轮船之间复杂混乱的转运还存在，货物运输就会是非常难以预测的，制造商也就不敢冒险相信来自遥远供应商的货物会准时到达，因而必须保有大量的库存零部件，以确保生产线不会因为零部件的短缺而停止运转。与计算机结合起来的集装箱大大地降低了这种风险，打开了全球化的道路。现在，企业可以全盘考虑工资水平、税金、补贴、能源成本、进口关税以及运输时间和保障等因素，然后选择在一个最划算的地方制造每一种零部件以及每一种零售产品。运输成本仍旧是成本方程中的一个因素，但在很多情况下它都不再是一个重要的因素了。

全球化不是什么新东西，历史学家和经济学家早就已经迫不及待地指出了这种现象。19世纪，世界经济曾经变得高度一体化。在拿破仑战争（Napoleonic Wars）之后的那些年里，关税以及其他贸易壁垒的降低，促使停滞了几十年的国际贸易出现了增长；另外，19世纪40年代，远洋轮船的使用大大地降低了运输成本。1840～1910年，海运运价下降了70%，这促进了全球日用品以及制造产品货运的增长。与此同时，电报（相当于20世纪的互联网）让人们可以及时地了解到遥远异地的最新价格信息。在国境线两侧，谷物、肉类、纺织品以及其他日用品的价格是趋于一致的，因为商人们发现，每当国内的物价上涨了或者国内的工资失控了时，以增加进口来应付很容易。[5]

20世纪晚期的全球化具有了一个完全不同的特征。国际贸易不再以基本的原材料或制成品为主导。1998年，经加利福尼亚南部进口的集装箱只有不到1/3装载着消费品，其余的大多数都是全球供应链中的"环节"，装载着经济学家们所谓的"中间产品"，也就是在一个地方经过了部分加工，并且将在别的地方进一步加工的半成品。在全球流动的这些金属箱子，大多数装的都不是电视机或服装，而是合成树脂、发动机零件、废纸以及螺丝钉等工业品，当然，还有芭比的"头发"。[6]

在这种国际生产分工的布局中，处在链条顶端的制造商或零售商将为整个流程的各个部分找到最经济的场所。这在过去往往是不可能的，高昂的运输成本起到了贸易壁垒的作用，其效果非常类似于很高的进口关税，保护了本国的生产工人，使他们不会因外国的竞争而失去工作，但这却把更高的物价强加到了消费者头上。由于集装箱让国际运输变得更便宜、更可靠了，运输的壁垒降低了，制造商到海外去寻找低成本的供应就更容易了，但这也让北美、西欧以及日本的制造业就业大规模地消失了。劳动密集型的组装将在一个低工资的国家里完成，而且低工资的国家很多。各种零部件以及原材料将来自任何一个最便宜的供应地，但在这些不同的供应地，成本往往是完全相似的。对于确定生产过程的各个阶段将发生在什么地方，即使是运输成本上的小小变化也可能是决定性的。[7]

集装箱运输的经济效果以特有的方式决定了这些全球供应链。距离重要，但不是非常重要。货运距离增加一倍，比如从香港到洛杉矶与从东京到洛杉矶相比，运输费用只会增加18%。远离终端市场的地方仍旧可以成为国际供应链的一个环节，只要那里有管理完善的港口以及足够的生产规模。[8]

集装箱航运依赖于规模，流经一座港口或者装在轮船、火车上的集装箱越多，分摊到每一只集装箱上去的成本就越低。需求少或者基础设施差的地方将面临更高的运输成本，其对全球市场上的制造业的吸引力也就会小得多。20世纪七八十年代，当美国的很多工业中心都即将消亡时，洛杉矶却成了兴盛的港口以及工厂安家的首选之地，因为那里有全国最繁忙的集装箱货港，处理着从亚洲进口到全美国的大量货物。环太平洋地区已经欣然地成了消费品的世界工场，因为大型的集装箱港口让那里具有了全球最低的运输成本。1987～1997年，仅仅是为了不被淘汰出局，安特卫普就在港口扩建上投入了令人眩晕的40亿美元，包括征用了4 500英亩（约合2 000公顷）的土地。相反地，港口和集装箱船业务都不发达的非洲国家就处于运输成本非常不利的地位，以至于纵然有最低的劳动成本，但却不会吸引到制造业的投资。[9]

在那些港口繁忙、陆上交通设施完善的地方，发货人不仅可以享受到更低的运价，而且还会受益于更短的运输时间。在集装箱出现之前，当"勇士号"这样的散件货轮承载着大部分的世界贸易时，货物往往是在轮船起航的好几个星期以前就离开工厂了；另外，轮船的航速也只有16节，而且每停靠一个不相干的港口都要多耗费一个星期的时间。在集装箱时代，一台在星期一制造出来的机器，在星期二就可以运到纽华克港，接着很快就可以装船运到德国的斯图加特，要是搁在散件航运时代，承运的轮船只怕这时还没装完呢。然而，时间仍旧很重要。据估计，海运货物在路上每多花一天的时间，出口商的成本就会增加0.8%，这意味着从中国到美国13天的航行相当于增加了

10%的关税。对靠近主要港口的发货人来说，时间上的节约意味着巨大的竞争优势。那些只能使用较小港口的发货人，可能不得不花更长的时间等待轮船，或者是把货物转运到更大的港口去，而时间的增加就意味着成本的增加。空运几乎消除了时间成本，但对大多数在贫穷国家里生产的、附加值很低的商品来说，空运太昂贵了。[10]

经济学家乔尔·莫凯尔评述说："技术上的任何变革几乎都必然会给一些人带去福利的改善，而给另一些人带去福利的恶化。"这也适用于集装箱这项技术，但它的影响是国际范围的。地理位置上的劣势不是集装箱运输造成的，但是看起来，集装箱运输让这个问题变得更加严重了。[11]

在集装箱出现之前，运输对每个人来说都是昂贵的。国际货运最昂贵的部分是装船，它对所有的发货人有着同样的影响。集装箱运输降低了国际货运的费用，但对不同的地区程度不同。现在，内陆国、基础设施差的内陆地区以及货运量不够大的国家，它们的竞争处境可能要比散件货运时代更加艰难。根据一项研究的计算，被陆地包围会让一个国家的运输成本增加一半。另一项研究发现，从美国东海岸的巴尔的摩把一只集装箱运到南非的德班要花 2 500 美元，而把这只集装箱从德班经公路拖运到莱索托的马塞卢则要再花 7 500 美元。世界银行在 2002 年报告说，在中国境内把一只集装箱从一个中心城市运到一个港口所需的花费，是把这只集装箱从该港口运到美国的三倍。[12]

如果说高昂的航运成本和港口成本以及漫长的等待都还不会让一个国家处于经济劣势的话，货物的不平衡却会。事实上，海上进出口货物流始终很平衡的航线并不多。当货物流失衡时，在货物流量大的方向上发货的发货人，必须承担把空集装箱运回来的成本。1988 年，从加勒比海诸岛运回美国的集装箱有将近 3/4 都是空的，这导致从美国向那些岛屿输送食品和消费品的运输费用要高得多。[13]

到了 20 世纪 80 年代早期，集装箱航运的革命时期结束了。然而，集装箱革命的余波还在回荡。在接下来的 20 年里，随着集装箱航运开始压低国际货运的费用，以集装箱运输的海运货物量增长了三倍以上。1960 年，德国最大的港口汉堡处理的普通货物是 1 100 万吨；1996 年，流经汉堡港的普通货物超过了 4 000 万吨，其中有 88% 是集装箱货物，而且有一半以上是来自亚洲。随着进口取代了国内生产，在欧洲、日本和北美等地区的商店货架上，电子产品、服装以及其他消费品的价格大幅下跌。低成本的产品迅速地扩散到了全世界，而如果没有集装箱航运，这些产品根本就无法进入国际贸易。20 世纪 90 年代后期，主要归功于进口的物价下降帮助美国终结了历时 30 年的通货膨胀。[14]

很显然，集装箱航运帮助一些城市和国家成了新的全球供应链的重要环节，同时也把另一些城市和国家撇在了一边。它帮助韩国实现了快速的经济增长，但对巴拉圭却毫无贡献。然而，在集装箱运输的助推下形成的这些贸易模式却是不变的。20 世纪 80 年代，轮船公司的承诺保证了一些集装箱运输后来者的成功，比如韩国的釜山、美国南卡罗来纳的查尔斯顿以及法国的勒阿弗尔。20 世纪 90 年代，它们在亚洲玩儿起了同样的把戏，只不过规模更比以前大多了。

到了 20 世纪末，集装箱航运业已经被少数全球范围的联盟所统治。这些企业的庞大船只可能在两个港口之间航行，但它们所运载的货物十有八九不是在出发港生产，也不是为到达港发送的。通过决定在哪里部署它们的轮船，大轮船公司有能力决定哪些港口会成功、哪些港口将处境艰难。在有些情况下，轮船公司的选择有无法回避的理由，即不是所有的港口都具备处理最庞大的轮船所要求的水深。然而在另一些情况下，轮船公司会与政府官员以及私营港口的经营者合作来改变相对优势。世纪之交的全球最大集装箱港口名单很有启发性（见表 14-1）。在 2003 年处理集装箱数量最多的 20 个港口中，有 7 个港口在 1990 年几乎没有集装箱流量，而且其中的 3 个港口在 1990 年之前甚至还不存在。

表 14-1　世纪之交全球最大的集装箱港口　（单位：100万标准箱）

港　口	国家或地区	1990年	2003年
香港	中国	5.1	20.8
新加坡	新加坡	5.21	18.4
上海	中国	0.5	11.4
深圳	中国	0.0	10.7
釜山	韩国	2.3	10.4
高雄	中国	3.5	8.8
鹿特丹	荷兰	3.7	7.1
洛杉矶	美国	2.6	6.6
汉堡	德国	2.0	6.1
安特卫普	比利时	1.6	5.4
迪拜	阿拉伯联合酋长国	1.1	5.1
巴生港	马来西亚	0.5	4.8
长滩	美国	1.6	4.7
青岛	中国	0.1	4.2
纽约	美国	1.9	4.0
丹戎帕拉帕斯	马来西亚	0.0	3.5
东京	日本	1.5	3.3
不来梅	德国	1.2	3.2
林查班	泰国	0.1	3.2
焦亚陶罗	意大利	0.0	3.0

资料来源：*Containerisation International Yearbook* and UN Economic and Social Commission for Asia and the Pacific.

这些新的港口基本上都是私人管理的，有些还是私人投资的。这些港口的建立是对集装箱航运的经济规律作出的深思熟虑的回应，在集装箱航运中，让船装着货物出海航行是最要紧的。只有那些规模最大的港口才值得花时间停靠。那些能够在单位时间内装载最多集装箱的港口，会较少地耗费一艘轮船的宝贵时间。有大量货物流经的高效港口将迎来大量的轮船以及频繁的业务，还有通往世界各个角落的航行。中国、马来西亚以及泰国在20世纪90年代修建的大规模港口，都是对全球化的投资。其产品使用这些港口的工厂将享受最低的运价以及最低的时间成本，从而在原材料进口以及产品出口两方面都获得成本优势。在港口不那么繁忙或者管理不那么完善的较为贫穷的国家里，制造商将发现，高昂的物流成本会让他们在国外市场上的竞争变得艰难。[15]

这种劣势会远远超过偶尔损失的出口销售。一个受过时或管理不善的港口困扰的国家，要面对很多巨大的障碍，很难在世界经济中扮演更重要的角色。据世界银行估计，如果秘鲁的港口管理能像澳大利亚的一样有效率，那么仅仅这一项改善就会让它们的对外贸易增长1/4。如果它们不能做到这一点，那么就只能扮演迎接支线航运业务的次要角色。那些在全球供应链中连接着各国的经济、只装载集装箱的庞大集装箱船，会毫不犹豫地抛弃它们绕道而行。[16]

1956年春天，全球供应链是任何一个人都还想象不到的。在接下来的半个世纪里，货物运输的发展进程是那些看着"理想X号"载着首批集装箱从纽华克港起航的要人们无法想象的。或许，关于集装箱不同寻常的历史，一个最值得注意的事实就是，即使知识最渊博的专家也没能正确地判断出集装箱运输的发展进程。集装箱被证明是一种如此生机勃勃的影响力，被它触及的一切几乎都发生了改变，而且那些变化往往是出人意料的。

马尔科姆·麦克莱恩的天才是得到了公认的：除了码头工人工会，几乎人人都认为把货物装进集装箱是一个非常聪明的想法。然而，认为集装箱会引发航运革命的观点就略显夸张了，人们最多也就认为集装箱可以帮助轮船抢回一点儿国内货运的生意，可以让夏威夷和波多黎各受益。甚至是轮船公司在宣扬集装箱的时候，大多也只是把集装箱视为原有业务的附属物，不过是他们已经习惯了的众多货物形态中的一个新成员罢了。工会对集装箱的认识也同样肤浅。当西海岸码头工会的领导者哈里·布里奇斯与资方谈判1960年的合同时，他同意资方不受限制地在码头上应用自动化；他严重地低估了集装箱改变码头区就业形势的速度，结果他为工会成员索要的补偿远远少于他们应得的。1959年，当纽约的码头工会领导者特迪·格利森发出警告，说集装箱会让纽约30%的码头工人失去工作时，他完全说错了，1963～1976年，纽约市码头工人的工作时间减少了3/4。

集装箱航运的经济规律对轮船经营者们来说也同样是变幻莫测、充满危险的。很多轮船公司因为订购了把集装箱与其他货物甚至是乘客混载的轮船，从而牺牲了集装箱运输的潜在优势。还有一些轮船公司在轮船或者集装箱的尺寸问题上作出了错误的判断。麦克莱恩自己也有好几次都严重地误入歧途：就在1973年的石油恐慌即将到来之前，他订购了高油耗的SL-7型集装箱船；就在燃油价格直线下跌的时候，他却订购了低油耗但航速慢的"经济级"集装箱船；另外，他还决定让这些"经济级"轮船跑环球航线，结果使得有些航线货物严重不足，有些则是运力非常短缺。曾经有一些"专家"认为集装箱航运在长途航线（比如跨太平洋航线）上没有竞争力，然而事实证明，他们完全是在瞎说；在亚洲，那些堆满了即将发往北美和欧洲的集装箱的港口，很快就成了全球最大的集装箱港口。

与航运界中的很多人设想的恰恰相反，在集装箱时代，行动迅速不是生存的必要条件。麦特森公司以前只活跃在美国的国内贸易中，后来它们抢着成了第一家跨太平洋运送集装箱的轮船公司，因为它们相信提早动手肯定会赢得忠诚的客户；然而正如它们之后认识到的，当其他的轮船公司野蛮地闯进这项业务时，客户的忠诚几乎毫无价值。穆尔-麦科马克轮船公司或许是跨大西洋运送集装箱的第一家，但它们却不能把这次"抢跑"变成可持续的业务。格雷斯轮船公司的遭遇也一样，它们是第一家向南美运送集装箱的轮船公司，但却不是最后的幸存者。

那些在21世纪早期脱颖而出成为全球最大的集装箱船经营者的公司，都是相对来说入局较晚的竞争者。一直到1973年，丹麦的穆勒-马士基轮船公司才拥有了它们的第一艘集装箱船，此时，"理想X号"的首航已经过去了17年，集装箱航运进入北大西洋也有7个年头了。总部设于瑞士的地中海航运公司在1970年之前还不存在，而长荣海运也是到1968年才创立。这些公司都是带着以前的轮船公司不熟悉的财务和管理技能加入竞争的，这些新的技能适合于集装箱航运，因为在集装箱航运中，筹集资金和管理信息系统要远比掌握海运知识更重要。这些轮船公司不拿政府的补贴,也不听从政府的指示;以前有很多轮船公司就因为享受了政府的补贴,只好听从政府的指令订购本国建造的轮船,或者运营管制机构指定的航线。航运业几乎在任何地方都被民族自豪感所包裹着,所以在这个行业中,能够长期存在的经营者都是深刻国际化的。马士基轮船公司的总部设在丹麦,但是通过兼并英国的海外集装箱有限公司、南非航运公司、荷兰的航运巨头渣华轮船公司以及美国的海陆联运公司,到了2005年,它们已经控制了500多艘集装箱船以及全球市场1/6的份额。

如果说市场对集装箱一再地作出了错误的判断,那么政府也是如此。当纽约和旧金山的市政府浪费数亿美元重建了那些混凝土还没干就已经过时了的港口时,它们忽视了集装箱运输的巨大影响。英国政府的规划努力让它们耗费巨资修建了一些新港口,官员们做梦也想不到,在一个偏僻的小镇上,一座私有的码头会在一夜之间变成英国最大的集装箱站场。运输管制机构做得也好不了多少。日本的运输省认为通过迫使日本的轮船公司彼此合作,它们就能够避免运力过剩并保持盈利,但后来它们却吃惊地发现,太平洋上的航运运价急剧地下跌了。美国的管制机构和政客不顾一切地想保住原有的体系,试图保护造船厂、轮船公司、卡车公司以及铁路公司,因此耽误了原本可以让集装箱更早地降低航运成本的改革。它们以为自己所奉行的政策以及各种补贴和限制会巩固美国的航运业,但是实际上,它们最终摧毁了美国商船队的竞争力。[17]

任何人都没有预见到长途集装箱贸易的巨大增长。在研究了20世纪50年代后期纽约地区货运的作用之后,哈佛大学的经济学家本杰明·奇尼兹预言,集装箱运输会给纽约附近的工业基地带来好处,让这一地区的工厂在向南运输方面比新英格兰或中西部的工厂更便宜;作为该地区最主要的制造部门,服装业不会受到运输成本改变的影响,因为它是"对运输不敏感的"。他根本没有想到的是,下降的运输成本会让几乎一切产品的长途运输变得切实可行,从而让美国的制造业基地大规模地消失了。未能认识到降低的运输成本会对贸易产生多么强烈的刺激，这样的人绝对不止奇尼兹一个。一直到20世纪60年代，预测集装箱运输发展的一项项研究都是假定现有的进出口趋势会延续下去，货物会逐渐地转向集装箱运输。集装箱可能引发全球范围内的经济重组，从而带来贸易流的极大增长，这种前景并没有被人们认真地对待。[18]

在涉及集装箱时，"市场"和"政府"都犯了很多错误。私营部门和公共部门的判断错误，耽搁了集装箱运输的发展及其将会带来的经济效益。然而，集装箱运输的合理性实在太有吸引力了，它所带来的成本节约实在太巨大了，以至于集装箱最终还是占领了整个世界。在"理想X号"首航的半个世纪之后，每年有相当于3亿只标准箱的集装箱在跨越全世界的海洋，而且其中有26%是从中国发出的。至于用卡车或火车跨境运输的集装箱，那就更是多得数都数不清了。[19]

集装箱已经变得无所不在了，除了便宜的商品，它们也带来了一系列新的社会问题。一堆堆废弃的集装箱，想用的话太破了，想修的话太贵了，或者就是不再需要了，于是只好散乱地弃置于世界的各个角落。曾经用来运载这些集装箱的轮船、卡车和列车也破旧不堪，无法继续使用了，它们已经变成了严重的环境问题；不断扩建的港口以及不断增长的货运量，给附近的社区带来了交通拥挤、噪声以及柴油机污染排放所导致的癌症高发率；据估计，仅仅是在洛杉矶和长滩，清理这些垃圾和污染物需要付出的代价就将高达110亿美元。大量的集装箱已经成了一个让安全人员非常头痛的问题；他们担心，恐怖分子可能会在集装箱里偷藏一颗设定了爆炸时间的放射性"脏弹"，它会在到达某个重要港口时爆炸，让整座城市遭受放射性污染，使国际贸易陷入恐慌和混乱。为了尽力避免把恐怖分子的集装箱装上船，很多站场的大门口都安装了辐射探测器。利用配备了床垫和厕所的集装箱来偷运非法移民的行为已经屡见不鲜了，因为在成千上万只装着合法货物的集装箱海洋中，一两只藏着人的集装箱是移民检查员很难查到的。[20]

这些问题尽管很严重，但却丝毫没有威胁到集装箱航运的发展。

集装箱的尺寸还在继续增大,已经出现了48英尺甚至53英尺的集装箱,它们使得卡车每跑一趟可以拖运更多的货物。全球商船队的规模在稳步扩大,2001到2005年年底,纯集装箱船的运载能力每年增长10%。另外,轮船的规模也达到了空前的水平。到了2006年,很多能够运载4 000只40英尺集装箱的轮船加入了全球的船队,而一些甚至更大的轮船也已经在订购中了。

过去轮船的尺寸曾经被巴拿马运河的船闸所限,如今集装箱船早已突破了原来的限制,21世纪的船舶设计师需要考虑的已经不再是巴拿马运河了,而是马来西亚与印度尼西亚之间繁忙的航道——马六甲海峡。如果一艘集装箱船已经达到了"马六甲级"(Malacca-Max),也就是能够通过马六甲海峡的最大尺寸,那么它的长度将达到1 320英尺,宽度达到190英尺,吃水深度约为65英尺。假如它不幸沉没了,随着它一起葬身海底的货物总值将达到10亿美元。它的运载能力将是18 000只标准箱,而拉走这些集装箱需要的卡车可以排成65英里长的车队。这么大的轮船在哪儿停靠是一个严重的问题,因为全球也没有多少港口有足够的水深接纳它。答案或许是一些建在离岸深水区的全新港口,即马六甲级的巨轮连接各个离岸平台,较小的轮船在平台与海岸之间往返运送集装箱。如果这些极其昂贵的轮船和港口真的出现了,那么它们将带来更加惊人的规模经济,让货物的全球运输变得更加便宜、更加容易。[21]

附录 A
国际集装箱行业发展方兴未艾

随着世界经济一体化、贸易全球化和国际航运业的迅速发展，集装箱作为一种先进的运输设备，在全球海上、陆路和航空运输中得到了广泛应用，有力地促进了集装箱制造业和运输业迅猛发展。据有关统计，截至 2006 年年底，全球集装箱船舶已达到 5 846 艘，载箱能力 1 115 万标准箱（twentyfoot equivalent unit，TEU，系集装箱运量统计单位，以长 20 英尺的集装箱为标准），集装箱保有量达到 2 231 万 TEU，2006 年各类集装箱的年产销量 295 万 TEU。目前，国际集装箱行业显示出良好、强劲的发展势头。

世界和中国经济贸易的发展

近年来，世界经济逐渐摆脱了"9·11"恐怖袭击事件的阴霾，进入了新一轮快速发展的周期，全球经济贸易持续高速增长。据国际货币基金组织的统计，2004~2007 年，世界经济增长连续 4 年保持在 5% 左右。中国经济和对外贸易更是连续十几年持续高速增长，在 2006 年我国经济增长 10.7% 的基础上，2007 年上半年 GDP 增长幅度达到了 11.5%，创历史新高。

2006 年，全球贸易增长 8.9%；截至目前，2007 年全球贸易增速喜人，据国际航运业的乐观预测，全年世界贸易增长率将达到 10%~12%。集装箱贸易量继续保持高速增长，据英国克拉克松咨询公司的预测，2007 年将达到 1.31 亿 TEU，增幅超过 11%，保持在近年来的较高水平上。

改革开放以来，特别是加入世贸组织以后，我国经济的发展以及对世界经济的影响发生了从量到质的变化，已经成为世界经济大国和贸易大国，影响力日益突出。5 年来，我国对世界经济发展的贡献率达 13%，对世界贸易增长贡献率达 11%；货物进口累计超过 3.2 万亿美元，服务贸易进口累计近 4 000 亿美元。

中国经济长期、旺盛的增长为世界经济的发展提供了动力。目前，中国的经济总量仍然不到美国的 1/4，然而却以高于美国经济 4 倍的增长率发展。国际货币基金组织认为，2007 年中国为全球经济增长 5.2% 的贡献至少占到 1/4。商务部预测，2007 年，中国货物进出口总额将超过 21 000 亿美元，增长 20% 左右。瑞士一家著名智库称，世界正处于经济全球化新一轮浪潮的前夕，世界出口排行榜将重新洗牌，2009 年中国将取代德国成为世界货物出口冠军；到 2015 年，世界出口将增长 76%，全球约 35% 的出口产品将来自亚洲，其中，中国的出口将增长 3 倍。

2007 年上半年，我国对外贸易进出口总值 9 809.3 亿美元，同比增长 23.3%，其中出口 5 467.3 亿美元，增长 27.6%；进口 4 342 亿美元，增长 18.2%；贸易顺差 1 125.2 亿美元，同比增长 84.3%。其中，在我国外贸排名第一和第二位的欧盟和美国两大市场，贸易增幅分别达到 27.3% 和 17.4%，显示出在复杂的贸易环境下仍旧保持着良好的发展趋势。另据商务部预测，今年我国出口总额有望超过美国，位列世界第二。

国际集装箱航运市场

世界经济的高速发展，推动了国际航运市场及其集装箱运输的蓬勃发展。

自 2006 年至今，国际航运市场生机勃勃，持续火暴。泛太平洋航线、亚欧航线、亚洲－地中海航线的船舶几乎都满载出航，国际主要港口拥堵严重。中国进出口贸易的持续快速增长，为国际航运业增添了活力。据统计，2006 年全球航线的集装箱吞吐量达到 4.2 亿 TEU，中国为 9 300 万 TEU，占比 22%；在最重要的亚欧航线上，中国港口的集装箱吞吐量占比达到了 58%，以至于众多国际分析机构、航运公司和发货人都为未曾预测到来自中国的货物有如此惊人的增长率，而不得不调整其市场预测和经营战略，加大在热点航线的运力投入。以中国为主要挂靠港的几条国际航线的强劲发展势头，从集装箱船舶的更新和升级换代中可见一斑。近年来，大型和超大型集装箱船不断投入市场运营，而绝大多数此类船舶首选是投入亚洲－北美和亚洲－欧洲航线，中国至欧洲和北美两大航线的主力船型已迅速升级至 4 000 ~ 8 000TEU，甚至 10 000TEU 以上的"巨无霸"首航亦选择了挂靠中国港口。

国际港口专家根据最近 5 年的统计分析后得出结论，全球 GDP 每增长 1%，世界集装箱贸易量增长 2.8%；中国 GDP 每增长 1%，中国集装箱贸易量增长 3.5%。

中国进出口贸易的增长和加工制造业的发展，为集装箱运输提供了充足的货源。我国是世界最大的集装箱货物贸易大国，外贸运输和重要的物资运输是靠水运完成的，其中外贸货物运输的 93% 是靠海运来完成的。我国港口集装箱吞吐量已连续 13 年以 30% 左右的速度增长；近几年，我国已经形成了完整的集装箱运输相关配套体系，集装箱运输综合能力进入世界大国的行列，深水集装箱码头通过能力大大提高，铁路、内河运输等综合物流运输配套能力不断完善，为改善我国码头及疏运条件，为加快内外贸集装箱运输的发展，提供了良好条件；此外，我国还拥有中远集团、中海集运等世界排名前 10 位的著名航运企业，已经成为名副其实的世界航运大国。

在外贸进出口的带动下，我国港口集装箱吞吐量持续快速增长，2007 年上半年完成 5 253 万 TEU，同比增长 24.1%，高于 2006 年同期 1.7 个百分点。据国内外各类机构的预测，2007 年中国港口集装箱吞吐量将突破 1 亿 TEU，2008 年将达到 1.15 亿 TEU。

国际造船市场

据国际航运咨询机构的有关统计，2006 年交付运营的新船运力大约为 85 万 TEU，同比增长 14%，全球集装箱运力达到 1 131 万 TEU。最引人注目的是超大型集装箱船舶的建造和投入运营再次掀起了一个新的高潮。据统计，2005～2008年的4年间，6 000TEU以上的大型集装箱船交船244艘，其中8 000TEU以上的超大型船74艘，占比30.3%。

2007年国际造船市场前景一片光明，新船交付也达到了新高，预计当年市场交付的新船总运力为143万TEU。随着新船的交付，市场运力也快速增长。据克拉克松公司预测，2007年年末，全球集装箱船队总运力将达1 304万TEU，增幅为12.8%，其中全集装箱船运力将达1 088万TEU，增幅达14.9%。虽然新增运力继续给航运市场带来不小的压力，但航线的延长、船舶航行时间的延长、港口的拥堵抵消了部分运力增长带来的压力。综合分析，从运力供给和市场需求看，集装箱运输供求关系总体基本平衡，市场将平稳、持续发展。

中国集装箱市场

中国的集装箱制造业自1980年创建以来。在业内外同仁的共同努力下，经过14年的艰苦奋斗，于1993年实现产销量世界第一，至今已连续保持了14年，并创造了三个世界第一，即集装箱生产能力世界第一、集装箱种类规格世界第一、集装箱产销量世界第一。

我国集装箱工业诞生初期，集装箱生产厂只有4家，年生产能力不足4万TEU。经过20多年的发展，截止到2007年年中，集装箱生产厂已发展到58家，年生产能力约为580万TEU，占世界集装箱生产能力的95%以上，累计增长了145倍。

集装箱工业的发展，带动并促进了材料和配件企业生产能力的形成和持续扩大，企业规模和产品品种不断增加。截止到目前，我国已有集装箱用钢材、木地板、油漆、角件等生产企业近60多家，国产化程度不断提高。其中，集装箱用三大材料中，除钢材国产化率为90%左右以外，油漆和木地板几乎全部实现国产化，集装箱角件不仅能够满足国内需求，还有部分产品出口。目前，我国集装箱行业已经形成集机械、冶金、化工、木材加工等行业为一体的综合性工业，成为我国机电产品出口的重要商品之一。

我国集装箱行业新产品、新技术的设计和研发能力不断提高，已拥有多项自主知识产权。产品包括 ISO 标准和非 ISO 标准的普通货物集装箱、特种箱（保温箱、罐式箱）、地区专用箱和集装箱半挂车等系列产品约 900 多个规格品种，能满足世界各国客户的通用及特殊货物的任何运输需求，产品销往世界五大洲 70 多个国家和地区，质量获得广泛好评。目前，我国是全球唯一能够提供集装箱三大系列产品以及其他物流装备的设计、制造、维护等"一站式"服务的国家。我国集装箱工业在迈向世界集装箱强国的道路上有长足的进步，中国国际海运集装箱（集团）股份有限公司（CIMC）已成为世界最大的集装箱制造商，一批新的集装箱企业集团也在市场竞争中成长壮大。

1993 年，我国集装箱产销量 8.9 万只，总金额 2.65 亿美元，国际市场占有率 24.9%，超过韩国，首次摘得世界第一的桂冠；相距又一个 14 年之后的 2006 年，我国集装箱产销量已达到 190.75 万只（折合 279.4 万 TEU），金额 59.58 亿美元，占世界市场总量的 94.7%。14 年间，我国集装箱产销实现数量增长 21 倍、金额增长 22 倍的辉煌业绩，成为当之无愧的集装箱产销大国。2007 年上半年，我国集装箱产销量已经达到 122.8 万只（折合 175.4 万 TEU），金额 40.54 亿美元，已分别为 2006 年全年的 64.4% 和 68.0%。2007 年世界集装箱产销第一的殊荣非中国莫属！

我国集装箱的主要市场集中在北美、欧洲和亚洲，这些国家和地区一般都是世界贸易大国或航运大国。2007 年上半年，我国集装箱出口前十名的国家和地区分别为：欧盟、香港特别行政区、美国、日本、以色列、瑞士、韩国、中国台湾地区、新加坡以及世界免税天堂—英属维尔京群岛。随着对外贸易的发展，我国集装箱出口市场扩展到世界各国，呈现出多元化趋势。

国际集装箱运输是全球经济一体化发展的产物，必将随着世界经济贸易的发展而不断壮大。中国的集装箱工业作为为其生产专用设备集装箱的行业已经成长为高度国际化、高效率的、受世人瞩目的工业产业。在可以预见的未来，足以取代集装箱运输的新兴产业以及取代集装箱的新产品还没有显露出诞生的迹象,因此,集装箱行业依然是前途光明,方兴未艾,我国的集装箱行业将凭借雄厚的实力继续在国际市场居主导地位,为世界的现代化运输不断作出新的努力和贡献。

积极推进行业的健康协调发展

我国集装箱制造业在国际贸易中扮演了重要角色,已连续14年蝉联世界集装箱产销冠军,国际市场占有率达94%以上。在这一市场环境下,1993年民政部批准成立了中国集装箱行业协会(China Container Industry Association,CCIA),这是具有法人资格、跨行业区域的全国性社会团体。会员包括国内外知名的中国远洋运输(集团)总公司、世界最大的集装箱制造商中国国际海运集装箱(集团)股份有限公司等大型企业集团,还包括中国集装箱检验和管理的权威机构——中国船级社,以及我国主要的集装箱生产、配套、科研、检验、维修、管理等企业和单位。

协会作为企业与政府间的纽带,承担着以下责任:根据会员和市场的需要向政府有关部门反映行业建议和会员意见;为国家制定产业政策提供依据;为会员和市场提供行业统计等专业信息;协助会员解决贸易争端;积极探索和推进行业的标准化工作,组织制定行业技术规范;向会员、相关单位和国家有关部门提供业内外相关时事信息,组织国内外信息交流,等等。协会创建了国内外唯一的集装箱行业专业网站(www.chinaccia.com),并编著了《中国集装箱大全》,填补了国内外空白,对推进我国集装箱工业的快速发展起到了积极的协调、促进作用。

随着2005年中国全面落实入世承诺,国际贸易合作的前景日益广阔,中国集装箱行业将发挥越来越重要的作用。

中国集装箱行业协会
ccia@ccs.org.cn

附录 B
机构公司名称中英文对照

机构名称

104 技术委员会（Technical Committee 104，TC104）
奥克兰港口委员会（Oakland Port Commission）
澳大利亚搬运工协会（Australian Stevedoring Board）
澳大利亚航运委员会（Australian Maritime Services Board）
北大西洋大陆航运公会（North Atlantic Continental Freight Conference）
北大西洋货运联营协议组织（North Atlantic Pool Agreement）
标准审查委员会（Standards Review Board）
参谋长联席会议（Joint Chiefs of Staff）
产业工会联合会（Congress of Industrial Organization，CIO）
第 5 物料搬运行业委员会（Materials Handling Sectional Committee 5）
第一后勤司令部（First Logistical Command）
公共工程发展总署（Works Progress Administration）
国防运输协会（National Defense Transportation Association）
国会联合经济委员会（Joint Economic Committee of Congress）
国际标准化组织（International Standards Organization，ISO）
国际集装箱局（International Container Bureau）
国际码头工人和仓库工人协会（International Longshoremen's and Warehousemen's Union，ILWU）
国际码头工人协会（International Longshoremen's Association，ILA）
国际女装工人联合会（International Ladies'Garment Workers）
国际印刷工人协会（International Typographers Union）
海岸劳工委员会（Coast Labor Committee）
航空公司领航员协会（Airline Navigators'Association）
航运和航空管理局（Department of Marine and Aviation）
航运和造船合理化委员会（Shipping and Shipbuilding Rationalization Council）
华盛顿海军历史中心（Washington Naval Historical Center）
经济发展局（Economic Development Administration）
旧金山湾区捷运系统委员会（Bay Area Rapid Transit District）
军事海运局（Military Sea Transportation Service，MSTS）

联邦海事委员会（Federal Maritime Board）
联合国贸易和发展会议（United Nations Conference on Trade and Development, UNCTAD）
联合后勤审查委员会（Joint Logistics Review Board）
陆军物资司令部（Army Materiel Command）
马萨诸塞港务局（Massachusetts Port Authority）
美国标准协会（American Standards Association）
美国船级社（American Bureau of Shipping）
美国国家城市银行（National City Bank）
美国海岸巡逻队（U.S. Coast Guard）
美国海事管理局（United States Maritime Administration）
美国劳工联合会（American Federation of Labor）
美国码头工人联合会（American Federation of Longshoremen）
美国音乐家联合会（American Federation of Musicians）
美国自动化与就业基金会（American Foundation on Automation and Employment）
纽约城市大学研究中心（City University of New York Graduate Center）
纽约港码头区委员会（Waterfront Commission of New York Harbor）
纽约港务局（Port of New York Authority）
纽约航运协会（New York Shipping Association）
纽约和新泽西港务局（Port Authority of New York and New Jersey）
纽约世界贸易自治机构（New York World Trade Corporation）
欧洲经济共同体（European Economic Community）
全国海事工会（National Maritime Union）
全国码头工人委员会（National Dock Labor Board）
全美矿工联合会（United Mine Workers）
全美汽车工人联合会（United Auto Workers）
商船委员会（Merchant Marine Committee）
商业史学会（Business History Conference）
太平洋航运协会（Pacific Maritime Association）
西雅图港口委员会（Seattle Port Commission）
新加坡港务局（Port of Singapore Authority）
英国码头工人协会（Britain's National Dock Labour Board）
英国运输码头管理局（British Transport Docks Board）
运输和普通工人联合会（Transport and General Workers Union）
中下曼哈顿协会（Downtown-Lower Manhattan Association）

州际商务委员会（Interstate Commerce Commission，ICC）

轮船公司

SC 洛夫兰公司（S. C. Loveland）
阿拉斯加驳船运输公司（Alaska Barge and Transport Co.）
阿拉斯加轮船公司（Alaska Steamship Company）
阿拉斯加轮船货运公司（Alaska Freight Lines）
埃勒曼轮船公司（Ellerman Line）
爱尔兰航运有限公司（Irish Shipping Limited）
保诚轮船公司（Prudential Lines）
边行轮船公司（Ben Line）
布尔轮船公司（Bull Line）
长荣海运公司（Evergreen Marine）
大西洋集装箱航运公司（Atlantic Container Line）
丹麦联合航运公司（Denmark United Shipping Company）
德尔塔轮船公司（Delta Steamship）
地中海航运公司（Mediterranean Shipping Company）
东方海外集装箱航运有限公司（Orient Overseas）
法雷尔轮船公司（Farrell Line）
泛大西洋轮船公司（Pan-Atlantic Steamship Corporation）
格雷斯轮船公司（Grace Line）
国民散货装船公司（National Bulk Carriers）
海岸轮船公司（Coastwise Steamship Company）
海洋运输公司（Ocean Shipping Company）
韩国航运公司（Korea Shipping Corp.）
荷兰－美国轮船公司（Holland-America Line）
赫伯罗特轮船公司（Hapag-Lloyd）
火车轮渡公司（Seatrain Lines）
集装箱海运轮船公司（Container Marine Lines）
卢肯巴赫轮船公司（Luckenbach Steamship Company）
马士基航运公司（Maersk Lines）
麦特森航运公司（Matson Navigation Company）
美国出口航运公司（American Export Lines）
美国独立轮船公司（American Independence Line）
美国海运公司（States Marine Lines）
美国轮船公司（United States Lines）

美国夏威夷轮船公司（American Hawaiian Steamship Company）
美国伊斯布兰德森出口轮船公司（American Export Isbrandtsen Line）
美国总统轮船公司（American President Lines）
穆尔－麦科马克轮船公司（Moore-McCormack Lines）
穆勒－马士基轮船公司（A. P. Moller's Maersk Line）
南非航运公司（South African Marine）
诺顿利利公司（Norton Lilly & Co.）
丘纳德与怀特之星轮船公司（Cunard and White Star）
日本邮船株式会社（Nippon Yusen Kaisha，NYK）
三井轮船公司（Mitsui Steamship Company）
斯堪服务轮船公司（Scanservice）
沃特曼轮船公司（Waterman Steamship Corp）
讯航轮船公司（ScanDutch）
伊利圣劳伦斯公司（Erie and St. Lawrence Corporation）
以星轮船公司（Zim Line）
英国海外集装箱有限公司（Overseas Containers Ltd.）
远东航运公司（Far Eastern Shipping Company）
渣华轮船公司（Nedlloyd）

铁路、货运及其他相关公司

比利时国营铁路公司（Belgian National Railway）
宾夕法尼亚铁路公司（Pennsylvania Railroad）
宾夕法尼亚中央铁路公司（Penn Central Railroad）
伯利恒钢铁公司（Bethlehem Steel）
布朗工业公司（Brown Industries）
蔡斯布鲁宁公司（Chas. Bruning Co.）
长岛铁路公司（Long Island Railroad）
城市投资公司（City Investing）
大西洋州际运输公司（Atlantic States Motor Lines）
德国联邦铁路公司（German Federal Railway）
德拉沃公司（Dravo Corporation）
法国国营铁路公司（French National Railway）
费利克斯托铁路及码头公司（Felixtowe Railway and Dock Company）
弗莱克西万租赁公司（Flexivan Leasing）
弗吕霍夫拖车公司（Fruehauf Trailer Company）
国立铸造公司（National Castings Company）

海运钢铁公司（Marine Steel Corporation）
皇冠策勒巴赫公司（Crown Zellerbach）
加福特卡车运输公司（Garford Trucking）
卡特彼勒拖车公司（Caterpillar Tractor）
雷诺兹工业公司（R. J. Reynolds Industries）
利顿工业公司（Litton Industries）
联合货运公司（Consolidated Freightways）
联合太平洋铁路公司（Union Pacific）
伦敦－英格兰中部－苏格兰铁路公司（London, Midland, and Scottish Railway）
罗德威货运公司（Roadway Freight）
麦克莱恩工业公司（McLean Industries）
麦克莱恩卡车运输公司（McLean Trucking Company）
美国独立石油公司（American Independent Oil Company）
美国货运公司（United States Freight Company）
美国铝业公司（Aluminum Company of America）
密苏里太平洋铁路公司（Missouri Pacific Railway）
墨济码头与港口委员会（Mersey Docks and Harbour Board）
南方铁路公司（Southern Railway）
南太平洋铁路公司（Southern Pacific）
纽约中央铁路公司（New York Central）
日本国有铁路公司（Japanese National Railway）
斯卡吉特钢铁厂（Skagit Steel & Iron Works）
斯特里克拖车公司（Strick Trailers）
太平洋海岸机械设备公司（Pacific Coast Engineering Company）
特雷墨比尔拖车制造公司（Trailmobile）
拖车列车公司（Trailer Train Company）
沃尔特基德公司（Walter Kidde & Co.）
辛辛那提机动车站场公司（Cincinnati Motor Terminals Company）
英戈尔斯造船厂（Ingalls Shipyard）
英国大西部铁路（Britain's Great Western Railway）
英国铁路公司（British Rail）
佐治亚中央铁路公司（Central of Georgia Railroad）

译者后记

有很多在今天看起来非常普通的发明，其实曾对全人类的进步作出了巨大的贡献，或者是改变了我们的生活方式；集装箱就是一种这样的发明。在这本书中，我们将看到这个其貌不扬的铁柜子怎样影响了经济，怎样促进了贸易，怎样缩短了世界的距离；我们还将看到，面对一项技术革命的到来，管理者和决策者所采取的态度和应对方法的不同，怎样决定了群体、城市、国家的不同命运。在集装箱发展的一次次大潮中，有的企业和城市抓住了机遇，获得了巨大的发展，有的则因为应对失当，付出了惨重的代价。希望我们的管理者和决策者能从中有所领悟，抓住新的技术革命带来的机遇。

有一点会让我们中国的读者感到振奋的是，在全球的二十大集装箱港口中，中国的港口有5个，而且香港位居第一，上海和深圳分别位列第三和第四，这也从一个侧面反映了中国经济的高速发展。

真诚地希望本书的读者能够从这本书中有所收获，不仅仅是了解集装箱的发展历史，更重要的是从中汲取经验和教训，用以指导我们的经济建设和社会发展实践。

本书的翻译工作由方宏、宋阳、曾毅、汪蘅、曹飞和姜文波承担，最后由姜文波统稿。作为本书的主要译者和统稿者，我在此向参与本书翻译和后期制作的所有人员表示感谢。由于水平所限，翻译中难免有疏漏和不当之处，望读者见谅并指正。

姜文波

推荐阅读

序号	中文书名	定价
1	股市趋势技术分析（原书第11版）	198
2	沃伦·巴菲特：终极金钱心智	79
3	超越巴菲特的伯克希尔：股神企业帝国的过去与未来	119
4	不为人知的金融怪杰	108
5	比尔·米勒投资之道	80
6	巴菲特的嘉年华：伯克希尔股东大会的故事	79
7	巴菲特之道（原书第3版）（典藏版）	79
8	短线交易秘诀（典藏版）	80
9	巴菲特的伯克希尔崛起：从1亿到10亿美金的历程	79
10	巴菲特的投资组合（典藏版）	59
11	短线狙击手：高胜率短线交易秘诀	79
12	格雷厄姆成长股投资策略	69
13	行为投资原则	69
14	趋势跟踪（原书第5版）	159
15	格雷厄姆精选集：演说、文章及纽约金融学院讲义实录	69
16	与天为敌：一部人类风险探索史（典藏版）	89
17	漫步华尔街（原书第13版）	99
18	大钱细思：优秀投资者如何思考和决断	89
19	投资策略实战分析（原书第4版·典藏版）	159
20	巴菲特的第一桶金	79
21	成长股获利之道	89
22	交易心理分析2.0：从交易训练到流程设计	99
23	金融交易圣经II：交易心智修炼	49
24	经典技术分析（原书第3版）（下）	89
25	经典技术分析（原书第3版）（上）	89
26	大熊市启示录：百年金融史中的超级恐慌与机会（原书第4版）	80
27	敢于梦想：Tiger21创始人写给创业者的40堂必修课	79
28	行为金融与投资心理学（原书第7版）	79
29	蜡烛图方法：从入门到精通（原书第2版）	60
30	期货狙击手：交易赢家的21周操盘手记	80
31	投资交易心理分析（典藏版）	69
32	有效资产管理（典藏版）	59
33	客户的游艇在哪里：华尔街奇谈（典藏版）	39
34	跨市场交易策略（典藏版）	69
35	对冲基金怪杰（典藏版）	80
36	专业投机原理（典藏版）	99
37	价值投资的秘密：小投资者战胜基金经理的长线方法	49
38	投资思想史（典藏版）	99
39	金融交易圣经：发现你的赚钱天才	69
40	证券混沌操作法：股票、期货及外汇交易的低风险获利指南（典藏版）	59
41	通向成功的交易心理学	79

推荐阅读

序号	中文书名	定价
42	击败庄家：21点的有利策略	59
43	查理·芒格的智慧：投资的格栅理论（原书第2版·纪念版）	79
44	彼得·林奇的成功投资（典藏版）	80
45	彼得·林奇教你理财（典藏版）	79
46	战胜华尔街（典藏版）	80
47	投资的原则	69
48	股票投资的24堂必修课（典藏版）	45
49	蜡烛图精解:股票和期货交易的永恒技术（典藏版）	88
50	在股市大崩溃前抛出的人：巴鲁克自传（典藏版）	69
51	约翰·聂夫的成功投资（典藏版）	69
52	投资者的未来（典藏版）	80
53	沃伦·巴菲特如是说	59
54	笑傲股市（原书第4版.典藏版）	99
55	金钱传奇：科斯托拉尼的投资哲学	69
56	证券投资课	59
57	巴菲特致股东的信：投资者和公司高管教程（原书第4版）	128
58	金融怪杰：华尔街的顶级交易员（典藏版）	80
59	日本蜡烛图技术新解（典藏版）	60
60	市场真相：看不见的手与脱缰的马	69
61	积极型资产配置指南：经济周期分析与六阶段投资时钟	69
62	麦克米伦谈期权（原书第2版）	120
63	短线大师：斯坦哈特回忆录	79
64	日本蜡烛图交易技术分析	129
65	赌神数学家：战胜拉斯维加斯和金融市场的财富公式	59
66	华尔街之舞：图解金融市场的周期与趋势	69
67	哈利·布朗的永久投资组合：无惧市场波动的不败投资法	69
68	憨夺型投资者	59
69	高胜算操盘：成功交易员完全教程	69
70	以交易为生（原书第2版）	99
71	证券投资心理学	59
72	技术分析与股市盈利预测：技术分析科学之父沙巴克经典教程	80
73	机械式交易系统：原理、构建与实战	80
74	交易择时技术分析：RSI、波浪理论、斐波纳契预测及复合指标的综合运用（原书第2版）	59
75	交易圣经	89
76	证券投机的艺术	59
77	择时与选股	45
78	技术分析（原书第5版）	100
79	缺口技术分析：让缺口变为股票的盈利	59
80	预期投资：未来投资机会分析与估值方法	79
81	超级强势股：如何投资小盘价值成长股（重译典藏版）	79
82	实证技术分析	75
83	期权投资策略（原书第5版）	169
84	赢得输家的游戏：精英投资者如何击败市场（原书第6版）	45
85	走进我的交易室	55
86	黄金屋：宏观对冲基金顶尖交易者的掘金之道(增订版）	69
87	马丁·惠特曼的价值投资方法：回归基本面	49
88	期权入门与精通：投机获利与风险管理（原书第3版）	89
89	以交易为生II：卖出的艺术（珍藏版）	129
90	逆向投资策略	59
91	向格雷厄姆学思考，向巴菲特学投资	38
92	向最伟大的股票作手学习	36
93	超级金钱（珍藏版）	79
94	股市心理博弈（珍藏版）	78
95	通向财务自由之路（珍藏版）	89

社会经济观察

分类	书号	书名	作者	定价
大前研一作品	978-7-111-76218-8	银发经济学:老龄时代的商业机会	[日]大前研一	59.00
	978-7-111-60125-8	低欲望社会:人口老龄化的经济危机与破解之道	[日]大前研一	49.00
日本经济史	978-7-111-76228-7	日本央行的光与影:央行与失去的三十年	[日]河浪武史	59.00
	978-7-111-74125-1	汇率下跌之后:日元贬值的宏观经济启示	[日]唐镰大辅	59.00
	978-7-111-69815-9	失去的三十年:平成日本经济史	[日]野口悠纪雄	59.00
	978-7-111-69582-0	失去的二十年(十周年珍藏版)	[日]池田信夫	69.00
	978-7-111-71222-0	失去的制造业:日本制造业的败北(珍藏版)	[日]汤之上隆	69.00